ROWOHLT
BERLIN

Helga Hirsch

Die Rache
der Opfer

Deutsche in polnischen
Lagern 1944–1950

Rowohlt · Berlin

Ein Dank an die Robert Bosch Stiftung,
Stuttgart, für die finanzielle
Unterstützung bei den Recherchen.

1.–5. Tausend Januar 1998
6.–7. Tausend Juli 1998
Copyright © 1998 by
Rowohlt · Berlin Verlag GmbH, Berlin
Alle Rechte vorbehalten
Lektorat Rüdiger Dammann
Umschlaggestaltung Walter Hellmann
Fotos: Bilderberg, Robert Bergman-Ungar,
und aus dem Film: The Commandant
von Michael H. Gavshon
Satz aus der Life und Frutiger (Linotronic 500)
Gesamtherstellung Clausen & Bosse, Leck
Printed in Germany
ISBN 3 87134 308 0

Inhalt

Schwientochlowitz oder Die Grausamkeit des Kommandanten

Deutsche und Polen: Eine historische Rekapitulation

Vorwort

Als im Jahre 1994 zuerst in den Vereinigten Staaten, dann auch in Deutschland eine äußerst kontroverse Debatte über das Buch von John Sack, «Auge um Auge», entbrannte und der Piper Verlag den bereits übersetzten Text nicht veröffentlichte, erwachte mein Interesse an einem Thema, das mir bis dahin gleichgültig, um nicht zu sagen unangenehm gewesen war. John Sack hatte die kurze Geschichte eines Arbeitslagers in dem kleinen oberschlesischen Ort Schwientochlowitz in der Nähe von Kattowitz beschrieben, in dem bei Kriegsende dort ansässige und nicht geflüchtete Deutsche vom polnischen Sicherheitsdienst interniert worden waren. Bis zu jenem Zeitpunkt hatte ich nichts über derartige Lager gehört.

Geprägt von den Ideen der westdeutschen 68er Generation, hatte ich versucht, kritischer als die Eltern mit dem Nationalsozialismus umzugehen, mich radikaler als sie vom Dritten Reich abzugrenzen, bewußter die Verantwortung dafür zu übernehmen, daß nationalistisches, rassistisches Denken keine Chance mehr in Deutschland erhält. Mein eigener Vater war zwar aus Breslau vertrieben worden. Aber über die verlorenen Gebiete und über die Vertreibung wollte ich weder von ihm noch aus Geschichtsbüchern lernen, um der Versuchung des Mitleids oder der Empörung über das Unrecht von vornherein aus dem Wege zu gehen. Denn leider war fast kein Thema in der jungen Bundesrepublik politisch so instrumentalisiert wie die Darstellung deutschen Leidens bei Kriegsende. Wer über die verlorene Heimat klagte, wollte bis in die sechziger Jahre hinein nur selten etwas über die Ursachen der deutschen Niederlage hören, wollte nicht sehen, daß die von Deutschen verübten Massenmorde, Vertreibungen, Repressionen sowie der Genozid am jüdischen Volk eine politische Bestrafung und Rache an den

Deutschen erst hervorgerufen hatten. Statt über Mitverantwortung zu reflektieren und Schuld oder Mitschuld anzuerkennen, verbargen sich Täter und Mitläufer hinter Selbstmitleid und Schmerz. Lange Jahre beschäftigten die «Opfer» der Entnazifizierung die Öffentlichkeit mehr als die Opfer der Nationalsozialisten. Oder das Unrecht, das die Deutschen anderen angetan hatten, wurde gegen das Unrecht aufgerechnet, das den Deutschen widerfahren war. Mehr und mehr wurde das Thema vom konservativen und nationalen Lager besetzt.

In einem Kontext aber, der die ursächliche Schuld der Deutschen ausklammerte, konnte und wollte meine Generation kein Verständnis für Vertriebene, Verschleppte, für Ausgebombte in Dresden, Hamburg oder Köln aufbringen. Wer sich uneinsichtig gegenüber eigener Verblendung verhält, wer sein Mitläufertum rechtfertigt, wer Untertanengeist in einem verbrecherischen System für eine läßliche Sünde hält, der – so schien mir – hat Strafe verdient. Meine Generation hat daher die «Verzichts»politik von Willy Brandt im Rahmen der neuen Ostpolitik von Anfang an unterstützt. Die faktische Anerkennung der Oder-Neiße-Grenze war unserem Empfinden nach beides: gerechtfertigte Strafe für die eigene Schuld und unerläßliche Voraussetzung einer Aussöhnung mit Polen. Auch wenn noch kein Friedensvertrag die neue Grenzziehung juristisch besiegelt hatte – wie hätte man 25 Jahre nach Kriegsende weiterhin Ansprüche auf die Ostgebiete erheben können? Selbst eine (politisch übrigens unvorstellbare) friedliche Änderung der deutschen Ostgrenze hätte doch neues Unrecht für Millionen von Polen nach sich gezogen, die in Schlesien, Pommern, Ost- und Westpreußen eine neue Heimat gefunden hatten – und in ihre alte Heimat nicht zurückkehren konnten, da sie auf sowjetischem Territorium in Weißrußland und der Ukraine lag.

Leider ist mit dem politischen und territorialen Verzicht auf die deutschen Ostgebiete aber auch die Trauer um ihren Verlust und der Schmerz über das Unrecht gegenüber den vertriebenen Deutschen diskreditiert worden. Wer in die ostpreußische Heimat fuhr oder sentimentalen Kindheitserinnerungen nachhing, stand gleich im Verdacht des Revanchismus. Heimatliebe roch nach Nationalismus, Verständnis mit den Vertriebenen galt als Mitleid mit der falschen Seite. Die Bundesrepublik der siebziger und achtziger Jahre empfand sich als postnational.

Unser grobes Geschichtsbild, wonach die deutsche Nation nicht geläutert war, versah das deutsche Nationalgefühl undifferenziert mit einem negativen Vorzeichen. Wieder waren die Deutschen einzigartig: als verabscheuenswürdige Täternation. Schon ein Vergleich der Verbrechen Hitlers mit denen Stalins stand im Verdacht, deutsche Schuld leugnen zu wollen.

Wie stark ich aus Enttäuschung und Wut über die nicht reflektierte Unterordnung der Eltern unter den (nationalsozialistischen) Totalitarismus selbst auf eine unterjochende, entrechtende totalitäre Ideologie gesetzt hatte, wurde mir erst Ende der siebziger Jahre in Polen bewußt. Dort stieß ich auf eine antikommunistische Opposition, die die elementaren Menschenrechte auch gegenüber einem System einklagte, das im antifaschistischen Kampf zweifellos Verdienste aufzuweisen hatte. Mir nötigten die Aktivisten der frühen Widerstandsgruppen und später von Solidarność tiefen Respekt ab. In der Auseinandersetzung mit dem Kommunismus zeigten sie einen Mut und eine Kompromißlosigkeit, die der deutschen Neigung zur Anpassung diametral entgegenstanden. Folgerichtig hatten sie von der Entspannungspolitik kaum Solidarität zu erwarten. Vielmehr wurden sie gescholten, da sie angeblich den Frieden in Europa gefährdeten, wenn sie im Osten nicht auf jene Freiheitsrechte verzichten wollten, über die ihre Kritiker im Westen ganz ohne eigenes Verdienst so selbstverständlich verfügten. Damals in Polen kam mir zu Bewußtsein, daß ich, als ich jene auf der rechten Seite beschimpft hatte, die nicht hatten wissen wollen, auf dem linken Auge selber blind geworden war.

Erst langsam füllten sich die weißen Flecken in meinem Geschichtsbild. Eine nochmalige Auseinandersetzung mit dem Leiden

unschuldiger Deutscher nach dem Krieg wurde für mich unerläß-
lich, als 1989 der Kommunismus zusammenbrach. Polnische Historiker und Journalisten gruben bis dahin sorgfältig gehütete offizielle Dokumente über die Vertreibung der Deutschen aus und
zwangen der Öffentlichkeit eine Debatte auf, die der Literaturwissenschaftler Jan Józef Lipski schon 15 Jahre zuvor im kleinen Kreis
der Oppositionellen aufgeworfen hatte: Läßt sich das Unrecht, das
Polen den Deutschen nach dem Krieg zufügten, tatsächlich mit
dem weit größeren Unrecht rechtfertigen, das Deutsche den Polen
während des Krieges zugefügt hatten?

Polen hatte im Krieg etwa 6,03 Millionen Menschen verloren:
3,4 Millionen polnische Juden waren in den Gaskammern umgekommen, 640000 Soldaten auf den Kriegsschauplätzen gefallen.
Von 108 Familien hatten 100 zumindest ein Familienmitglied im
Krieg verloren, eine halbe Million hatte der Krieg zum Krüppel
gemacht, zwei Millionen waren zur Zwangsarbeit ins Deutsche
Reich geschickt worden. Dem Land fehlte jeder dritte Hochschul-
lehrer, jeder vierte Priester, jeder fünfte Lehrer.

Es war also nicht verwunderlich, wenn der Wunsch nach Revanche beim einfachen Menschen bei Kriegsende verbreitet war, zumal er von der neuen, prokommunistischen Regierung gedeckt
wurde. Deutsche galten allgemein als «Volksverräter» oder «feind-
liche Elemente». Aber konnten sich junge Wissenschaftler und
Journalisten mit einer Distanz von 45 Jahren noch mit diesen Pau-
schalurteilen und -verurteilungen zufriedengeben, zumal keine
Zensur sie mehr zur Übernahme der obligatorischen kommunistischen Geschichtsdarstellung drängte?

In Ostpreußen, Pommern, Schlesien begann eine intensive Aufarbeitung der Regionalgeschichte. Was dabei zutage trat, ließ die
Nachkriegsgeschichte nicht nur von den Fakten her in wesentlich
anderem und differenzierterem Licht erscheinen. Die Annahme
der komplizierten Vergangenheit entfaltete auch befreiende Wirkung. Wer sich nicht mehr scheute, nach den ursprünglichen Besit-
zern der schweren Eichenmöbel beispielsweise in seiner Breslauer

oder Danziger Wohnung zu fragen, brauchte nicht mehr gegen jede Vernunft an der alten offiziellen These festzuhalten, nach der er in Schlesien oder Ostpreußen in uralten polnischen Gebieten lebte. Er mußte sich nicht mehr selbst belügen oder ganze Jahrzehnte oder Jahrhunderte verdrängen. Geschichte ist für ihn zwar komplizierter geworden – sie ließ sich nicht mehr einfach in gute Polen und schlechte Deutsche einteilen. Dafür aber hat sie ihren ideologischen und künstlichen Charakter verloren und den neuen Bewohnern von Danzig oder Breslau ermöglicht, sich die *verschiedenen* Traditionen in den neuen polnischen Westgebieten anzueignen und sich dadurch wirklich zu beheimaten und wirklich zu verwurzeln. Daß diese Aneignung von Geschichte auf polnischer Seite nicht ohne Reibung mit der neu organisierten deutschen Minderheit erfolgen konnte, liegt auf der Hand. Der polnischen Seite fällt das Eingeständnis von Fehlern noch recht schwer, und die deutsche Minderheit findet nach vierzig Jahren erzwungenen Schweigens oft nur bittere, unausgewogene, verletzende Worte über all das Unrecht, den Druck, die Mißachtung, die Verleugnung der nationalen Identität, die sie unter kommunistischer polnischer Herrschaft hat ertragen müssen. Gegenseitiges Mißtrauen verhindert noch so manchen Dialog. Doch für einige ist das Sprechen schon zu einer Therapie geworden, das Verdrängte endlich heraus- und loszulassen.

Ist es jedoch erlaubt, von einer *Rache der Opfer* zu sprechen? Wenn ich mich für diese pointierte Lesart entschieden habe, steht dahinter die Entscheidung, Geschichten – hier und generell – in erster Linie aus der Sicht der Betroffenen zu erzählen. Die Deutschen waren nicht nur unkoordinierten, spontanen Übergriffen einzelner Bürger ausgesetzt. Es gab vielmehr eine systematische Politik seitens der polnischen Regierung, mittels derer die verbliebenen, kümmerlichen Reste der deutschen Minderheit pauschal für die Verbrechen des Nationalsozialismus gegenüber dem polnischen Volk zur Verantwortung gezogen wurden, unabhängig von individueller Schuld. Es war die «Rache der Opfer» am Tätervolk:

11

Zivilisten wurden anstelle der nicht mehr greifbaren NS-Elite zum Sündenbock erklärt. Dabei schufen die offiziell dekretierten Sanktionen den Rahmen, in dem sadistische Handlungen einzelner nicht nur begünstigt wurden, sondern lange Zeit auch völlig ungestraft blieben.

Der größte Teil meiner Zeugen lebt heute in Polen oder in den neuen Bundesländern. Sie haben im Kommunismus nie oder nur im allerengsten Familienkreis über ihre Internierung gesprochen. Da sie sich untereinander nicht gekannt oder sich nach der Entlassung aus den Lagern Mitte bis Ende der vierziger Jahre nicht mehr getroffen und ausgetauscht hatten, da ihnen auch über Jahrzehnte keinerlei Information zur Verfügung stand, weil das Thema im Kommunismus tabuisiert war, bezogen sich ihre Berichte nur auf die eigene Erfahrung, waren durch keine Lektüre «vervollständigt» oder korrigiert. Häufig erinnerten Zeugen beispielsweise die Namen der Lagerleitungen fehlerhaft: eben so, wie sie sie damals dem Hören nach verstanden hatten. Oder sie konnten Plätze, Orte, Häuser nur topographisch beschreiben, wußten aber deren Namen oder Bezeichnungen nach fünfzig Jahren genausowenig wie damals. Dennoch deckten sich die Fakten in ihren Berichten fast vollständig. Abweichungen gab es – je nachdem, wie alt jemand damals war und welche Position er oder sie im Lager innehatte – lediglich in der Gewichtung und Interpretation dieser Fakten.

Als Ergänzung und eventuelles Korrektiv zu den Erlebnisberichten begann ich in polnischen Archiven nach offiziellen Dokumenten zu suchen. Lange waren die Akten des Sicherheitsministeriums unzugänglich. Aber die international üblichen 30 oder 35 Jahre Schutzfrist waren längst verstrichen und außerdem ging es um die Aufdeckung der Praktiken eines diskreditierten Systems. Ich rechnete deshalb nicht mit schwerwiegenden Rechercheproblemen. Mitte 1994 stellte ich einen Antrag beim Innenministerium. Monatelang wartete ich vergeblich auf Antwort. Dann, bei einem Besuch in Berlin, versprach Innenminister Andrzej Milczanowski sich der Sache anzunehmen. Als ich jedoch endlich den ersehnten Zugang zum Archiv des Innenministeriums erhielt, mußte ich enttäuscht feststellen, daß die Akten der Abteilung «Gefängnisse und Lager» vom Sicherheitsdienst bereits 1956 ausgelagert worden waren. Ich hatte vergeblich gewartet. Wieder – inzwischen war es Oktober 1995 – stellte ich ein Bittgesuch. Dieses Mal beim Justizministerium. Da die Archive in Polen nicht – wie in der ehemaligen DDR – generell geöffnet worden sind, entscheiden nach wie vor der Minister oder der Archivdirektor persönlich, welcher Historiker oder Journalist welche Akten zu sehen bekommt.

Nach einigen Wochen teilte der Pressesprecher des Justizministeriums mit, die Akten seien auch in seinem Ministerium nicht mehr zugänglich, da sie gerade zwecks Übergabe an das Staatliche Archiv in Warschau verpackt würden. Das Packen dauerte ein halbes Jahr. Im Juni 1996 stellte ich den Antrag auf Akteneinsicht beim Staatlichen Archiv Warschau.

Im Prinzip gab der Direktor des Staatlichen Archivs sein Einverständnis. Aber nur im Prinzip. Jede Akte, die ich zu sehen bekam, wurde von ihm oder seinem Stellvertreter vorher geprüft. Am ersten Tag erhielt ich von zehn angeforderten Akten sechs, aus denen ein Drittel herausgenommen worden war (erkennbar an der fortlaufenden Numerierung der Dokumente). Am zweiten Tag erreichten mich von zehn angeforderten Akten noch vier mit jeweils einem Drittel ihres ursprünglichen Inhalts. Am dritten Tag geriet die Prozedur endgültig zur Farce: In zwei Akten lagen jeweils nur einige Blätter. Ende der Einsicht. Nicht ausgehändigt wurden u. a. das Protokoll über die Liquidierung des berüchtigten oberschlesischen Arbeitslagers Schwientochlowitz 1945, die Beurteilungen der Funktionäre im Zentrallager Jaworzno 1946, die Monatsberichte aus der gesellschaftspolitischen Arbeit des Sicherheitsdienstes in Warschau und Kattowitz 1946, der Abschlußbericht über das Arbeitslager Sikawa bei Lodz 1949, die Liste der aus dem Zentrallager Potulitz ausgesiedelten Reichsdeutschen ...

Nun sind auch in Deutschland persönliche Daten geschützt. Aber das Vorgehen in den polnischen Archiven war nicht von

Regeln, sondern von Willkür und dem durchgängigen Bemühen geprägt, die Untaten des kommunistischen Staates herunterzuspielen. Als würde ihre Aufdeckung ein schlechtes Licht auf die polnische Nation insgesamt werfen. Nur so ist zu erklären, warum das noch aus kommunistischen Zeiten stammende Archivgesetz bis heute nicht erneuert oder zumindest novelliert worden ist. Je nach Temperament des Archivdirektors wird es mißachtet und umgangen oder eben befolgt. Entsprechend unterschiedlich fallen die Entscheidungen aus. Während etwa die Gedenkstätte Auschwitz keine Bedenken hatte, 1995 in den «Sterbebüchern» die Namen jener 68 864 Auschwitz-Insassen zu publizieren, deren Tod in der NS-Zeit vom Standesamt urkundlich belegt ist, wollte das Staatliche Archiv Warschau ein Jahr später entsprechende Listen aus der kommunistischen Zeit nicht einmal einsehen lassen.

Der stellvertretende Direktor des Staatlichen Archivs Warschau begründete diese Entscheidung damit, daß die Namen von Reichs- und Volksdeutschen nicht zugänglich gemacht werden dürften, da daraus «rechtliche Folgen» erwachsen könnten: «Ich denke hier besonders daran, daß auf Grundlage der Volksliste die deutsche Staatsbürgerschaft zuerkannt wird.» («Aber Herr Direktor, es ist doch nicht das Problem des polnischen Staates, wenn deutsche Gerichte zur Anerkennung der deutschen Staatsbürgerschaft weiterhin auf die Volksliste zurückgreifen!») Darüber hinaus verweigerte er die Einsicht mit dem Hinweis auf den Persönlichkeitsschutz der ehemaligen Lagerinsassen und ihrer Familien, «gerade angesichts der Unsicherheit, ob unter den spezifischen Nachkriegsbedingungen alle Vorwürfe und Urteile gerecht gefällt wurden». («Eben, Herr Direktor, darum geht es ja! Aber mit einer restriktiv gehandhabten Akteneinsicht schützen Sie die Täter von einst und helfen gerade nicht den Betroffenen bei der Aufdeckung der Fakten!»)

Als ich schließlich erklärte, nicht vordringlich an den Namen interessiert zu sein, sondern an Belegzahlen, Einlieferungsdaten, Altersstrukturen, Sterberaten, daß deswegen getrost ein Archivmitarbeiter neben mir sitzen und die Namen verdecken könne, blieb nur noch das Argument: «Dazu haben wir kein Personal.»

Einen detaillierten Überblick über sämtliche Lager – also auch über die vielen kleinen Sammelpunkte in der ersten Jahreshälfte 1945 – wird dieses Buch deswegen nicht geben. Aber bei der Ermittlung der Gesamtzahl aller Internierten zwischen 1944 und 1950 konnte ich mich zu 80 Prozent auf offizielle Angaben stützen.

Gleich nach dem Ende des Krieges hat Robert Jungk nach einer Reise durch die Gebiete östlich der Oder und Neiße, sichtlich erschüttert und unter dem vielsagenden Titel «Aus einem Totenland», von der Situation der Deutschen in der Zürcher *Weltwoche* geschrieben: «Wenn alle diejenigen, die Hitler und Mussolini unter großen Opfern bekämpften, um eine bessere Welt aufzubauen, es zulassen, daß ihr Kampf jetzt von Rowdys und Chauvinisten ausgenützt und beschmutzt wird, dann sehen wir keine große Chance für die Zukunft. Man hat mit Recht den Deutschen vorgeworfen, daß sie in ihrem Glauben an die Mission des Vaterlandes so lange die Augen vor den Greueltaten des Nazismus verschlossen hatten. Sollen die Vorkämpfer der Demokratie später einmal den gleichen Vorwurf auf sich sitzen lassen müssen? Auch wir alle werden ‹Mitschuldige› sein, wenn wir nicht täglich und stündlich die Schandtaten, die heute im Namen der Demokratie und Freiheit begangen werden, enthüllen.»

In diesem Geist ist das vorliegende Buch entstanden. Ich wollte das Leid, das infolge des Kriegs auch den Deutschen widerfuhr, öffentlich thematisieren, ohne die Schuld der Deutschen zu verdrängen. Ich wollte Menschenrechtsverletzungen benennen, auch wenn sie von jenen begangen wurden, die historisch auf der gerechten, antifaschistischen Seite standen.

Bromberg oder
Die Geschichte als
Teufelskreis

Dreimal wechselte das Land an der Brahe in diesem Jahrhundert seinen Besitzer. Nach fast 150 Jahren preußischer Herrschaft wurde Bromberg 1920 polnisch, 1939 okkupierten es die National-sozialisten, 1945 fiel es wieder an Polen. Und jeder, der es in Besitz nahm, versuchte es nach seinem kulturellen Bilde zu gestalten. So wie es die Geschichte vom Alten Fritz erzählt.

1920: Aus Bromberg wird Bydgoszcz

Er hatte so gar keinen herrischen Gestus, ritt auch nicht hoch zu Roß wie Unter den Linden in Berlin. Der Alte Fritz vom Alten Markt in Bromberg strahlte weniger Kraft als Einsicht aus, wirkte weniger majestätisch als fürsorglich. Mit der einen Hand stützte er sich auf einen eleganten Spazierstock, in der anderen trug er die Rolle, auf der die Pläne für den Bau des Bromberger Kanals verzeichnet gewesen sein sollen: Kein Krieger begleitete hier die Geschicke der Stadt an der Brahe, sondern ein Erbauer, ein Kultivierter, ein Modernisierer.

Und doch ließ die deutsche Stadtverwaltung das Denkmal am 16. Juli 1919 vorsorglich demontieren, weil es nicht in polnische Hände fallen sollte. Das preußische, das deutsche Bromberg ging seinem Ende entgegen, denn der Versailler Vertrag hatte zweieinhalb Wochen zuvor das westliche Westpreußen bis zur pommerschen Grenze und den Netzedistrikt mit Bromberg endgültig und ohne vorherige Volksabstimmung der neu gegründeten Republik Polen zugesprochen. Man habe das Gefühl, kommentierte wehmütig die *Ostdeutsche Presse*, als ob Bromberg das deutsche Herz herausgenommen würde.

Bromberg verlor mit der Zugehörigkeit zum Deutschen Reich die deutsche Bevölkerungsmehrheit, die deutsche Amtssprache; nur sechs Straßen behielten noch ihre deutschen Namen, und in der Kultur blieben nur Reste des alten Zeitungs-, Schul- und Theaterlebens. Wer sich als Deutscher erst nach 1908 in Bromberg angesiedelt hatte, der mußte es wieder verlassen. Wer als Alteingesessener hätte bleiben dürfen, folgte dennoch meist seinem Dienstherrn nach Berlin oder anderswohin ins verkleinerte Reich: Wer sonst hätte dem Polizisten, dem Zöllner, Eisenbahner oder Postbeamten das Gehalt oder die Pension zahlen sollen?

Und dann die hochmütigen und stolzen Nationalstaatlichen: Unter einer angeblich nicht ebenbürtigen Kultur und als nicht mehr privilegierte Minderheit in einem fremden Staat – niemals! Noch bevor die Stadt offiziell am 20. Januar 1920 an die polnische Verwaltung übergeben wurde und noch bevor am 21. Januar das polnische Militär einmarschierte, machten sich Tausende und Abertausende auf den Weg ins Reich. Hatten die Deutschen im deutschen Bromberg 80 Prozent der Bevölkerung gestellt, so schrumpfte ihr Anteil im polnischen Bydgoszcz schnell auf 27 und bis 1939 sogar auf 6,4 Prozent. Bromberger Deutsche mußten sich mit dem Status einer nationalen Minderheit bescheiden.

Wer blieb? Wer sich verbunden fühlte mit seiner Scholle, weil er ein Bauer oder ein Gutsbesitzer war. Wer eine Firma besaß oder ein Handelsunternehmen oder ein Geschäft und sein Eigentum nicht aufgeben wollte. Café Stenzel gab es weiterhin, Franz Kerski mit seiner Porzellanfirma hielt aus, Herr Kalten von der Schwanen-Apotheke – überhaupt blieben die Geschäfte in der Haupteinkaufsstraße, die nun *ulica Gdańska* hieß, in ihrem besten Teil zwischen Theaterplatz und Bahnhofsstraße in deutscher Hand, und nur hier und da drängte sich ein polnischer Ladenbesitzer dazwischen.

Die meisten Deutschen waren 1919 jedoch gegangen, und sie hatten ihren Fritz vorsorglich mitgenommen. Fürchteten sie, selbst der Modernisierer könnte einer Bilderstürmerei zum Opfer fallen, weil sich der wirtschaftliche Aufschwung unter preußischer Staatlichkeit vollzogen hatte? Oder hatten sich ihnen die Gefühle des Sieges und der Befriedigung eingeprägt, mit denen der Handwerkerverein den Bronzeguß 1848 in Auftrag gegeben hatte, nachdem ein Angriff polnischer Aufständischer auf die Stadt vereitelt worden war? Spürten sie, daß ein Denkmal von Friedrich dem Großen das Nationalgefühl der Polen selbst dann verletzen mußte, wenn es den Herrscher als weisen Landesvater zeigte? War er es doch gewesen, der Preußen durch die Annexion Schlesiens erst zu jener europäischen Großmacht gemacht hatte, die gemeinsam mit Rußland und Österreich den polnischen Staat einfach von der Landkarte gelöscht und sich bei der ersten Teilung 1772 den Netzedistrikt und damit Bromberg einverleibt hatte. Mochte seine Wirtschaftspolitik dem Land auch zu mehr Wohlstand verholfen haben: Sie war doch die Politik eines ungeliebten, fremden Herrschers geblieben. Auch die Deutschen hatten seinerzeit ja nicht den siegreichen Modernisierer Napoleon gerühmt.

Der bronzene Alte, den der «Literat, Techniker und Bildhauer» Eduard Uhlenhuth entworfen hatte, kam jedenfalls auf sicheres preußisches Gebiet nach Schneidemühl, wurde vier Jahre lang eingelagert und dann an der Brücke über die Küddow aufgestellt – mit Blick Richtung Bromberg. Zu der ursprünglich noch bescheidenen Inschrift von 1862 für den

großen König
Friedrich II.
die dankbaren Bewohner des Netz Gaues

trat die Erinnerung an die historische Schmach:

Geborgen aus entrissenen Landen,
Wiedererrichtet in Schneidemühl
am 1. Juni 1923

Wer weiß. Vielleicht hat die Fürsorge der deutschen Bromberger Uhlenhuths Denkmal tatsächlich davor bewahrt, schon in der Zwischenkriegszeit geschleift zu werden. Viel unwichtigere Politiker nämlich fielen der polnischen Bilderstürmerei zum Opfer.

Schon seit Beginn der neuen polnischen Zeiten hatte sich ein Erholungspark im Stadtteil Schwedenhöhe nicht mehr nach seinem Schöpfer Wißmannshöhe nennen dürfen. Die Bromberger Polen wollten einen anderen Namen mit dem Ort assoziieren: Jan Henryk Dąbrowski, den Helden der polnischen Nationalhymne. Nicht einmal mehr seine Statue am schönen Aussichtspunkt Schwedenschanze sollte an Carl Christian Ferdinand von Wißmann, den preußischen Bromberger Präsidenten in der ersten Hälfte des 19. Jahrhunderts, erinnern: Sie wurde 1928 zerstört.

Preußen sei es nicht gelungen, Bromberg zu germanisieren, stellte der Direktor des Bromberger Staatsarchivs anläßlich des 650. Jahrestags der Stadtgründung Mitte April 1996 denn auch voller Genugtuung fest: 1920 sei die Stadt zum «Mutterland» zurückgekommen. Und weil das polnische Mutterland nur ein bereinigtes Erbe duldete, ist Friedrich der Große schließlich doch noch gestürzt. 1941 nämlich war er im Gefolge der deutschen Wehrmacht in die Stadt an der Brahe zurückgekehrt; 1945 jedoch, als sich die Truppen überstürzt zurückzogen, von niemandem mehr fürsorglich mitgenommen worden. So haben sowjetische Salven den Bronzeguß erst durchlöchert, bevor ihn Polen wenig später einfach – einschmolzen.

Die Zwischenkriegszeit ist den deutschen und polnischen Bürgern aus Bromberg als eine Zeit des friedlichen Nebeneinanders in Erinnerung. Daß die «große» Politik in Warschau jedoch bereits seit 1920 systematisch auf eine «Verdrängung» der Deutschen hinarbeitete, belegt die Geschichte von Wolfgang Koenigk. Als seine Familie 1938 ihren Landbesitz verlor, zog sie jedoch nicht ins Reich um, sondern versuchte in Bromberg zu überleben.

Von der Mehrheit zur Minderheit

Berlin liegt im Osten. Jedenfalls so weit östlich, daß Wolfgang Koenigk, als er sich nach dem Krieg für den Wohnort Berlin entschied, der jahrhundertealten Tradition seiner Familie zu folgen glaubte, die es schon immer nach Osten gezogen hatte: von Wittenberg über Schlesien bis nach Riga und sogar in zaristische Dienste nach Perm. Die Familiengeschichte väterlicherseits läßt sich lückenlos bis ins 16. Jahrhundert zurückverfolgen. Offensichtlich war ein Onkel in seiner Tätigkeit als Stadtbaumeister in Landsberg / Warthe so wenig beansprucht, daß ihm viel Zeit für Familienforschung blieb. Nun weiß Koenigk immerhin, daß die Familie zu einem Wappen kam, als der Stammvater seiner Linie, ein Haushofmeister bei einem der schlesischen Herzöge, eine Gräfin vor den Traualtar führte. Doch die Nachkommen hatten nichts mehr mit dem höfischen Leben zu tun. Entweder wurden die Söhne der Koenigks Pfarrer oder Landwirte. Bis auf Wolfgang. Er wurde Polizeibeamter im höheren Dienst – und hatte sich zum Schluß bis zum Polizeidirektor emporgearbeitet. Im Rahmen eines Entwicklungshilfeprogramms war er Mitte der siebziger Jahre sogar als Lehrer an der Polizeiakademie in Kabul. Doch die Zeit im Fernen Osten war und blieb ein Intermezzo. Was Koenigk zeit seines Lebens interessierte, war der nahe Osten – die Geschichte von Schlesien, Pommern, Preußen und Polen, die Geschichte der verlorenen Heimat, in die er kein einziges Mal zurückkehrte, obwohl sie vor Berlins Haustür liegt.

Dem Großvater väterlicherseits gehörte ein Gut in Ostrowo, einer mittelgroßen Stadt in der Nähe von Kalisch. Der Großvater mütterlicherseits hatte ebenfalls im Kreis Kalisch, in der kleinen, verschlafenen Garnisonstadt Krotoschin, «ein richtiges Rittergut» gekauft. Und beide Familien übernahmen 1919 die polnische Staatsbürgerschaft, weil sie ihren Landbesitz nicht aufgeben wollten.

Als Wolfgang 1925 in Ostrowo geboren wurde, waren Wohlstand und Ansehen der Familien bereits wegen der Diskreditierungen von seiten des polnischen Staats untergraben. Dem Großvater väterlicherseits, der das Stadtgut auf Lebenszeit gepachtet hatte, wurde der Vertrag kurzfristig und rechtswidrig gekündigt. Die Familie verfügte allerdings noch über so viel Kapital, daß Wolfgangs Vater einen landwirtschaftlichen Großhandel aufbauen konnte, zu dem zwei große Höfe, mehrere Speicher und ein eigener Bahnanschluß gehörten. Die Koenigks zählten nach wie vor zur Hautevolee des Ortes.

Wolfgang ging zur deutschen Volksschule, denn immerhin verfügte Ostrowo über eine eigene deutschsprachige Grundschule. Da der polnische Staat sie aber wegen einer auf Polonisierung zielenden Politik mit keinem einzigen Złoty subventionierte, mußten Lehrer und Schule allein von den Eltern finanziert werden. Und mehr als zwei Klassenräume, in denen jeweils zwei Klassen gerade einmal vier Jahre unterrichtet wurden, konnte sich die kleine deutsche Gemeinde nicht leisten.

Allerdings war Anfang der dreißiger Jahre das Zusammenleben von Deutschen und Polen nicht besonders problematisch. Wolf-

23

gang sprach beim Spielen auf der Straße ungestraft Deutsch, und er erhielt beim Einkaufen die gewünschte Ware, selbst wenn er auf deutsch darum bat: Auch die polnischen Ladenbesitzer verstanden und bedienten sich der Sprache, die sie meist noch vor dem Ersten Weltkrieg gelernt hatten. Manchmal schrien polnische Schüler natürlich auch «schkieber» hinter ihm her, eine nur im Posener Raum verwendete Beschimpfung für die Deutschen, oder prügelten ihn für sein Deutsch, aber als wirklich bedrohlich empfand Wolfgang das Mißtrauen und die Ablehnung der polnischen Mitschüler erst seit den Jahren 1936/37.

Nach vier Jahren deutscher Grundschule mußte er die letzten zwei Jahre vor dem Gymnasium zur polnischen Schule überwechseln.

«Die Schule hatte etwa 450 Kinder, und ich war der einzige Deutsche. Für mich war es irrsinnig schwer. Ich konnte mich zwar auf der Straße verständigen, aber ich verstand natürlich wenig, als alle Fächer in Polnisch unterrichtet wurden. Meine Eltern finanzierten mir deswegen einen Nachhilfelehrer, das war mein Klassenlehrer aus der deutschen Grundschule. Außerdem half mir meine Mutter noch durch einen Trick. Der stärkste Junge in der polnischen Schule, der von allen respektiert wurde, war ein bitterarmer Kerl. Er stand immer an der Seite und konnte sich nichts kaufen, wenn in der Pause jemand mit einem Bauchladen kam und frisch gebackene Schnecken anbot. Da hat mir meine Mutter immer zwei Groschen mitgegeben, damit ich auch ihm eine Schnecke kaufe. Und vom ersten Tag sagte er allen: Wolfgang ist mein Freund. Wehe, ihr tut ihm etwas. Dadurch konnte ich die Schule überstehen.»

Im Laufe der Jahre fand ein Drittel der deutschen Schüler nur noch an einer polnischen Schule Platz. In Ostrowo hätte es für Wolfgang nur das polnische Gymnasium gegeben. Doch «Gott sei Dank» zog sein Vater nach Posen, und Wolfgang kam auf das deutsche Schiller-Gymnasium.

Der Umzug nach Posen war Folge eines erneuten wirtschaftlichen Abstiegs der Familie. Der landwirtschaftliche Großbetrieb seines Vaters war mehr und mehr von polnischen Bauern boykottiert und durch ausstehende Zahlungen in den Bankrott getrieben worden. Allein der Gutsbesitzer von Parczew schuldete Vater Koenigk nach Dokumenten, die der Sohn bis heute besitzt, 250 000 Złoty. Doch den Beschluß zur Pfändung des Viehbestandes, der Maschinen, Futtermittel und der Ernteerträge des Schuldners hatte ein Gericht rechtswidrig aufgehoben. Gleichzeitig sollte der Vater aber Steuern für Beträge abführen, die ihm die Kunden schuldig geblieben waren. Es blieb kein anderer Ausweg: 1937 gab Koenigk senior den landwirtschaftlichen Großbetrieb auf.

Ein Jahr lang führte der Vater dann die Geschäfte bei der «Welage», der Westpolnischen Landwirtschaftlichen Gesellschaft in Posen. Danach zog die Familie erneut aus beruflichen Gründen nach Bromberg um. Hier allerdings empfand der 13jährige Schüler die nationalen Spannungen um so stärker, da er fremd war in der Stadt und es keinen alten polnischen Nachbarn, keinen vertrauten polnischen Mitschüler mehr gab, der die zunehmenden Anpöbelungen und Übergriffe auf der Straße hätte relativieren können. «Swój do swego!» («Jeder gehe zu Seinem!») propagierten die Polen untereinander, was das «Kauft nicht bei den Deutschen» nur etwas wohltönender umschrieb. An die Fensterscheiben deutscher Geschäfte sah Wolfgang so manches Mal mit schwarzer Farbe ein «hitlerowiec» oder ein Hakenkreuz geschmiert. Er hatte Angst, allein zur Schule zu gehen.

«Wenn wir in unsere deutsche Albrecht-Dürer-Oberschule gingen, mußten wir an einer polnischen Schule vorbei. Da wurden wir oft abgefangen oder gejagt oder bekamen Prügel. Deswegen gingen wir nur noch in Gruppen zur Schule. Die Schule war für uns wie ein zweites Zuhause. Da waren wir ganz unter uns. Die Klassen waren voll, die Kinder kamen aus der ganzen Umgebung und wohnten im Internat. Ich kann mich nicht erinnern, daß ich bis zum Kriegsausbruch mit einem polnischen Schüler befreundet gewesen wäre. Oder auch nur gesprochen hätte. Die sprachen nicht mit uns. Die beschimpften uns höchstens – allerdings nicht als ‹Nazi›, sondern als ‹szwab›» (eigentlich ‹Schwabe› – eine pejorative Bezeichnung für Deutsche).

Schrieb die *Deutsche Rundschau*, die Schüler des deutschen Dürer-Gymnasiums seien von den Schülern der polnischen Kopernikus-Schule gewalttätig angegriffen worden, empörte sich der polnische Schulleiter: Die Deutschen seien weder mit Sand noch mit Steinen beworfen worden, vielmehr hätten sich kleine achtjährige Polen nur wortreich gewehrt, als sie von den Deutschen unflätig beschimpft worden seien.

Wolfgang verstand noch nichts von dem politischen Schlagabtausch, aber er spürte doch, wie die Reizschwelle für Aggressionen immer mehr sank und sich die Haltungen auf beiden Seiten versteiften.

Die Organisationen der deutschen Minderheit in Bromberg hatten sich mit den im «Schandvertrag» von Versailles erzwungenen deutschen Gebietsabtretungen nicht abgefunden. Sie hofften auf eine Änderung ihres Status und fühlten sich durch die Außenpolitik in Berlin bestätigt und bestärkt – gehörte die Revision der deutschen Ostgrenzen doch zum politischen Grundkanon aller Regierungen der Weimarer Republik. Und Hitler machte endlich Ernst damit, die Deutschen «heim ins Reich» zu holen.

Den Anschluß Österreichs im März 1938 begrüßten die Deutsche Vereinigung in Bromberg und die dem Nationalsozialismus noch näher stehende Jungdeutsche Partei ebenso freudig wie den Einmarsch deutscher Truppen ins Sudetenland am 1. Oktober 1938 und den Einmarsch ins Memelgebiet im März 1939. Lag in der Revision der Beschlüsse des Versailler Vertrags nicht auch die Chance der Westpreußen, wieder in einen deutschen Nationalstaat zu kommen, wenn der unnatürliche Korridor vor Ostpreußen eingegliedert würde? Der Vorsitzende der Deutschen Vereinigung in Bromberg, Hans Kohnert, jedenfalls, der 1937 am Parteitag der NSDAP in Nürnberg teilgenommen hatte, übermittelte Hitler nach dem Anschluß Österreichs ein Glückwunschtelegramm.

Für die Polen allerdings bedeutete die Weimarer Revisionspolitik eine permanente Bedrohung ihres Territoriums. Sollte der gerade wieder entstandene Staat erneut verkleinert, die leidgeprüfte Nation schon wieder gedemütigt werden? Nach den Entbehrungen der Teilungszeit hatte der polnische Nationalismus aggressive und vereinnahmende Züge angenommen. Mit allen Nachbarn stritt man sich um die Grenzen: nahm sich Wilna in Litauen, stieß im Osten weit über die ursprünglich als Grenze vorgesehene Curzon-Linie in ukrainisch und weißrussisch bewohnte Gebiete vor und haderte mit den Tschechen wegen Teschen. Im neuerworbenen Raum um Posen dominierten nationaldemokratische Optionen, die eine Verschiebung der polnischen Westgrenze bis zur Oder und eine Verringerung des deutschen Bevölkerungsanteils propagierten. Das wiederum ängstigte die Deutschen.

Und so fühlten sich die Polen von den Deutschen bedroht und führten gute Gründe dafür an, und die Deutschen fühlten sich von den Polen bedroht und hatten ebenfalls gute Argumente dafür. Jedenfalls sah sich jede Seite als Opfer und rechtfertigte die restriktive Politik gegenüber den anderen als notwendige Schutzmaßnahme für die eigene Existenz. Ein Teufelskreis.

Auch Wolfgangs Vater war Mitglied der Deutschen Vereinigung. Aber war der Vater ein Nationalsozialist? In Wolfgang Koenigks Erinnerung dachte er zweifellos nationalbewußt und patriotisch. 1920/21 hatte er als Offizier gegen die polnischen Aufständischen gekämpft, die Oberschlesien vom Deutschen Reich zu separieren trachteten.

«Den Friedensvertrag von Versailles hat er stets als eine ungerechtfertigte Demütigung und Schande für das Deutsche Reich empfunden. Nach der Machtergreifung hat er das steigende Selbstbewußtsein der Deutschen und die anfänglichen Erfolge wirtschaftlicher und militärischer Art mit Freude zur Kenntnis genommen. Doch Hitler wurde bei uns zu Hause immer nur als ‹der Gefreite› bezeichnet.» Die Großmutter stieß sich an seinen Sitten.

Ein Hakenkreuz kam vor Kriegsausbruch nicht ins Haus. Aber konnten und wollten die polnischen Mitbewohner derartige Differenzierungen überhaupt noch wahrnehmen?

*In demselben Zeitraum, in dem sich die Deutschen als nationale
Minderheit an den Rand gedrängt sahen, nahmen die Polen ihren
150 Jahre von der Landkarte getilgten Staat endlich wieder als
Mehrheitsnation in Besitz. Auch wenn sie notgedrungen bis 1918 /
20 als russische, österreichische oder deutsche Staatsbürger leben
mußten, waren sie doch Polen und Patrioten geblieben. Als exemplarisch kann die Geschichte der Familie Pilaczyński aus Bromberg
gelten, die in preußischer Zeit zwar die deutschen Tugenden schät-
zengelernt hatte, der aber die Aufopferung für das polnische Vaterland eine selbstverständliche Pflicht geblieben war.*

Von der Minderheit zur Mehrheit

Sein Erkennungszeichen war eine dunkelblaue Krawatte mit
hellen Punkten. Dazu trug Romuald Pilaczyński einen dunkel-
blauen Nadelstreifenanzug mit hellblauem Hemd – eine elegante,
schlanke und für seine 67 Jahre auffallend vitale Erscheinung. Im
prunkvollen, sezessionistischen Hotel *Pod Orłem* (Hotel Adler),
das sich rühmt, einst sogar Artur Rubinstein beherbergt zu haben,
fühlt sich Pilaczyński fast wie zu Hause. Nicht, weil er dort als Vorsitzender des Polnischen Motorsportklubs in Bromberg an vielen
Empfängen teilnimmt. Seine Bindung an das Hotel ist eher senti-
mentaler Natur. Vater Józef nämlich zählte zu den wenigen Polen,
denen es gelang, in den zwanziger Jahren neben den alteingesessenen reichen Deutschen auf der *ulica Gdańska / Danziger Straße* ein
Geschäft zu eröffnen.

Und nicht irgendeines. Józef Pilaczyński mietete für sein Wäschegeschäft die Räume direkt neben dem Haupteingang des Hotels *Pod Orłem*. Damals streunte der kleine Romuald gern durch die große Eingangshalle, schaute in die Säle, das Restaurant, die Bar. Die Renovierung des Hotels nach dem Zusammenbruch des Kommunismus erscheint ihm fast wie eine Rehabilitierung seiner Kindheit.

Das goldene Treppenhausgeländer, sanft gedämpft vom vornehm blauen Licht der Glasfenster, strahlt wider im Schein der mehrarmigen Kronleuchter. Und auch der Himbeersaal, hätten ihn Dekorateure nicht mit tief von der Decke fallenden Silberfolien verunstaltet, würde von dem großzügig-ausgewogenen Stilgefühl des Architekten Józef Święcicki zeugen, den seine Landsleute als Renegaten beschimpften, weil er für die Deutschen arbeitete. Święcicki traf die deutsche Option bewußt, ließ sogar seinen Namen eindeutschen und schrieb sich schließlich Swenzitzky.

Romualds Vater hingegen blieb zeitlebens nationalbewußt und patriotisch. Ein echter Pole, selbst wenn er als deutscher Staatsbürger in Posen geboren worden war, eine deutsche Mittelschule besuchte und als Soldat für Deutschland in den Ersten Weltkrieg ziehen mußte, um nicht als Deserteur verurteilt zu werden. Kaum aber war der Krieg zu Ende und Józef Pilaczyński nach Posen zurückgekehrt, schloß er sich den polnischen Aufständischen an, die im Dezember 1918 die Ergebnisse von Versailles vorwegnahmen und das Gebiet um Posen dem neugegründeten polnischen Staat anschlossen. Bis Bromberg allerdings drangen die Kämpfer nicht ganz vor, so daß die Stadt an der Brahe erst am 20. Januar 1920 offiziell den polnischen Behörden übergeben wurde.

Vater Józef verteidigte sein polnisches Vaterland außerdem auch im Osten, als Marschall Józef Piłsudski in dem berühmten «Wunder an der Weichsel» den russischen Oberbefehlshaber Michail Nikolajewitsch Tuchatschewski zurückschlug. Danach wurde Pilaczyński demobilisiert und wandte sich dem Kaufmannsberuf zu.

«Das Größte, was mir mein Vater hinterlassen hat», sagt Sohn

Romuald, «ist der Name.» Als der Zweite Weltkrieg ausbrach, zählten die Pilaczyńskis zu den reichen Familien von Bromberg, obwohl der Vater erst Anfang der zwanziger Jahre in die Stadt gekommen war, um im Großhandel seines Schwagers in die Lehre zu gehen. Bereits 1924 machte er sich selbständig und gründete eine Firma, die Wäsche und Decken herstellte. Vater Józef wirtschaftete gut. Aus den Gewinnen erstand er ein Mietshaus, noch ein Mietshaus, eine Parzelle, ließ sich selbst ein Haus im vornehmen Viertel bauen – und war doch offensichtlich nicht nur aufs Geld versessen. Er engagierte sich im Bromberger Ruderverein, im Automobilklub, in der Vereinigung selbständiger Kaufleute und im Klub der Pfadfinderfreunde.

Józef Pilaczyński war Patriot und Weltbürger zugleich. Als Vater, der am Fortkommen der Kinder interessiert war, ließ er ihnen neben Französisch auch Deutsch beibringen. Als Kaufmann, der nicht nach der Herkunft des Geldes fragte, handelte er mit deutschen Geschäftsleuten auf der Leipziger Messe. In dieser Atmosphäre wuchs Sohn Romuald auf und verkehrte mit benachbarten deutschen Familien aus ebenfalls gutsituierten Kreisen, für die der standesgemäße Umgang mindestens so wichtig war wie das nationale Bekenntnis. Bis 1939 empfand Romuald die Beziehungen zwischen Polen und Deutschen als gut.

«Mein Vater war dafür bekannt, daß er die deutsche Kundschaft, oft reiche Gutsbesitzer aus der Umgebung, in seinem Laden gut bediente. Einige Verkäuferinnen kannten auch die deutsche Sprache. In unserem Mietshaus wohnten deutsche Familien. Wir waren mit dem Optiker Zöller befreundet. Mit seinen Kindern haben wir zusammen gespielt. Und weil wir ein bißchen Deutsch verstanden und die deutschen Kinder Polnisch konnten, haben wir uns auf doppelte Weise verständigt. Unsere Erzieherin war in Berlin-Spandau geboren. Sie stammte aus einer polnischen Familie, die aus wirtschaftlichen Gründen ausgewandert, aber 1918 nach Polen zurückgekehrt war. Sie sagte in den dreißiger Jahren immer: Romek, ich kenne die Deutschen. Ich wäre dageblieben, wenn der Vater nicht zurückgewollt hätte. Aber offensichtlich sind die Deutschen von heute nicht mehr die Deutschen von damals.»

Mit jenen Deutschen aber, die «nicht mehr so sind wie die Deutschen damals», hatte Romuald in seinem Mikrokosmos ebensowenig Kontakt wie mit jenen Polen, die die antideutsche Stimmung anheizten. Ende März 1939 erlebte Bromberg eine mächtige Solidaritätsdemonstration von polnischen paramilitärischen und Unabhängigkeitsorganisationen, die auf ihren Plakaten solche Losungen trugen wie «Wir wollen Danzig», «Wir wollen Ermland und Masuren». Einige Wochen später – Hitler hatte sich gerade Böhmen-Mähren als Reichsprotektorat untertan gemacht – wurde die deutsche «Kasino-Gesellschaft», eine seit siebzig Jahren bestehende Vereinigung des Deutschtums, aufgelöst. In ihr Gebäude in der Danziger Straße zog der «Verband (polnischer) Unabhängigkeitskämpfer» ein. Ebenfalls im Juni 1939 mußte der deutsche «Sing- und Spielkreis» in Bromberg seine Tätigkeit einstellen, weil er angeblich politische Schulungen «im Geiste Hitlers» durchführte.

Zu Hause hörte Romuald immer: «Mischt euch nicht ein in die Politik. Die Leute wollen einfach friedlich miteinander zusammenleben. Nur der Adolf will Krieg, und das ist gefährlich.» Aber angesichts zunehmender Kriegsgefahr entrichtete auch der Geschäftsmann Józef Pilaczyński einen patriotischen Obolus und trat in den – erst im Juni 1939 gegründeten – Kreis der Freunde des Nationalen Verteidigungsbataillons ein, der Geld sammelte für den Kauf militärischer Ausrüstung für das polnische Heer.

Den Kriegsausbruch 1939 aber erlebte Vater Józef nicht mehr in Bromberg. Ende August ist er in das 3. Telegrafen-Bataillon des polnischen Heeres eingezogen worden. Ein Foto unmittelbar vor seiner Abreise zeigt den damals 42jährigen Geschäftsmann mit hoher Stirn und schmalen Lippen im Kreis seiner Familie. Ehefrau Zofia trägt das dauergewellte Haar schicklich zurückgekämmt, die Töchter Alina und Gabriela – fünf und neun Jahre alt – sind festlich hergerichtet mit riesigen weißen Schleifen im Haar, die ältere steckt in einem Matrosenanzug. Der elfjährige Romuald und sein etwas älterer Bruder Władysław stecken bereits in ernsten, dunklen Anzügen. Nur Andrzej, der Jüngste, gerade ein gutes Jahr alt, wirkt ungezwungen pausbäckig im Strampelanzug. Dies ist das letzte Foto, das die Familie gemeinsam zeigt.

Vater Józef geriet gleich in den ersten Kriegswochen in sowjetische Gefangenschaft und kam ins Gefangenenlager Kozielsk. Laut der Liste des sowjetischen Geheimdienstes NKWD wurde er am 14. April 1940 in Katyń mit 4100 weiteren polnischen Offizieren erschossen. Das erfuhr die Familie erst Jahrzehnte später.

Die alteingesessenen Bromberger Deutschen, die der Versailler Vertrag zu Auslandsdeutschen hatte werden lassen, hofften in der Zwischenkriegszeit auf die Gunst des Schicksals und eine Revision der Grenzen. Jene Deutschen hingegen, die vor 200, 300 Jahren freiwillig ausgezogen waren, um in Polen als Siedler eine neue Existenz zu gründen, fühlten sich dem polnischen Staat gegenüber in ungleich höherem Maß zur Loyalität verpflichtet. Als deutsche Minderheit pflegten sie zwar ihre Sprache, ihre Religion und Kultur, aber als Bürger waren sie loyaler Teil des polnischen Gemeinwesens. In welch tragischen Loyalitätskonflikt Hitlers Überfall auf Polen diese Auslandsdeutschen brachte, erzählt die Geschichte von Richard Breyer.

Ein Deutscher als polnischer Soldat

Die Wehrpflicht endete in Polen mit dem 50. Lebensjahr. Richard Breyers Vater Albert hatte jedoch versäumt, die Überschreitung der Altersgrenze seinem Ersatzkommando mitzuteilen. Als das polnische Dienstmädchen am Morgen des 28. August 1939 die Nachricht von der allgemeinen «mobilizacja» in den Posener Lehrerhaushalt brachte, war die Familie wie gelähmt.

«Wir hatten den ganzen Sommer 1939 gebetet: Herrgott, verhüte den Krieg!» erzählt Sohn Richard 57 Jahre nach den Ereignissen. «Denn dann würde jene Tragik eintreten, daß jemand, der ein glühender Deutscher war und vieles von dem schätzte, was im Dritten Reich geschah, in der Uniform eines polnischen Soldaten an die Front kommen könnte.»

Für Vater Albert stand die staatsbürgerliche Pflicht nicht zur Debatte. Am 1. September brachten ihn seine Ehefrau und Sohn Richard zur Straßenbahn. Auf die Kaserne in Posen fielen bereits die ersten deutschen Bomben. Da zog der Deutsche gegen die Deutschen in den Krieg.

«Für ihn war das ganz und gar geradlinig. Denn für uns war klar, daß ein deutscher Volkszugehöriger ein Staatsangehöriger Polens sein kann. Umgekehrt waren die Polen im Posener Land zur Kaiserzeit Staatsangehörige Deutschlands gewesen: Die Kaczmarek-Regimenter hatten an der Front bei Verdun und in Flandern Polnisch gesprochen, aber sie waren für Deutschland gefallen. Und was die konnten, konnten wir auch.»

Bevor die Familie Breyer 1945 aus ihrer Heimat flüchtete, hat sie drei Jahrhunderte in Polen gelebt. Im 17. Jahrhundert, als ihr aufgrund der Gegenreformation die Lage im Habsburger Schlesien unerträglich erschien, war sie auf der Suche nach Glaubensfreiheit und einer Existenzgrundlage in den toleranteren Osten gezogen. Erst rodeten die Breyers noch Wälder, und die Vorfahren mütterlicherseits regulierten als «Niederunger» die Weichselauen von Danzig bis Demblin. Doch schon Großvater Breyer verdingte sich Ende des 19. Jahrhunderts als Arbeiter in der Leinenfabrik des Ortes Żyrardów, machte sich anschließend selbständig und führte bis zum Ersten Weltkrieg einen Großhandel im Dorf Karolew, vierzig Kilometer südwestlich von Warschau im Kreis Grójec.

Die evangelisch-augsburgischen Breyers im sogenannten Kongreßpolen, das dem Zaren unterstand, waren treue russische Staatsbürger. Sie zahlten dem Zaren gewissenhaft Steuern, und wäre der Großvater nicht zu alt gewesen, wäre er selbstverständlich im Ersten Weltkrieg als russischer Soldat gegen die Deutschen ins Feld gezogen. So aber wurde die Familie, bald nachdem das deutsche Heer 1914 in Mittelpolen einmarschiert war, wie 120 000 andere Deutsche auch ins Innere Rußlands zwangsumgesiedelt, damit sie nicht in Versuchung käme zu fraternisieren.

Fern der Heimat in St. Petersburg absolvierte der Vater seine Lehrerausbildung und brachte es gleichzeitig auf der russischen Kriegsakademie bis zum Fahnenjunker. Dort in der Verbannung wurde 1917 auch Sohn Richard geboren. Als die Breyers ein Jahr später in die alte Heimat zurückkkehrten, war diese nicht mehr russisch, sondern polnisch, und aus der deutschen Minderheit im Zarenreich wurde eine deutsche Minderheit in der Republik Polen. Nicht zu ihrem Vorteil, wie Sohn Richard noch heute meint. Hatten doch die Russen keine so gezielte Russifizierung betrieben wie ab 1919 die Polen eine Polonisierung. Jedenfalls empfanden die Deutschen die Einschränkungen bei der Berufswahl oder der Parzellierung ihrer Gutshöfe als bedrückend. Sie schlossen sich in politischen Verbänden zusammen. Ins Reich ausreisen wie die Westpreußen wollte in Mittelpolen jedoch fast keiner. Anders als die Bromberger und Posener hatten die Auslandsdeutschen das Leben außerhalb des Nationalstaates über Jahrhunderte praktiziert. Der fremde Staat störte sie nicht, wenn er ihnen denn ihren Glauben und ihre Kultur beließ. «Wir lebten neben den Polen, nicht mit ihnen. Es gab Nachbarschaft, aber Freundschaft war sehr selten. Denn es herrschte Angst vor der Vermischung: daß der Sohn aus deutschem Haus mit einer polnischen Frau allmählich in die andere Kultur hinüberrutsche. Das vertrug sich nicht mit unserer Ethik des Nationalgefühls. Und diese Ethik besagte: Sei getreu bis in den Tod. Nach dieser Methode hingen wir an der Sprache, an der Herkunft und am Volkstum.»

Richard Breyer ist diesen Prinzipien bis heute treu geblieben. Als Wissenschaftler beschäftigte er sich zeitlebens mit den deutschpolnischen Beziehungen und der Geschichte des Deutschtums im ostmitteleuropäischen Raum. Die Wand seines Marburger Arbeitszimmers schmückte er mit Porträts der von ihm verehrten Schriftsteller und Dichter Johann Wolfgang von Goethe, Ernst Jünger und Hans Grimm («Volk ohne Raum»). Er erbte die Neigung seines Vaters, eines Lehrers, der – nach Denunziationen zweimal aus der Schule entlassen – sich in den dreißiger Jahren im Selbststudium zu einem der kenntnisreichsten Heimatforscher für die Deutschen in Mittelpolen entwickelte. Auch für den Sohn Richard wurde Geschichte zur Leidenschaft.

Nur kurz hielt es den jungen Richard am deutschen Gymnasium in Bromberg, einer altmodischen Penne, wie der Schüler befand. Die anschließenden zwei Jahre im Neubau des Graudenzer Goethe-Gymnasiums zählt er hingegen zu den glücklichsten in seinem Leben. Er lebte auf altem Ordensland, auf ehemals preußischem Boden, gründete einen Chor, schöpfte aus dem Fundus des Zupfgeigenhansl, deklamierte in der Klasse laut aus Goethes «Faust» und war «jungdeutsch» gesonnen.

«Natürlich war ich in den dreißiger Jahren nationalsozialistisch infiziert. Ich schloß mich der Jungdeutschen Partei an, weil sie radikaler, aktiver war als die alten deutschen Volkstumsorganisationen und die Grenzen der alten Teilungsgebiete überwand. Ein Deutscher aus Posen war bei ihr genausoviel wert wie ein Deutscher aus Lodz oder ein Deutscher aus Wolhynien.

Mit dem Rundfunk drang das Reich in meine Stube. Was aus Deutschland herüberkam, war uns sympathisch. Wir hatten schlechte Erfahrungen mit der Demokratie. In Polen und in der Weimarer Republik. Mein Vater hat den polnischen Marschall Józef Piłsudski bewundert, weil er die nationale Toleranz in Polen einforderte. Und für Hitler hätte er sein Leben hingegeben, weil er ein Großdeutschland wollte. Ohne Krieg. Denn um Österreich hat Hitler keinen Krieg geführt, er hat es – sagen wir – mit Blumen erobert. Auch um das Sudetenland hat Hitler keinen Krieg geführt. Es wollte den Anschluß. Erst die Schaffung des tschechischen Protektorats war eine Vergewaltigung. Das war ein Widerspruch bei Hitler selbst. Denn jahrelang hat er gesagt: Wir wollen jedem sein Volkstum lassen. Und genau das wollten wir auch. Wir waren Idealisten.»

Die Haltung der Familie Breyer entsprach weitverbreiteten Auffassungen in der deutschen Minderheit. So führte der deutsche Senator Hasbach im März 1939 im polnischen Parlament aus: «Wenn wir uns auch im Gefühl der Einheit der großen deutschen Volksgemeinschaft in Europa zum Nationalsozialismus bekennen, so wissen wir diese Ausrichtung, die uns fester zusammenschließt und uns lebenstüchtiger macht, doch sehr wohl mit der Achtung vor dem polnischen Staat und seinen Gesetzen in Einklang zu bringen; denn wir sind keine Narren und wissen genau, daß unsere Heimat in West- und Mittelpolen, in Kleinpolen und im Osten in den Grenzen und unter der Gewalt der Polnischen Republik gelegen ist.»

Bedingt durch ihren Minderheitenstatus, waren die Auslandsdeutschen keine Anhänger des Antisemitismus der Nazis. Sie fühlten sich mit den Juden sogar gegen die Polen verbunden. Schon bei den Parlamentswahlen 1922 hatten die Deutschen mit den Ukrainern und Juden einen gemeinsamen Block gebildet. Und bei den Wahlen im März 1928 stimmten in Wahlkreisen, in denen weder deutsche noch jüdische Stimmen für ein Mandat gereicht hätten, Juden für den deutschen und Deutsche für den jüdischen Kandidaten: Richard Breyer verteilte Wahlzettel für den Juden Isaak Grünbaum, umgekehrt kam der deutsche Lehrer Julian Will dank jüdischer Stimmen in den Sejm.

Richard Breyer rechnete es dem Direktor des Graudenzer Gymnasiums Hilgendorf auch hoch an, daß er Ende der dreißiger Jahre trotz Drängens der Jungdeutschen Partei den jüdischen Leiter des Schulorchesters nicht fallenließ. Denn auch wenn Richard in den nationalsozialistisch geprägten Verband deutscher Hochschüler eingetreten war, fand er während des Studiums in Warschau kein Verständnis für das Bänkegetto, in das die polnischen Rektoren die jüdischen Studenten verbannt hatten.

Richard und sein Vater nahmen sich von der Ideologie des Nationalsozialismus, was in ihre nationale Gesinnung paßte. Im schlimmsten Fall hat der Führer eben nicht gewußt, was in seinem Namen geschah. Da die Breyers allerdings nicht im Deutschen Reich, sondern in Polen lebten und keine deutsche, sondern die polnische Staatsbürgerschaft besaßen, ergab sich für sie eine eindeutige Priorität: Weder die Treue zum Volkstum noch die Bewunderung für den Führer konnten ihre Pflichten als Staatsbürger außer Kraft setzen. Als Student der Universität Warschau gehörte Richard der «Legia Akademicka» an und nahm in polnischer Uniform an der Parade zum Nationalfeiertag am 3. Mai 1939 vor Staatspräsident Mościcki teil. Er wäre auch wie sein Vater dem Mobilmachungsbefehl gefolgt, hätte er als Student keinen «Aufschub» erhalten. So allerdings trafen ihn polnische Polizisten am 3. September 1939 zu Hause an, als sie kamen, um ihn – wie die Russen seinen Großvater 1915 – als potentiellen Kollaborateur mit den deutschen Angreifern ins Landesinnere zu deportieren. Richard war nicht einmal verwundert.

«Nach den Erfahrungen des Jahres 1919 mit dem polnischen Internierungslager Szczypiorno in Südposen (wo Tausende von Deutschen vom neu entstehenden polnischen Staat festgesetzt worden waren) waren die Deutschen in Polen auch für den Kriegsfall 1939 auf Internierung eingestellt. Sie hielten sie sogar für verständlich. Ich selbst hatte seit Tagen einen entsprechenden Rucksack gepackt, war auf Strapazen eingestellt und rechnete mit Verhaftung.»

Die polnischen Polizisten verlangten aber zusätzlich nach seinem Vater: «Der steht auch auf der Liste!»

«Aber Albert Breyer ist schon beim Militär.»

«Beim Militär?!»

«Der ist doch Leutnant.»

Albert Breyer, bereits seit zwei Tagen als polnischer Soldat gegen die deutsche Wehrmacht im Einsatz, ist wahrscheinlich am 8./9. September 1939 in Warschau bei einem Bombenangriff ums Leben gekommen. Verschüttet. Sein Name tauchte unter den Gefallenen in einer Warschauer Zeitung auf. Einige Złotys, die er zurückgelassen hatte, wurden Sohn Richard im Heilig-Geist-Krankenhaus ausgehändigt. Der Leichnam des Vaters war mit den Leichen anderer polnischer Soldaten bereits in einem Massengrab auf dem polnischen Ehrenfriedhof Powązki beigesetzt worden.

Weil die Familie den Vater und Ehemann in ihrer Nähe haben wollte, hat ihn Sohn Richard im Mai 1940 in Warschau exhumieren und auf den evangelischen Lukas-Friedhof in Posen überführen lassen. Dort fand der polnische Soldat deutscher Nationalität bis zum Ende des Krieges eine würdige Ruhestätte.

Nach Kriegsende wurde sein Grab mit allen anderen deutschen Gräbern von den Polen geschleift.

Als Hitler am 1. September 1939 den Nachbarn im Osten überfiel, ließ die polnische Regierung die aktivsten Vertreter der deutschen Minderheit festnehmen und in Gewaltmärschen mit unbekanntem Ziel ins Landesinnere führen. Diese Maßnahme war diktiert von der Angst, die deutsche Minderheit könnte als fünfte Kolonne im Rücken des Feindes agieren und durch Sabotageakte und Spionage das Vordringen der deutschen Wehrmacht erleichtern.

Vorsorglich deportiert

Uwaga, uwaga» («Achtung, Achtung»), forderte der polnische Rundfunk am 1. September 1939, als Hitler – «Seit 5 Uhr 45 wird jetzt zurückgeschossen» – mit dem Angriff auf den polnischen Militärstützpunkt Westerplatte den Zweiten Weltkrieg ausgelöst hatte. «Uwaga! Uwaga! Die Instruktion Nr. 59 ist auszuführen!» Das hieß: vorbeugende Internierung von verdächtigen Personen im Kriegsfall. Exponierte Vertreter der deutschen Minderheit – Ärzte, Journalisten, Pastoren, Vertreter der Volksgruppe, Konsulatsangehörige – wurden von der Polizei aus ihren Wohnungen, Büros, Redaktionen geholt und auf Polizeistationen und in Gefängnissen interniert.

In Bromberg traf es neben Aktivisten der Volksgruppe wie den Vorsitzenden der «Deutschen Vereinigung», Dr. Hans Kohnert, oder den Chefredakteur der *Deutschen Rundschau*, Gotthold Starke, auch den Superintendenten Julius Aßmann und den Arzt Siegfried Staemmler.

Bis zum 2. September wurden die Internierten aus der Stadt und dem Kreis Bromberg im früheren Reichswaisenhaus im Vorort Bleichfelde festgehalten. Dann setzte sich ein Zug von etwa 400 Personen in Richtung Warschau in Bewegung. Männer und Frauen, die ohne Rücksicht auf Alter und Gesundheit bis zum 9. September eine Strecke von 240 Kilometern zurücklegen mußten: über Thorn, Leslau, Chodzen, Kutno bis nach Lowitsch. Die ganze Zeit im Fußmarsch.

Trotz der Spätsommerhitze gab es kaum Wasser. Viele phantasierten oder wurden hysterisch. Wer entkräftet zurückblieb, wurde erschossen, wer nicht in Reih und Glied marschierte, mit Kolbenschlägen und Bajonettstichen in die Gruppe zurückgetrieben. Ein junger Mann schnitt sich bereits am zweiten Tag die Pulsadern auf. Am 6. September vereinte sich der Zug mit anderen Kolonnen aus Pommerellen, unter denen sich auch Polen befanden – Sozialdemokraten, Kommunisten, aber auch gewöhnliche Kriminelle, die als Sicherheitsrisiko galten.

Mehrfach – so auch auf dem Weg nach Kutno – wurden die ausgemergelten, verwahrlosten Gestalten von einer aufgebrachten Bevölkerung beschimpft und mit Steinen beworfen. Schließlich geriet der Zug am 9. September in Kampfhandlungen mit der deutschen Artillerie. Ein Teil konnte sich bereits in dem Ort Lowitsch absetzen, ein anderer Teil wurde neun Kilometer weiter nordöstlich von dem deutschen Panzerwagen «Ziethen» befreit.

Der Arzt Siegfried Staemmler, dessen Sohn Klaus heute zu den besten Übersetzern polnischer Literatur ins Deutsche zählt, kam noch unmittelbar vor dem Eintreffen des deutschen Militärs als einer der letzten um: Bei Verhandlungen mit der Eskorte schoß ihn ein polnischer Wachmann aus nächster Nähe nieder.

Aus den insgesamt 41 «Verschleppungsmärschen», die zwischen zehn und mehreren hundert Menschen umfaßten, sind vom Bundesarchiv Koblenz 4500 Personen eindeutig deutscher Volkszugehörigkeit namentlich erfaßt. Da sich die Ermittlungen nach dem Krieg jedoch nur auf das Gebiet der Bundesrepublik bezogen und viele Fälle nicht geklärt werden konnten, wird eine Gesamtzahl von etwa 10000 Verschleppten aus Posen und Pommerellen angenommen. Darunter befinden sich fast 1800 «amtlich bezeugte» Tote. Die wirkliche Zahl, so Experten, dürfte wahrscheinlich noch um 400 höher liegen. Allein für die Stadt Bromberg ermittelte der Heimatforscher Hugo Rasmus 153 Verschleppte, von denen 41 auf dem Marsch oder an den Folgen des Marsches umkamen. Für den gesamten Landkreis Bromberg zählte er weitere 314 Verschleppte, von denen 153 nicht überlebten.

«Bewegt dankten wir unseren Befreiern», schrieb der Chefredakteur der *Deutschen Rundschau*, Gotthold Starke, unmittelbar danach, «sangen wir die deutschen Hymnen und brachten ein Siegheil auf den Führer und die deutsche Armee aus.»

Handelte es sich also bei diesen Deutschen um jene «fünfte Kolonne», deren Sabotageakte im Rücken der Front die Polen zu Recht hätten fürchten müssen? Oder wurde die deutsche Minderheit durch das polnische Mißtrauen in eine unheilige Allianz mit dem Deutschen Reich getrieben? War der Fußmarsch, wie der polnische Historiker Włodzimierz Jastrzębski von der Pädagogischen Hochschule Bromberg meinte, «diktiert durch die Notwendigkeit, unmittelbar im Rücken der polnischen Front die Sicherheit zu garantieren und die ungeheuren Spannungen zwischen der hier ansässigen polnischen und deutschen Bevölkerung zu entladen» – also wegen der kriegsbedingten Situation zu rechtfertigen? Oder wurden hier undifferenziert Wut und Haß gegenüber dem deutschen Mitbürger abreagiert, Gefühle, die eigentlich dem nationalsozialistischen Aggressor galten?

Noch 1988 hielt Jastrzębski das polnische Vorgehen für korrekt und angemessen: «Wer weiß», überlegte er damals, «ob die ‹Diversionsaktionen› der deutschen Minderheit am 3. September 1939, bei denen es zu gewaltsamen Auseinandersetzungen zwischen deutschen und polnischen Brombergern kam, nicht ein weit dramatischeres Ausmaß erreicht hätten, wenn die Führer der deutschen Minderheit im Ort geblieben wären.» Acht Jahre später hatte er sein Urteil allerdings wesentlich abgemildert. «Die Polen müssen sich mit der Erkenntnis abfinden», meinte er nun selbstkritisch, «daß es kein besonders gelungenes Unternehmen war, Personen deutscher Nationalität – unter ihnen viele Alte und Frauen – schon nach Kriegsbeginn ins Landesinnere zu transportieren.»

Während die Repräsentanten der deutschen Minderheit bereits aus der Stadt verschleppt worden waren, die Truppen der Wehrmacht Bromberg jedoch noch nicht eingenommen hatten, kam es am Sonntag, dem 3. September 1939, zu Schießereien vor allem im Zentrum der Stadt. Über die Beurteilung dieses Scharmützels ist es bis heute zwischen Polen und Deutschen zu keiner einheitlichen Interpretation gekommen. Polnische Zeugen behaupten, die deutsche Minderheit hätte im Rücken des polnischen Heeres einen Aufstand begonnen. Deutsche Zeugen sind überzeugt, die Polen hätten ihre hilflose Wut über das Vorrücken der deutschen Truppen als Aggression gegen ihre deutschen Mitbürger entladen. Exemplarisch für diese Auffassungen stehen die Aussagen der beiden Heimatforscher, des Polen Rajmund Kuczma und des Deutschen Hugo Rasmus.

Bromberger Blutsonntag

Der Krieg in Bromberg begann, bevor der Krieg Bromberg erreichte. Zwei Tage vor dem Einmarsch der deutschen Truppen geschah am Sonntag, dem 3. September 1939, was die betroffenen Deutschen und Polen bis heute entzweit und trotz vielfältiger Bemühungen noch keine von beiden Seiten akzeptierte Aufklärung erfahren hat. Deutsche hätten auf zurückflutende polnische Truppen geschossen, behaupten die polnischen Bromberger. Polen hätten eine Jagd auf deutsche Zivilisten veranstaltet, widersprechen die deutschen Bromberger. Eine Annäherung der Standpunkte ist selbst nach 55 Jahren noch nicht erfolgt.

«Ich sage nur, was ich selbst gesehen habe», versichert Rajmund Kuczma, der bei Kriegsausbruch auf dem Neuen Markt Nr. 3 wohnte. «Am Sonntagmorgen, es war ein schöner Tag, bin ich zum Gottesdienst in die Pfarrkirche gegangen. Priester Jan Jakubowski meinte, wir sollten nicht flüchten und die Wege verstopfen. Die Straßen seien für die zurückflutenden polnischen Soldaten da. Er bleibe mit uns in der Stadt. Kurz vor zehn gingen wir wieder hinaus auf die Jesuitenstraße. Da wurde aus der Wohnung des alten preußischen Polizeimeisters Schulz geschossen. Als polnische Soldaten in die Wohnung eindrangen, war aber niemand mehr da. Auch aus der Essigfabrik von Piliński wurde geschossen. Der bereits verstorbene alte Piliński war ein Pole, aber bei ihm arbeiteten viele Deutsche. Ein Soldat ging auf das Dach, aber auch hier war niemand mehr da.»

Rajmund Kuczma, seit 1934 wohnhaft in Bromberg, hat sich durch eigene Studien zu einem der besten Kenner Bromberger Heimatgeschichte entwickelt und das Museum in der Danziger Straße bis zu seiner Pensionierung geleitet. Für ihn besteht kein Zweifel, daß die Deutschen in Erwartung der bevorstehenden «Befreiung» am 3. September 1939 zur Offensive im Hinterland übergingen, um den Feind zusätzlich zu schwächen. Aus welchem Grund auch hätten polnische Zivilisten auf flüchtendes polnisches Militär schießen sollen?

Für Kuczma sind die Fakten eindeutig: Schon am Samstagmorgen seien bei der Durchsuchung eines Pferdewagens Gewehre gefunden worden – der Kutscher habe kein Wort Polnisch verstanden. Ein anderer Unbekannter, von seinem Vater auf dem Neuen Markt auf polnisch angesprochen, hätte erst die Antwort verweigert und dann ein zögerliches deutsches «Ja» herausgebracht. Mußten das nicht eingeschleuste Deutsche aus Danzig oder gar dem Reich sein, die den Bromberger Deutschen Waffen und Beistand liefern sollten?

Und zur Schießerei am Sonntag:

«– In der ul. Wenecija war ein polnischer Eisenbahner angeschossen worden. Gegen 14 oder 15 Uhr lag ein angeschossener polnischer Oberfeldwebel bei der Hausnummer 1.

– In der ul. Podgorna stieß ich auf einen erschossenen polnischen Feldwebel.

– Aus der Schokoladenfabrik Lukullus wurde geschossen. Als das Schießen kurzfristig aufhörte und dreißig, vierzig Menschen auf das Betriebsgelände zogen und die Fabrik plünderten, haben sie diejenigen, die geschossen hatten, allerdings wieder nicht gesehen.»

Da Rajmunds Vater im Westverband aktiv war, der die Westgebiete für Polen beanspruchte, flüchtete die Familie vorsichtshalber wie viele andere aus der Stadt. Nur die 84jährige Großmutter blieb in der Wohnung zurück. Gegen fünf Uhr am Montagmorgen zogen die Eltern mit den beiden Söhnen und der Tochter Urszula los.

«Auf dem Kornmarkt lagen acht bis zehn ermordete Männer. Ihre Leichen bildeten ein Kreuz. Dann hörten wir eine große Schießerei vom Plac Kościelski, vom Turm der Pfarrkirche. Dort wurde auf polnische Soldaten der 27. Division geschossen, die mit ihren Wagen zurückfluteten. Ein Mann fiel vom Dach der Kujawska-Straße 6 – er hatte noch eine Pistole in der Hand. Das kann nur ein Deutscher gewesen sein, denn welcher Pole würde auf polnische Truppen schießen? Von fern sahen wir ein großes Feuer im Stadtteil Schwedenhöhe. Später haben wir erfahren, daß dort die Lutherkirche brannte. Deutsche sollen von der Kirche aus geschossen haben; nach den Kämpfen wurde die Kirche von den Polen in Brand gesteckt.»

All diese Beobachtungen lassen für Kuczma nur den einen Schluß zu, daß Bromberger Deutsche gemeinsam mit eingeschleusten Deutschen aus dem Reich und aus Danzig Handlangerdienste für Hitler leisteten, indem sie das Hinterland der Front destabilisierten.

Der Heimatforscher Hugo Rasmus sieht in dieser Interpretation eine bereits pathologische Spionagefurcht. Schon die Fakten seien einseitig verzerrt. Warum, fragt Rasmus, berichte Kuczma nicht, daß die Erschossenen auf dem Kornmarkt gar keine Polen, sondern Deutsche gewesen seien? Wie aus dem Zeugenbericht von Emil Schultz, dem einzigen Überlebenden des Massakers, hervorgehe, hätten etwa 60 polnische Infanteristen 15 Deutsche auf den Kornmarkt dicht an der Kaiserstraße geführt, sie sechsmal «Hoch lebe Polen» ausrufen lassen und dann in sie «hineingeknallt». Nur weil Schultz sich sofort niedergeworfen und als tot ausgegeben habe, sei er lebend davongekommen, während der polnische Malermeister Pótkowski, der die Deutschen hatte verteidigen wollen, mit ihnen zusammen ermordet worden sei.

Warum, fragt Rasmus weiter, habe Kuczma nicht die Identität des Mannes festgestellt, der mit einer Pistole vom Dach gefallen sei? «Wohnten überhaupt Deutsche in dem Haus? Waren dort nicht vielleicht polnische Luftschutzposten auf dem Dach aufgestellt worden?»

Und was den Brand der Lutherkirche auf der Schwedenhöhe betreffe, so ergebe sich aus dem Bericht der Pfarrfrau Amei Lassahn, daß es einen Kampf um die Kirche gar nicht gegeben habe. Auch von einigen Polen werde die Auffassung vertreten, daß der Brand gelegt worden sei, um vermeintliche Turmschützen auszuräuchern.

Nicht nur bei Kuczma und Rasmus steht Aussage gegen Aussage:
- Der polnische Kunsthistoriker Zbigniew Raszewski sah, wie ein Maschinengewehr auf dem Turm der evangelischen Paulskirche auf dem Weltzienplatz die schon leergefegte Danziger Straße unter Kontrolle hielt. Der deutsche Lokal- und Sportredakteur Marian Hepke hingegen, der am 2. und 3. September mehrfach an der Kirche vorbeikam, hat an Eides Statt erklärt, keine Schüsse gehört, keine Einschüsse gesehen und keine verwundeten und toten Polen gesehen zu haben.
- Der elfjährige Romuald Pilaczyński sah aus seiner Wohnung in dem Villenviertel neben dem alten evangelischen Friedhof, wie

aus seinen Katakomben Männer mit Gewehren stiegen. Hugo Rasmus hingegen erachtet es für ein reines «Phantasieprodukt», daß es auf diesem Friedhof an der alten Wilhelmstraße Katakomben gegeben haben soll.

• Der Schumacher Stanisław Tonder sah, wie auf die Menschen, die um zehn Uhr zur Dreifaltigkeitskirche gingen, aus dem Haus des deutschen Wedell das Feuer eröffnet wurde. Deswegen meldete er sich auch sofort freiwillig auf dem Kommissariat III in der Schickstraße, um sich an der «Niederschlagung der Diversion» zu beteiligen. Horst Wedell aber, der Sohn des erwähnten Hausbesitzers, schickte aus seinem jetzigen Wohnort Hannover sofort eine Richtigstellung, als er 1989 die Aussagen von Stanisław Tonder las: «Geboren am 28. 02. 1921 in Bydgoszcz und dort aufgewachsen, kann ich mich sehr genau an den Sonntagvormittag erinnern: Weder aus unserem Haus wurde ‹gefeuert› noch aus den Nachbarhäusern.» Als Zeugen benannte er eine ehemalige polnische Mieterin aus dem Haus seines Vaters und drei polnische Mieterinnen aus dem Nachbarhaus.

Wie soll nun der Historiker sein Urteil fällen, wenn er sich nur auf fundamental entgegengesetzte Zeugenaussagen stützen kann? Bis jetzt nämlich ist noch kein einziger schriftlicher Beleg aufgetaucht, daß das nationalsozialistische Berlin die Deutschen in Pommerellen oder die Deutschen im Sudetenland als fünfte Kolonne hätte einsetzen wollen.

«Wir können uns mit unserer Vermutung, daß es sich am 3. September um eine Sabotage gehandelt hat, nur auf Analogien stützen», gibt Professor Włodzimierz Jastrzębski zu. Dokumente der deutschen Abwehr in Breslau belegen zwar Sabotagepläne für den Raum Oberschlesien – der polnische Professor Szeffer hat sie im Bundesarchiv Koblenz (Abteilung Freiburg) gefunden, und die Kommission zur Untersuchung der Verbrechen am polnischen Volk hat sie veröffentlicht: Originaldokumente, die besagen, daß die deutsche Abwehr einerseits von deutschem Boden aus Übergriffe ins polnische Gebiet hinein organisierte, andererseits von polnischem Gebiet aus Sabotageakte im Hinterland durchführte – Brücken sprengte, Verbindungen zerstörte etc. «Auf der Basis der Analogie kann ich sagen, daß die Abwehrstelle in Königsberg, in deren Bereich Bromberg lag, ähnliche Sabotagepläne vorbereitet haben muß. Leider haben wir aber bis heute keine entsprechenden Dokumente gefunden. Wir sind hilflos.»

Selbst wenn aber unterstellt werden kann, daß auch für den westpreußischen Raum Sabotageakte vorgesehen waren, müßte der «Blutsonntag» in Bromberg nicht notwendig zu ihnen gezählt werden. Aber wer hätte dann geschossen?

«Geschossen wurde sehr viel», weiß Hugo Rasmus. «Von polnischen Offizieren, die in der Panikstimmung ihre Truppe beherrschen wollten. Von paramilitärischen polnischen Kräften, die sich ohne einheitliche Führung und klaren Auftrag in der Nervosität und aufgrund einer Verkennung der Lage gegenseitig beschossen – und von jungen Burschen, die durch die Straßen zogen und Schüsse abgaben, damit sich bewahrheitet, daß die Deutschen aus den Wohnungen und von den Kirchtürmen schießen.» Geschossen wurde – meinen andere deutsche Bromberger – auch von polnischem Militär, das in nachrückenden Einheiten bereits den deutschen Widersacher vermutete. Denn die Stadt war voll von Gerüchten, daß die Deutschen bereits da seien.

Auf keinen Fall – so die übereinstimmende Meinung der deutschen Bromberger – könne die Schießerei als Beweis für ihre angebliche Sabotagetätigkeit gelten. Sie habe vielmehr überraschten, verhetzten und durch die schnellen Erfolge der deutschen Heeresverbände verängstigten polnischen Brombergern einen Vorwand für eine Jagd auf Sündenböcke geliefert: für eine pogromartige Verfolgung der Deutschen, die pauschal ein Opfer der Volkswut wurden.

«Am 3. September wurden wir gleich morgens aus unserem Haus in der Bahnhofstraße abgeholt», erinnert sich der Polizeidirektor Wolfgang Koenigk, der damals als 14jähriger Schüler das

Bromberger Dürer-Gymnasium besuchte. «Die Gruppe bestand aus einem Polizisten, einem Soldaten und zwei Zivilisten, die entweder einen martialischen Säbel umgeschnallt hatten oder einen uralten Karabiner auf dem Rücken trugen. Wir kannten niemanden, nicht einmal den Polizisten. Der vor dem Krieg für unser Revier zuständig war, den kannten wir gut, er hatte sich noch zu Weihnachten sein Bakschisch abgeholt.

Die Gruppe schlug die Tür ein und zog eine Liste heraus. Ob hier der Koenigk wohne? Ob das seine Frau, seine Kinder seien? Sie holten uns alle raus: drei Kinder und die Eltern. Danach wurden wir getrennt. Mein Vater war bekannt als Vorstandsmitglied der Deutschen Vereinigung und wurde deswegen zur Kommandantur gebracht. Die Polen wußten auch, daß er im Ersten Weltkrieg aktiver Offizier gewesen war und später auf deutscher Seite gegen die Aufständischen in Schlesien gekämpft hatte. Auf der Kommandantur haben sie ihn verhört, am nächsten Morgen aber wieder laufenlassen. Man konnte bei den Polen nicht abschätzen, was sie tun würden.

Meine Mutter und meine Schwester wurden in eine Schule gebracht, ganz kurz verhört und dann auch wieder entlassen. Ich hatte das Pech, mit meinem Bruder in eine Gruppe zu kommen, die nur aus Jungen und Männern bestand. Das Schlimmste war der Marsch durch die Stadt. Erst ging es Richtung Danziger Straße, zur Hauptstraße. Dann wieder zurück Richtung Bahnhof und schließlich zu einer Kaserne. Mein Bruder Horst wurde mit Stöcken geschlagen. Das war wie ein Spießrutenlaufen: beide Gehwege voller Menschen. In der Kaserne standen wir in der Sporthalle – zusammen etwa 400 Personen. Es war sehr warm an jenem Sonntag. Wer von den Älteren umfiel, wurde rausgeholt und sofort erschossen.

Mein Bruder und ich wurden mit den übrigen von einem wirren Haufen aus Bürgern, Soldaten und Polizisten an den Südostrand der Stadt getrieben, an die Peripherie. Plötzlich hieß es: Halt! Wir mußten uns alle an eine Wand stellen und die Hände hochreißen. Wir standen dicht bei dicht wie die Ölsardinen. Dann hörte ich nur noch Schüsse und Schreien. Die Toten lagen übereinander und nebeneinander. Diese Minuten, die ich an der Wand gestanden habe – das war fürchterlich. Dann kam ein Offizier mit einer Einheit, die noch unter Befehl stand. Er hoch zu Roß. Das Bild werde ich nie vergessen. Wir mußten uns umdrehen, und er hat eine Rede gehalten: daß polnisches Militär nicht auf wehrlose Zivilisten schießt, und wir sollen sehen, daß wir nach Hause kommen.

Mein Bruder und ich liefen eine breite Ausfallstraße zurück. Die Kugeln pfiffen uns weiter um die Ohren. Da kamen wir zu einem Grundstück. Rechts war das Haus, eine typische kleine Kate, links ein Gerätehaus, an das eine Leiter angelehnt war. Oben stand ein Waschzuber. Den haben wir umgedreht und uns darunter versteckt. Etwa vier oder fünf Stunden. Als es ruhiger wurde, krochen wir raus, gingen zum Gartentor – da stand wieder ein polnischer Soldat vor uns. Ich habe mich schnell gefaßt und ihm auf polnisch gesagt: Wir sind Katholiken. Daraufhin rief er den anderen zu: To są nasi. (Das sind unsere.) Ich habe ihm 400 Złoty versprochen, wenn er uns nach Hause bringt.

Die Wohnung war ein einziger Trümmerhaufen, und niemand war da, keine Eltern, keine Schwester. Ein paar Tage später stellte ich fest, daß in meiner Klasse von insgesamt etwa dreißig Schülern zehn bis zwölf fehlten.»

Andere Bromberger Deutsche erlebten dieselben blindwütigen Bürgerwehren, denselben ungezügelten Haß, dieselbe «Jagd auf die Deutschen»:
- Bei Martha Kutz drang eine Gruppe von Männern in ihre Wohnung in der Tannebergstraße 13a ein, zerstach die Polstermöbel mit Bajonetten, zerschlug die Türen vom Kleiderschrank und suchte nach Waffen: Sie hätte, so warfen ihr die Männer vor, gemeinsam mit ihrer 64jährigen Mutter aus der Wohnung heraus mit einem Maschinengewehr geschossen.
- Hedwig Radler mußte mitansehen, wie ihr ältester, damals 18jähriger Sohn am 3. September auf offener Straße und ihr

zweiter, nur zwei Jahre jüngerer Sohn am darauffolgenden Tag zu Hause erschossen wurde, als er polnischen Soldaten eine Tasse Milch anbieten wollte. Ihr Mann Arthur lag schwerverwundet mehrere Stunden auf der Schwelle seines Hauses in der Thorner Straße 39, bevor er am Abend des 4. September verstarb.

- Johanna Giese erlebte, wie ihr Schwiegersohn einen Schuß in die Halsschlagader erhielt, als er den Keller ihres Hauses in der Adamsberger Straße 9 verließ, in dem er sich versteckt gehalten hatte. Ihr Sohn Reinhard, der zu fliehen versuchte, wurde auf dem Nachbargrundstück erschossen.

- Die Bäuerin Anna Krüger sagte vor dem Amtsgericht Bromberg Anfang 1940 aus: «Kurz nach Mittag kamen Zivilisten und Soldaten in Uniform und behaupteten, mein Mann hätte mit dem Maschinengewehr geschossen. Zuerst suchte ein Soldat in der Wohnung und dann ein Zivilist. Der Soldat fand nichts. Der Zivilist faßte auf das Spind und forderte dann den Soldaten auf, noch einmal nachzusehen. Der Soldat holte dann eine kleine Patrone vom Schrank. Aufgrund dieses Sachverhalts wurden mein Mann, mein Sohn und mein Schwiegersohn abgeführt. Sie kamen ins Auto. Am Mittwoch (drei Tage später) habe ich alle im Wald wiedergefunden. Mein Mann war ganz verstümmelt, das ganze Gesicht war eingeschlagen, es war nur ein großes Loch. Mein Mann war nicht erschossen worden, sondern erschlagen. Mein Sohn hatte eine klaffende Wunde, so, als hätten sie ihm das ganze Gesicht aufgerissen. Mein Sohn war auch nicht erschossen worden. Meinem Schwiegersohn fehlte die ganze obere Kopfhälfte. Er war auch nicht erschossen worden.»

- Die Menschen seien regelrecht geschlachtet worden, berichtete der schwedische Journalist Christer Jäderlund sichtlich aufgewühlt am 8. September in der *Stockholms Tidningen* von seinem Aufenthalt in Bromberg.

Warum? Weil sich die Polen hilflos und gleichzeitig wütend der Überlegenheit des deutschen Militärs ausgeliefert sahen, obwohl ihre Propaganda immer die Stärke des eigenen Heeres gepriesen hatte? Weil Angst große Augen macht und eine Panik, einmal ausgelöst, eine eigene Gesetzlichkeit entwickelt? Weil trotz gegenteiliger Beteuerungen, daß «unsere» Deutschen dem polnischen Staat gegenüber loyal gewesen seien, weiter ein tiefes, durch die Geschichte begründetes Mißtrauen gegenüber der Minderheit bestand? Weil sich in dem Haß auf die andere Nationalität auch der Haß gegen die Reichen austobte, da unter den 9200 Deutschen, die nur 6,6 Prozent der Bromberger Bevölkerung ausmachten, überdurchschnittlich viele Fabrikanten, Gutsbesitzer, Kaufleute waren?

Am 5. September marschierte die deutsche Wehrmacht in Bromberg ein. Die Bromberger Volksdeutschen wurden – ja: befreit. Insgesamt 422 Menschen, stellte der Heimatforscher Hugo Rasmus fest, waren in der Stadt Bromberg, weitere 518 Personen im Kreis Bromberg umgekommen. Für ganz Polen wurde eine Zahl von etwa 5000 Opfern ermittelt. Weil die NS-Propaganda die Zahl der Ermordeten allerdings bis auf 58 000 «Tote und Vermißte» aufblähte und den «Blutsonntag» dankbar aufgriff, um die längst beschlossene Unterdrückung und Verfolgung der Polen durch eigenes Verschulden zu begründen, schien es liberalen und linken Kreisen später als anstößig, das Wüten von Polen gegen Deutsche anzuprangern. Als sei das Verbrechen unauflöslich mit seiner Instrumentalisierung durch die Nationalsozialisten verbunden. Als diene die Verurteilung polnischer Rache zur Rechtfertigung der anschließenden Rache der Deutschen.

Über die Zahl der Toten auf polnischer Seite war lange Zeit nichts bekannt. Während des Nürnberger Prozesses stellten polnische Juristen eine Liste mit 220 Namen vor. «Ich suchte dafür Belege», sagt Professor Jastrzębski, «aber ich konnte keine finden.» 1993 wurde das Sterberegister von 1939 zugänglich gemacht. Dort finden sich die Namen von etwa dreißig Soldaten, die am 3. und 4. September in Bromberg umgekommen sein sollen. Bei den Zivilisten läßt sich keine erhöhte Todesrate feststellen, und über die Todesursache macht das Sterberegister keine Angaben.

Das siegreiche NS-Regime hat sich mit Hilfe der Bromberger Deutschen grausam an den Bromberger Polen wegen des «Blutsonntags» gerächt. Der bewaffnete Widerstand in der Stadt war zwar nach wenigen Tagen niedergeschlagen. Doch in den Familien der Bromberger Polen verbreitete sich die Kunde vom Wunder der blutenden Hand – dem Symbol für einen unbesiegbaren Widerstand.

1939: Aus Bydgoszcz wird Bromberg

Gleich nach dem Einmarsch der Deutschen wurde Wolfgang Koenigk mit anderen Schülern zur deutschen Kommandantur bestellt und einigen SS-Offizieren zugeteilt. «Gemeinsam gingen wir von Wohnung zu Wohnung und sollten Polen identifizieren, die sich an Deutschen vergangen hatten.

– Kennst du den? Kennst du den?

Wenn mir einer vorgeführt wurde, habe ich die Augen niedergeschlagen. Ich habe immer ‹Nein› gesagt. Ich wollte niemanden ausliefern. Aber ich hätte mich auch an niemanden erinnern können. An der Mauer am Stadtrand standen sie doch in unserem Rücken. Andere Mitschüler haben einige identifiziert.

Die Vergeltung war fürchterlich. Die SS-Leute waren sehr brutal. Sie haben die Polen sofort erschossen. Auf der Stelle. Oder sie an den Stadtrand gebracht, dort erschossen und sofort vergraben. Ich habe das selbst erlebt. Ich mußte mich übergeben. An jenem einen Tag habe ich gesehen, wie mindestens zwölf Personen erschossen worden sind. Danach bin ich einfach nicht mehr auf die Kommandantur gegangen.»

Nicht alle Bromberger Polen ordneten sich der Wehrmacht gleich kampflos unter. Sie schossen von Dächern herunter oder aus kleinen Straßen heraus auf einrückende deutsche Einheiten, bis General von Gablonz am 9. und 10. September vierzig Geiseln öffentlich vor der Jesuitenkirche auf dem Alten Markt erschießen ließ. Was die Deutschen als erfolgreichen Befriedungsakt werteten, verklärte sich im Bewußtsein der Polen zum Beweis für die übernatürliche Kraft des Martyriums. Die Legende erzählt:

Als ein junger Priester den Geiseln die Letzte Ölung erteilte, kam er auf der Treppe des angrenzenden Städtischen Museums ins Stolpern und suchte mit der rechten Hand an der Gebäudemauer Halt. Sein Handabdruck hat sich monatelang (die einen sagen: gelb, die anderen sagen: schwarz) von der Wand abgehoben – von der Handwurzel über die vier Finger bis zu den Kuppen.

«Um zu verhindern, daß die Menschen kamen, nur um die Hand zu sehen, ließen sie die Deutschen mit weißer Kalkfarbe übermalen», erzählt Rajmund Kuczma. «Aber die Menschen sahen die Hand durch die Farbe hindurch. (Ich habe sie nicht gesehen.) Da ließen die Deutschen die Stelle erneut übermalen. Dieses Mal mit schwarzer Farbe. Aber die Hand schien selbst durch die dunkle Farbe hindurch. (Ich habe sie nicht gesehen.) Da ließen die Deutschen den Putz abschlagen. Doch die Hand zeigte sich an anderer Stelle. (Ich habe sie nicht gesehen.) Schließlich begannen die Deutschen, ein Loch an jener Stelle in die Kirchenwand zu schlagen, an der sich die Hand abgezeichnet hatte. Da wurde die Hand nicht mehr gesehen.»

Insgesamt ließ General von Gablonz als Rache für den Blutsonntag und vereinzelte Übergriffe polnischer Bürgerwehren etwa 3000 polnische Bromberger verhaften. «Sie paßten nicht ins Gefängnis», erinnert sich Professor Włodzimierz Jastrzębski. «Deswegen wurden die Kasernen in der Danziger Straße in ein Internierungslager verwandelt. Dorthin kamen die Volksdeutschen und zeigten auf die Leute: Dieser hat am Blutsonntag teilgenommen. Jener hat meinen Vater ausgeliefert. Die Denunzierten wurden erschossen – in Fordon, in Tryszczina, in den Danziger Wäldern. Vor allem Lehrer, Intelligenz. Wenn sich Zeugen fanden und man einen Prozeß anstrengen konnte, gab es ab 10. September ein Sondergericht. Während der ganzen Zeit seiner Existenz fällte es etwa 350 Todesurteile, anfänglich wegen des Blutsonntags, später gegen Widerstand. Der Terror dauerte bis November. Er legte sich erst langsam, als die Macht von Zivilen übernommen wurde.»

Als Teil des Reichsgaus Danzig-Westpreußen wurde Bromberg dem Deutschen Reich eingegliedert. Die Bromberger Polen standen vor der Alternative: Lassen sie sich «eindeutschen», oder riskieren sie die Deportation ins Generalgouvernement, Zwangsarbeit im Deutschen Reich oder gar die Einweisung in ein Konzentrationslager, wenn sie ihre polnische Identität verteidigen? Vierzig Jahre nach den Ereignissen hat der Schriftsteller Jerzy Sulima-Kamiński offen über die Anpassung der Mehrheit seiner Landsleute gesprochen.

«Deutschowanie»

Jerzy Sulima-Kamiński fühlt sich als echter Bromberger. So wie er die Bromberger versteht: sympathische Kleinbürger, die auch in Zeiten der Unfreiheit mehr ans Überleben als an den Barrikadenkampf denken, sich mehr um den Alltag als um die große Politik kümmern – eigentlich immer nach einem Kompromiß mit sich, der Umwelt und den Herrschenden suchen, statt einem Heldenbild nachzueifern, das zwar Ruhm verspricht, aber in der Regel den Untergang nach sich zieht.

Vielleicht ist sein dreibändiger Familienroman «Die Brücke der heiligen Hedwig» deshalb in Bromberg ein Bestseller geworden, im übrigen Polen hingegen völlig unbekannt geblieben. Denn Jerzy Sulima-Kamiński hat darin eine Einsicht formuliert, die dem gängigen polnischen Wertekanon widerspricht: daß der Durchschnittsmensch nämlich nicht zum Märtyrertum neigt. Ist er aber deswegen gleich zu verachten, anzuklagen, zu beschimpfen? Bringt nicht auch die Anpassung schon genug Leiden mit sich?

«Was, zum Beispiel», fragt Jerzy Sulima-Kamiński, «bedeutete die Annahme der Volksliste? In der historischen Perspektive sicher Verrat. Und auf individueller Ebene? Ein Drama. Eine Niederlage. Bezahlt mit innerer Zerrissenheit. Mit dem Gefühl von Schuld und Unrecht zugleich. Mit dem Gefühl minderen Werts und Entfremdungszuständen, die so gar nicht gleich mit dem Abzug der Deutschen verschwanden.»

Dennoch stellte seine Familie genauso den Antrag auf die Zuerkennung der Volksliste 3 wie die Familie von Romuald Pilaczyński und die Eltern von Rajmund Kuczma. Es war schmählich und schien doch unumgänglich.

Sofern die Bevölkerung in den eingegliederten Gebieten deutsche Herkunft besaß, erhielt sie entsprechend Hitlers Rassekriterien die blauen Ausweise der Volkslisten 1 oder 2: In der ersten Gruppe wurden die sogenannten Bekenntnisdeutschen erfaßt, die sich im Polen der Zwischenkriegszeit aktiv für die politischen, wirtschaftlichen und kulturellen Belange der deutschen Minderheit eingesetzt hatten. In der zweiten Gruppe waren «Deutschstämmige» registriert, die in den Familien an deutscher Sprache und Kultur festgehalten hatten. Darüber hinaus aber sah die NS-Rassenpolitik mit Hilfe einer Volksliste 3 noch die «Eindeutschung» sogenannter Zwischenschichten (Kaschuben, Masuren, Oberschlesiern etc.) und von Polen vor, die als assimilierbar galten. Juden und als nicht assimilierbar geltende Polen hingegen sollten ins Generalgouvernement ausgesiedelt, als rechtloses Menschenmaterial gehalten oder vernichtet werden.

Zuständig für die Umsetzung des Programms in Westpreußen wurde Albert Forster, ein überzeugtes NSDAP-Mitglied mit antipolnischer Gesinnung, Gauleiter in Danzig. Forster war bei der Verfolgung polnischer Priester und polnischer Intellektueller in den ersten Wochen nach Kriegsbeginn besonders hart gewesen. Bei der Eindeutschung aber verfolgte er einen großzügigeren Kurs als der Gauleiter Arthur Greiser im Warthegau. Nicht weil Forster milder gewesen wäre – er war einfach ehrgeizig und pragmatisch und wollte durch die Eindeutschung der alteingesessenen Bevölkerung so schnell wie möglich einen «rein deutschen Mustergau» aus seinem Reichsgau machen. Und so rechnete Forster zu den sogenannten Zwischenschichten (Gruppe 3 mit grünen Ausweisen) neben den Kaschuben auch die westpreußischen Polen, die «polnischen Preußen», die doch 140 Jahre lang im preußisch-deutschen Staat gelebt hatten, Deutsch sprachen und mit der deutschen Kultur vertraut waren.

Forsters Eindeutschungsprogramm hatte mit Volkstumskriterien nur noch bedingt zu tun. Der Antragsteller sollte einen deutschen Vorfahren in der Familie oder Verwandte im Reich haben, er mußte bescheinigen, daß er gut arbeitete und nicht straffällig geworden war, und er sollte ein Minimum deutscher Tugenden aufweisen: «Macht die Wohnung des Antragstellers einen sauberen Eindruck?» wollte die Prüfungskommission beispielsweise wissen. Selbst wenn ein einzudeutschender Pole nur drei von fünf Kriterien erfüllte, gab die Kommission seinem Antrag in der Regel statt.

In Westpreußen erhielten deswegen bis Januar 1944 725 000 Personen den grünen Ausweis (Liste 3), im Wartheland hingegen nur 65 000. Und während im Wartheland die Zahl der Volksdeutschen mit Liste 1 und 2 sechsmal so stark war wie die der «Eingedeutschten» mit Liste 3, war in Westpreußen umgekehrt die Zahl der «Eingedeutschten» dreieinhalbmal so groß wie die der Volksdeutschen.

«Um keinem Mann und keiner Frau die Möglichkeit zu nehmen, in die deutsche Volksgemeinschaft zurückzukehren und sich als Deutscher zu bekennen», warb und drohte Forster in einem Aufruf im Februar 1942, «ergeht hiermit die öffentliche Aufforderung an alle diejenigen, die sich als Deutsche fühlen (!) oder nachweislich deutscher Abstammung sind oder Verwandte im Altreich haben und in die deutsche Volksgemeinschaft eingereiht werden wollen, sich bis zum 31. März 1942 zur Aufnahme in die Deutsche Volksliste zu melden.»

Wer sich nicht locken lassen wollte, dem drohte er, daß er «später, nach dem Siege», auf keinen Fall mehr «in die deutsche Gemeinschaft» aufgenommen werde und damit rechnen müsse, «daß er als Pole gekennzeichnet wird und den Bestimmungen für Polen unterliegt. Daß damit auch eine Gleichstellung mit den schlimmsten Feinden des deutschen Volkes zusammenhängt, ist ebenfalls selbstverständlich.»

Forsters «Zwangsumarmung» stellte die Bromberger Polen vor ein moralisches Dilemma. «Wer unterschreibt», konstatiert Jerzy Sulima-Kamiński, «stellt sich außerhalb der Nation. Und wer nicht unterschreibt, wird als ‹schlimmster Feind des deutschen Volkes› betrachtet.»

«Was soll ich machen?» fragte Jerzys Vater deswegen hilflos, verlegen und verzweifelt. Einfach den Antrag stellen, damit er und sein Sohn nicht zur Zwangsarbeit ins Reich geschickt würden? Damit er für seine Familie genauso viele Lebensmittelmarken bekäme wie die Volksdeutschen? Aber wie würden sein Gewissen, sein Nationalbewußtsein auf seine Nachgiebigkeit reagieren?

Ende März 1942 lief die Frist für die Antragstellung ab. Jerzys Vater beriet sich mit Kollegen, Nachbarn, Verwandten, Freunden, gebildeten und einfachen Menschen, die alle gleich unsicher die Köpfe wiegten. Wer konnte wissen, wo das größere Risiko lag, wohin die Entwicklung lief? Wie viele junge Männer würden die Deutschen in ein KZ stecken, wenn sie nicht unterschrieben? Wie viele würden sie umgekehrt in die deutsche Wehrmacht einziehen, wenn sie unterschrieben? «Es geht ihnen darum, die Nation zu spalten», erklärte ein Rechtsanwalt einer bei Jerzys Vater versammelten Männerrunde die Taktik der Nationalsozialisten. «Zu spalten. Zu zerstreiten. Zu schwächen. Zu beherrschen. Ein Prinzip, so alt wie die Welt.»

«Na und um Kanonenfutter», fügte ein Priester hinzu.

Die meisten diskutierten noch, als sie ihren Antrag längst abgegeben hatten. Keiner wollte vor sich und erst recht nicht vor den Freunden, Nachbarn und Verwandten als eilfertiger Fahnenflüchtiger, als feige und untertänig gelten. Und doch stellten sich fast alle der Prüfungskommission.

Bei Kamińskis sei alles hübsch, rein und sauber, die NS-Frauen hätten sich danach erkundigt: Seine Familie habe einen guten Ruf, ließ der Vorsitzende der Kommission die Familie Sulima-Kamiński wissen. Und obwohl Jerzys Stiefbruder keine einzige Zeile der *Deutschen Rundschau* zu entziffern vermochte, konnte der eifrige Jerzy mit seinen deutschen Sprachkenntnissen so beeindrucken, daß der Vorsitzende schnell und wohlwollend beschied: «Ich meine, Parteigenossen, diese Familie hat die Prüfung bestanden.»

Scham? Wut? Selbstrechtfertigung? Wohl jeder stellte sich dem Problem seiner Anpassung anders. «Wir gingen als andere hinaus. Diejenigen, die hineingegangen waren, hatten aufgehört zu existieren. Wir, jetzt, hier, fühlten uns wie Fremde in unbekanntem Terrain. Langsam gingen wir einen Fußweg über der Schleuse entlang, und niemand sagte einen Ton. Bis Vater stehenblieb, die Hand auf den Knauf des Spazierstocks legte. Sein Bart zitterte. Er brach in Tränen aus.»

Rajmund Kuczmas Familie zählte zu der Minderheit, denen die Gnade des grünen Ausweises versagt blieb. Zwar hatte auch sein Vater – «wegen der Lebensmittelmarken, wegen der Kohlemarken» – einen Antrag gestellt, aber als sich die Eltern mit den drei Kindern schließlich der Kommission auf dem Neuen Markt 4 zur Prüfung stellten, verbot ihnen ein Rest von Stolz die weitere Anpassung. Dabei habe, so erinnert sich Rajmund Kuczma, Albert Forster persönlich der Mutter eine goldene Brücke gebaut:
– «Sie sind eine geborene Wolnik, und Ihr Großvater hieß Klein?»
– «Ja.»
– «Sie wissen, daß er ein Deutscher war?»
– «Nein, er war ein Schlesier und fühlte sich als Pole.»
– «Aber sein Onkel war der Bischof von Breslau.»
– «Ja.»

62

Als dann noch alle Kinder, befragt nach ihrem Namen, trotzig auf der polnischen Fassung beharrten, die Schwester nicht Ursel, sondern unverändert Urszula hieß und die beiden Jungen sich mit Lucjan und Rajmund vorstellten, verstand die Kommission: Kein Wille zum Einlenken.

Keine «Eindeutschung». Einen Monat später wurde dem Vater die Volksliste noch einmal unter der Drohung angetragen, daß er im Weigerungsfall wie andere Polen auch ins Generalgouvernement abgeschoben würde. Doch der Vater schrieb mit rotem Bleistift auf den Antrag (und dieses Dokument liegt bis heute im Archiv von Bromberg): «Ich will Pole bleiben.» Wochenlang saß die Familie auf gepackten Rucksäcken. Doch nichts passierte. Erst zum 1. September 1943 wurde die Schneiderwerkstatt des Vaters geschlossen, er selbst zur Luftschutz-Feuerpolizei in Bromberg eingezogen. Die 14jährige Schwester allerdings war zur Zwangsarbeit in der Munitionsfabrik «Luftmun» in Hoheneiche herangezogen, der Bruder 1943 nach Ostpreußen beordert und dort 1944 zum Ausheben von Schützengräben eingesetzt worden. Doch alle überlebten.

War das ungewöhnliches Glück? Oder riskierten jene, die sich nicht «eindeutschen» ließen, nicht automatisch Arbeitslager oder andere Verfolgung? Professor Zbigniew Raszewski, der 1994 seine Erinnerungen an Bromberg 1930 bis 1945 in kühle lexikalische Stichworte kleidete, urteilte über «Deutschowanie» (Eindeutschung): «Zur Verwunderung der ganzen Stadt rief die Antwort (vor den Kommissionen), daß jemand Pole bleiben wolle, weder Geschrei noch Schläge, noch sofortige Verhaftung hervor. Die Kommissionen nahmen eine solche Erklärung ganz einfach zur Kenntnis und sagten ‹Auf Wiedersehen›!» Er selbst habe bei niemandem erlebt, daß er gegen seinen Willen den grünen Ausweis erhalten habe. «In allen mir bekannten Fällen hatte der Antragsteller die Möglichkeit der Wahl. Damit will ich sagen: Wenn in meinem Umkreis jemand eingedeutscht war, ist das aus freien Stücken geschehen.»

Paßte sich die Mehrheit also nicht aufgrund des äußeren Drucks an, sondern aus den für unwürdig befundenen «niederen Beweggründen»? «Eingedeutschte» durften auch in Büros arbeiten, während Polen nur zu körperlicher Arbeit herangezogen wurden. Sie erhielten die gleichen Rationen für Lebensmittel, Kleider usw. wie die Volksdeutschen der Liste 1 und 2, hofften aber vergeblich auf die Rückgabe ihrer Werkstätten, Geschäfte oder Mietshäuser. Und vor allem: Sie wurden eingezogen zur deutschen Wehrmacht und bildeten das Kanonenfutter für den Okkupanten.

In kommunistischer Zeit wurde nur über den heldenhaften Widerstand der Polen gegen den Hitler-Faschismus berichtet. Feigheit, Anpassung, Unterwerfung und Kollaboration existierten nicht. Diese offizielle Geschichtsversion half vielen polnischen Brombergern ihre unrühmlichen Zugeständnisse zu vergessen. Als aber in der Solidarność-Zeit 1980/81 und nach dem Zusammenbruch des Kommunismus 1989/90 die Presse darüber berichtete, was Professor Włodzimierz Jastrzębski in Unterlagen aus dem Jahre 1944 herausgefunden hatte, da war die Öffentlichkeit aufgewühlt. Daß er lüge, erregten sich die einen, die sich all die Jahre selbst belogen hatten, während andere, die den Krieg im Generalgouvernement oder im Ausland überlebt hatten, den «Verrätern, Opportunisten, Deutschen» die Enthüllung so recht gönnten.

Jastrzębski hatte nämlich herausgefunden, daß von den 100000 Polen, die für die Volksliste 3 in Danzig-Westpreußen hätten votieren können, nur 4500 keinen Gebrauch gemacht hatten. Nur 4,5 Prozent der Bromberger Polen hatten den Mut gehabt, sich gegen die «Zwangsumarmung» zu wehren! Wenn dennoch schließlich «nur» 62000 statt 95500 den grünen Ausweis erhielten, lag das an den Prüfungskommissionen, die zum Beispiel erkennbar polnisch denkende und fühlende Bromberger wie Rajmund Kuczmas Vater ebenso ablehnten wie Rentner, die nicht mehr zur Arbeit herangezogen und nicht mehr zur Wehrmacht eingezogen werden konnten. Derart Abgelehnte blieben «kristallklar» ganz ohne eigenes Verdienst. Dennoch zeigten sie später den «Eingedeutschten» gegenüber nicht selten den Hochmut von Widerstandskämpfern – was sie bei ihren Mitbürgern mit moralischem Katzenjammer nicht unbedingt beliebter machte.

Die Spaltung der Familien war den Nationalsozialisten jedenfalls gelungen. «Mein Onkel Borys», erinnerte sich Romuald Pilaczyński, «der 1939 von Bromberg in das Generalgouvernement geflüchtet war, hat meiner Mutter nach dem Krieg immer wieder vorgeworfen, sie habe sich den Deutschen verkauft und Polen verraten. Dann konnte sie nur antworten, daß er im Generalgouvernement wenigstens Geschäfte gemacht habe und zu Geld gekommen sei, während wir unser Eigentum eingebüßt haben.»

Auch der Bromberger Rentner Adam P. erregt sich noch nach fünfzig Jahren über seinen polnischen Nachbarn: Der hatte die Volksliste unterschrieben, während seine Familie ins Generalgouvernement umgesiedelt worden war. Was war das für ein Pole, der sich eindeutschen ließ, um dann in die größere Nachbarswohnung zu ziehen! Was war dessen Sohn für ein Patriot, wenn er in der Hitlerjugend mitmachte, nur um ein paar Lebensmittel mehr zu bekommen! Leute mit Volksliste, das ist für Adam P. ganz klar, waren Verräter. «Dafür» – und fast scheint sich eine geheime Genugtuung auf seinem Gesicht zu spiegeln – «wurden die Männer eingezogen und endeten als Wehrmachtssoldaten meist an der Ostfront.»

Der Wehrdienst war der bitterste Preis der Eingedeutschten für den grünen Ausweis. Nach kurzer Schulung in speziell gebildeten Wehrmannschaften der SA wurden sie an die Front geschickt. Erst in den Osten, ab 1943 in den Westen. Womit sich sofort die Hoffnung entwickelte, möglichst schnell in Gefangenschaft und aus der Gefangenschaft in die polnische Exilarmee im Westen zu gelangen: wieder in polnischem Dienst und auf der richtigen Seite zu stehen. Sich nicht mehr für den Okkupanten verheizen lassen zu müssen. Und wieder ohne schlechtes Gewissen leben zu können.

«Aber leichter erhält man eine Kugel in den Bauch als die Gelegenheit zum Überlaufen», kommentierte Jerzy Sulima-Kamiński. «Hier und dort ist zu hören, daß es jemandem gelungen ist. Aber ist solchen Gerüchten zu glauben?»

Ein enger Verwandter von Romuald Pilaczyński schaffte es tatsächlich. Der Marinesoldat geriet in englische Gefangenschaft. Und vor die Alternative gestellt: Kriegsgefangener oder Soldat, wählte er die Freiheit. Das Kriegsende erlebte er in der Militärbasis der polnischen Exilarmee in Dundee (Schottland).

Der damals 16jährige Romuald hingegen war noch zu jung für das Militär. Am 28. August 1944 wurde er zwangsweise als «freiwilliger» HJ-Flakhelfer abkommandiert nach Schöneiche in der Nähe von Berlin. Eines Tages ließ ihn sein Batteriechef zu sich rufen, um sich nach dem polnischen Nachnamen zu erkundigen. «Ich bin ein Deutscher!» wehrte sich Romuald. Doch da er den Älteren nicht täuschen konnte und Vertrauen zu ihm hatte, erzählte er seine ganze Geschichte. Und hatte keine Nachteile. Sonntags konnte er in die Kirche gehen, durfte nur nicht darüber reden. In der freien Zeit fuhr er mit seinem Kumpel Dieter Schmidt in den Gloria-Palast nach Berlin und bejubelte Marika Rökk, die ihm als «Frau meiner Träume» noch nach fünfzig Jahren durch den Kopf ging, so daß er sich nach dem Fall der Mauer gleich ein Marika-Rökk-Video für 29,95 DM im Westen besorgte. Dieter Schmidt nahm ihn damals auch mit nach Adlershof, wo sie Mama Schmidt mit dickem Reis und Pflaumenmus bewirtete und wo die Pakete aus Bromberg mit Mutters Kalbsbraten auf ihn warteten. Romuald verstand sich gut mit Dieter Schmidt. «Vielleicht, weil wir beide unseren Vater vermißten.» Da spielte es keine Rolle, daß die Väter in verfeindeten Lagern gekämpft hatten. Nun lag der eine verscharrt in Katyń, der andere war als Stuka-Flieger abgeschossen worden.

Romualds Flak-Dienst endete am 4. Januar 1945. Nach zwei Wochen Urlaub sollte er sich – nun schon als Soldat der deutschen Wehrmacht – bei einer Einheit in Flatow nordwestlich von Bromberg melden. Doch in Flatow ist Romuald nie angekommen. Dort stand bereits die Rote Armee, und am 24. Januar nahm sie auch Bromberg ein. So erlebte Romuald das Ende des Krieges als deutscher Soldat, der nie zum Einsatz gekommen war.

Im Januar 1945 zog die Rote Armee in einer neuen Offensive rasch nach Westen. Vor der Front flüchteten aus Bromberg nicht nur Reichsdeutsche, die als Funktionsträger mit dem nationalsozialistischen Regime nach 1939 in die Stadt gekommen waren. Auch alteingesessene deutsche Bromberger verließen die Heimat. Die «Eingedeutschten» von der Volksliste 3 blieben.

Die Deutschen räumen

Am Sonnabend, dem 20. Januar 1945, ging Rajmund Kuczma wie in den Wochen und Monaten zuvor zum Schneidermeister Franz D. in der Danziger Straße 21 in die Lehre. Nach außen sah es so aus, als wäre alles wie immer. Dabei deuteten sich in Kleinigkeiten große Änderungen an. Lene, die älteste Tochter des Schneidermeisters, die während der deutschen Besatzungszeit mit den polnischen Beschäftigten nur Deutsch gesprochen hatte, erinnerte sich plötzlich an ihre alten Sprachkenntnisse.

– «Pan Tadeusz», hörte Kuczma sie betont unbekümmert den Gesellen in seiner Muttersprache fragen. «Pan Tadeusz, warum sollten wir flüchten? Wir haben doch nichts gemacht!»

– «Sie nicht», gab darauf der Geselle freundlich, aber unbeirrt zurück. «Sie sind ohne Schuld – aber Ihr Vater nicht.»

Als Lehrling war Rajmund Kuczma mit der Geschichte seines Meisters D. gut vertraut. Mit einer polnischsprechenden, kaschubischen Ehefrau war er 1931 von Berlin nach Bromberg gezogen und hätte wahrscheinlich sein ganzes Leben eine biedere, anständige

Existenz geführt, wenn der siegreiche Nationalsozialismus ihn nicht zu kleinen Unanständigkeiten verleitet hätte.

Herr D. trat, weil es das Leben erleichterte, in die NSDAP und in die SA ein und ergriff 1940 sofort die Chance, seine Wohnung in der Danziger Straße 34, die ihm schon immer zu eng erschienen war, gegen eine größere in der Danziger Straße 21 auszuwechseln: Dort waren die polnischen Besitzer gerade ausgesiedelt worden.

Endlich verfügte er über repräsentative sieben Zimmer – ein Arbeitszimmer, zwei Kundenzimmer und immer noch vier Räume für die sechsköpfige Familie. Endlich besaß er auch einen großen Teppich, den er – wie es hieß – aus einer ebenfalls von Polen geräumten Wohnung «besorgt» hatte. Herr D. wußte also die kleinen Vorteile zu nutzen, die aus der Tatsache erwuchsen, daß Bromberg wieder deutsch war. Mochte derartige Bereicherung in jenen Tagen auch nur als Kavaliersdelikt gelten, so wurde Herr D. doch von Anflügen eines schlechten Gewissens heimgesucht. Deshalb tat er Buße. Regelmäßig unterstützte er die Familie des polnischen Retters seines Sohnes.

Sohn Heinz nämlich war 1944 an der russischen Front schwer verwundet worden. Er hatte das linke Bein verloren, eine Hand war verkrüppelt. Wäre ihm ein anderer Bromberger Soldat nicht zu Hilfe geeilt, hätte Heinz wohl nicht überlebt. Nun schickte Herr D. den Eltern von Heinz' Kameraden jeden Sonnabend ein Paket, obwohl die Familie nur «eingedeutscht», also polnisch war.

Er fühle sich rein, hat Herr D. denn am 19. Januar auch noch gesagt – und hatte doch längst gepackt. Drei Tage lang schon hatte der Lehrjunge Rajmund mit den beiden ältesten Kindern Heinz und Lene Hausrat und Stoffe auf einem Handkarren durch die Stadt zur «Verwahrung» bei einer verwandten polnischen Familie ziehen müssen. Dann hatte Herr D. dem Lehrjungen die Schlüssel der fast leeren Wohnung in die Hand gedrückt. Spätestens in drei Wochen, meinte er, komme er zurück, denn niemals würden die Russen die Pommernstellungen überwinden.

Mit dem letzten Zug, der noch nach Berlin durchkam, hat sich die Familie D. am Sonntag, dem 21. Januar, um 12 Uhr vom Bromberger Bahnhof abgesetzt. Der folgende Zug um 14 Uhr wurde bereits in Hoheneiche abgefangen. Da standen schon die Russen.

Von den etwa 1,2 Millionen Deutschen, die vor 1939 in Polen gelebt hatten, hat nur rund die Hälfte die Oder erreicht. Mindestens 600000 wurden von der Roten Armee entweder noch in ihren Wohnorten überrascht oder auf der Flucht überrollt und wieder zurückgetrieben.

Potulitz oder
Die Rache der Opfer

Bei Kriegsende waren die Deutschen auf polnischem Territorium vogelfrei. Erst kamen die Rotarmisten, vergewaltigten Frauen und Mädchen, verwüsteten die Häuser, stahlen, was sie gebrauchen konnten. Dann übernahmen die Polen die zivile Macht – und bestraften die Deutschen das zweite Mal wegen ihrer Herkunft. In mehreren Dekreten ordnete die prokommunistische «Lubliner Regierung» an, deutsche Zivilisten zu internieren, zur Zwangsarbeit zu verpflichten und ihnen das Eigentum zu entziehen. In den Wirren der Nachkriegszeit trafen diese Maßnahmen nicht allein Deutsche, die vor 1939 polnische Staatsbürger gewesen waren. Auch Deutsche mit reichsdeutschen Papieren wurden ohne juristische Grundlage in die polnischen Arbeitslager eingewiesen.

Doppelt bestraft

Gertraud *Bednarski* hat für ihre Rentnertage eine ruhige Bleibe im Berliner Wedding gefunden – gleich neben der Wohnung der Tochter, so daß sie die kleine Enkelin versorgen kann, wenn die Tochter arbeiten geht. Ihre Tage sind ausgefüllt mit Einkaufen, Essenkochen, Schularbeitenbeaufsichtigen und all den dringlichen Fragen, die das aufgeweckte junge Mädchen von der Großmutter beantwortet haben will. Eigentlich hat Frau Bednarski gar keine Zeit, um über die Vergangenheit zu grübeln.

Und doch ist sie vor drei Jahren mit einem Bruder ins westpreußische Bromberg zurückgefahren, um sich in der alten Heimat noch einmal jener Nachkriegsjahre zu erinnern, die sie bis heute manchmal nicht schlafen lassen oder in Alpträumen verfolgen.

Als die Russen am 25. Januar in Bromberg einrückten, hatte sich Gertraud mit den Eltern in den Keller der Friedrichstraße 74 verkrochen. Die baltische Nachbarfamilie war mit drei Geschwistern in einem Wehrmachtsauto nach Greifswald zu Gertrauds Tante geflohen. Der Fleischermeister Bednarski aber hatte erklärt: «Ich bleibe. Ich habe niemandem etwas getan.» Er war nicht in der NSDAP, seine Frau nicht im Frauenbund gewesen – nur Gertraud hatte dem BDM angehört. Was sollte ihnen passieren?

Als der Vater es sich doch noch anders überlegte und das Pferd vor den Wagen spannte, war es zu spät. Bereits nach einer Stunde Fahrt kam ihnen ein Kradfahrer entgegen: «Zurück, zurück, die Russen kommen!» Da waren sie umgedreht. Vater hatte oben in der Wohnung noch für alle Eierkuchen gebacken, jeder hatte seinen Ausweis ganz tief im Wasserrohr versteckt («Ob sie da noch liegen?»), dann war die Familie in den Keller gezogen.

Die Russen holten den Vater gleich am ersten Abend ab, obwohl der polnische Nachbarsohn Zbigniew für ihn aussagte. Gegen ihn sprachen die Gewehre, die russische Soldaten im Büro seines Fleischerladens gefunden hatten.

Erst 1940 war Familie Bednarski aus dem ostpreußischen Hohenstein in das westpreußische Bromberg gezogen. Sie gehörte zu jenen Reichs- und Volksdeutschen aus Ostpreußen, dem Baltikum, Wolhynien, Galizien oder vom Schwarzen Meer, die die ins Generalgouvernement zwangsausgesiedelten Polen ersetzen sollten. Aus Bromberg waren zwei Transporte mit jeweils rund 1000 Polen im Mai und Oktober 1940 abgegangen. In das frei gewordene Geschäft in der Friedrichstraße 74 war die neunköpfige Familie des Fleischermeisters Wilhelm Bednarski in den ersten und dritten Stock eingewiesen worden.

In wessen Räume ihre Familie eingezogen war, hat Gertraud nicht mehr in Erfahrung bringen können. Waren diese Polen freiwillig zu Verwandten im Raum Warschau gegangen oder aber zur Zwangsarbeit oder gar in ein Arbeitslager geschickt worden? Hat es sich um alte Menschen gehandelt, für die der deutsche Staat keine Fürsorgepflicht übernehmen wollte, oder hat jemand eine kleinliche Rechnung beglichen und sich eines fleißigen Konkurrenten entledigt? Gertraud jedenfalls weiß sowenig über die Existenz des hinausgeworfenen polnischen Wohnungs- und Geschäftsinhabers wie der jetzige polnische Fleischermeister über die Existenz der hinausgeworfenen deutschen Familie Bednarski. Dabei haben alle drei ihre Waren in demselben, über Jahrzehnte unveränderten, weiß und blau gekachelten Laden verkauft.

Die neue Heimat hat der Familie Bednarski kein Glück gebracht. Die Volksdeutsche Frau Neugebauer aus dem zweiten Stock zeigte den Vater an, weil er im Keller schwarz geschlachtet hatte. Über die Motive dieser Denunziation kann Gertraud bis heute nur rätseln. Vielleicht wollte Frau Neubauer, die doch nur eine «Beutedeutsche» (eine Volksdeutsche) war, ihre Macht über den «Reichsgermanen» beweisen. Vielleicht war sie eine Nationalsozialistin, die den Parteilosen zur Respektierung der Disziplin zwingen wollte. Vielleicht fühlte sie sich auch einfach nur vom Lärm der Kinder belästigt. Wilhelm Bednarski wurde jedenfalls verhaftet und zu drei Jahren Zuchthaus in Schneidemühl verurteilt. Um die Kinder zu ernähren, eröffnete die Mutter einen Mittagstisch und vermietete die Werkstatt an einen eingedeutschten Fleischer. Die Ladenräume mit dem dahinterliegenden Büro nahm sich die SA.

Als einer von Gertrauds drei Brüdern im Herbst 1944 an der Front verwundet und ins Lazarett nach Marienwerder eingeliefert wurde, erhielt Vater Bednarski Hafturlaub, um den verwundeten Sohn besuchen zu können. Wegen seines schlechten Gesundheitszustandes wurde ihm sogar bis zum 30. Januar 1945 freigegeben. Insofern haben ihn die einrückenden sowjetischen Soldaten Ende Januar 1945 davor bewahrt, den Rest seiner Strafe absitzen zu müssen. Aber seine vorzeitige Befreiung sollte tödliche Folgen haben.

Zwar ist Vater Wilhelm einen Tag nach seiner Verhaftung durch den sowjetischen Geheimdienst wieder freigelassen worden. Vielleicht hat er dem NKWD-Offizier glaubhaft versichern können, daß die Gewehre im Büro seines Fleischerladens nicht ihm, sondern der SA gehörten, die sich hier eingemietet hatte, während er im Gefängnis saß. Eine Nachbarin sah Bednarski jedenfalls auf dem Rückweg vom Gericht an der Rückseite ihres Hauses vorbeigehen. Doch sie hörte auch den Schuß, mit dem er vermutlich dafür bestraft wurde, daß er – aus Unkenntnis – die neu eingeführte Sperrstunde mißachtet hatte.

Mutter und Tochter glauben, Wilhelm Bednarski noch einmal von ferne an seinem Hut erkannt zu haben: am Tag danach, als sie selbst zum NKWD-Verhör geführt wurden. «Verwundet», sagt Gertraud, «hat er auf dem Judentempel gelegen», jenem Rasenplatz, auf dem vor 1939 die Bromberger Synagoge stand, die die Nationalsozialisten später von Kriegsgefangenen abtragen ließen. «Danach habe ich ihn nie wieder gesehen und nie wieder etwas von ihm gehört.»

Während der Vater verhört wurde, hatte eine russisch-polnische «Inspektion» die Wohnung nach Beute durchstöbert. Ein Russe hatte sich mit dem Klavier vergnügt, ein anderer die Schränke aufgerissen. Aber Porzellan und Besteck hatte das polnische Hausmädchen Dora bereits mitgenommen. Es sei alles unwichtig, hatte Gertrauds Mutter gemeint, die Familie würde es doch nicht mehr brauchen. Am Abend – es gab kein Licht – war ein polnischer Soldat aus der Gruppe zurückgekehrt. Gertraud erkannte ihn an seiner *rogatywka*, der viereckigen polnischen Militärmütze. Er hat ihnen den Schmuck abgenommen, der Mutter den Ehering vom Finger gezogen, sie dann mit einer Pistole bedroht und Mutter und Tochter auf der Couch in der Küche vergewaltigt. «Darüber habe ich mit meiner Mutter nie gesprochen.»

Insgesamt viermal, sagt Gertraud inzwischen offen, sei sie bis zu ihrer Ausreise aus Polen vergewaltigt worden. Zweimal von Russen und zweimal von Polen. Die damals 16jährige war noch nicht aufgeklärt. Den Blähbauch, den der Hunger damals verursachte, hielt sie jedesmal für eine Schwangerschaft.

Jutta Thiele lebt seit dem Tod ihres Mannes vor einigen Jahren allein auf der ehemaligen Mühle in einem kleinen brandenburgischen Dorf, achtzig Kilometer von Berlin entfernt. Der Alltag ist beschwerlich geworden. Der Konsum des Dorfes hat nach der Wende dichtgemacht, Busse in den nächsten größeren Ort fahren nur selten. Das große, freistehende Wohnhaus ist ohne Heizung; in kalten Wintern muß Jutta nachts aufstehen, um Kohle nachzulegen. Nur an Feiertagen und manchmal in den Ferien kommen Tochter und Enkel aus der Hauptstadt. Oft ist Jutta Thiele allein.

Dann kniet sie sich in die Bücher, Broschüren und Dokumente aus der Nachkriegszeit, die sich im Laufe der letzten Jahre in ihrem Wohnzimmerschrank angesammelt haben: Vertreibungsberichte aus ihrem Heimatkreis Züllichau im heute polnischen Ost-Brandenburg, Zeugenaussagen und Dokumente über das Internierungslager Potulitz, die der Zeithistoriker Hugo Rasmus zusammengetragen hat, Erlebnisberichte von Frauen, die nach Sibirien deportiert worden waren, Briefe an den Verband der Opfer des Stalinismus, an ehemalige Mitinternierte aus Potulitz, an die brandenburgische Landesregierung und das polnische Justizministerium. Soweit es in ihren Kräften steht, streitet Jutta Thiele für eine Rehabilitierung der Internierten von Potulitz und ihre Anerkennung als Opfer des Stalinismus. Darf über das Unrecht östlich der Oder-Neiße-Grenze nicht geredet werden, weil es politisch nicht opportun ist? Sie jedenfalls will ihre Geschichte nach dem Zusammenbruch der DDR nicht länger verschweigen.

Als die Russen am 29. Januar 1945 im Dorf Kay in der Ost-Mark-Brandenburg einrückten, befürchtete Jutta Thiele Schlimmes. Aber daß sie vier Jahre in einem polnischen Internierungslager verbringen würde, lag außerhalb ihrer Vorstellungskraft. Polen war weit, die Sieger sprachen russisch, und was hatte die 16jährige schon verbrochen?

Zum Beweis ihrer Unschuld und Ungefährlichkeit waren die Frauen, Kinder und Alten damals sogar auf die Dorfstraße gelaufen. Wir haben keine hinterhältigen Absichten, hieß die Geste, wir ergeben uns. So sah Jutta, wie die Sieger einzogen: vorneweg einige Panzer, dahinter die Panjewagen. Eine eher erbarmenswerte Kolonne. Als ausgerechnet in dem Moment noch deutsche Flugzeuge die einrückende Rote Armee bombardierten, stürmten die Soldaten in die Häuser, rissen die Wäsche aus Betten und Schränken, behängten Panjewagen und sich selbst damit und erstarrten zu Schneehaufen. Ganz verschreckt waren da die Sieger.

Doch der Ruf ihrer ungezügelten Gier war ihnen vorausgeeilt. Alte Lumpen hatten sich die Frauen über ihre Kleider geworfen und Asche und Dreck ins Gesicht geschmiert. Jutta war klein und die fest um den Kopf geschlungenen Zöpfe ließen sie weit jünger erscheinen, als sie war. So wurden zwar die Mutter und auch ihre zwei Jahre jüngere Schwester vergewaltigt, aber sie selbst blieb verschont. Gesehen und gehört hat sie allerdings viel. Die Schwester ihres Vaters hatte durch brutale Vergewaltigungen so schwere innere Verletzungen erlitten, daß sie zu verbluten drohte. Da hat Juttas Großvater seine Frau, seine Tochter, seinen zehnjährigen Enkel und sich selbst erhängt. Die vergilbten Bilder der Verwandten, die den Freitod wählten, hängen bis heute in Juttas Haus. Sie lebt seit 1949 zwar wieder in Brandenburg, aber nun in seinem westlichen, deutsch-demokratisch gewordenen Teil, während das östliche Brandenburg jenseits der Oder-Neiße-Grenze von Deutschen gesäubert war.

Eigentlich wurde Jutta zweimal interniert. Anfang Februar 1945 für nur gut zwei Wochen in dem benachbarten Ort Märzdorf. Dann, Mitte März, nach einer kurzen Rückkehr in ihr inzwischen zerstörtes, teilweise in Brand gestecktes und ausgeraubtes Heimatdorf, in der Kleinstadt Schwiebus, in der Menschen für Transporte in die Sowjetunion gesammelt wurden.

Ihr erstes Lager: mehrere tausend Männer und Frauen jeweils getrennt zusammengepfercht in überfüllten Baracken mit harten Holzpritschen zum Schlafen, belästigt von Wanzen und Läusen, durchsucht und bestohlen vom russischen, ukrainischen, weißrussischen Wachpersonal, und die Mädchen und Frauen immer in der

Gefahr, von sowjetischen Soldaten herausgeholt und vergewaltigt zu werden. Viele wurden geschlechtskrank.

Die Front war nicht weit, immer noch wurde um Berlin gekämpft. Am 16. April stürzten die Wrackteile eines abgeschossenen deutschen Flugzeugs ins Lager – einige Baracken und Wachtürme brachen zusammen, es gab Tote und Verwundete. Noch immer hoffte Jutta, das Kriegsglück würde sich wenden. Doch am 22. April wurden die Internierten schließlich zum Transport nach Sibirien in Viehwaggons geladen.

«Jeder bekam einige Stückchen trockenes Brot als Verpflegung. Im Waggon war für die Notdurft eine Holzrinne angebracht, die nach draußen führte. Der Waggon war so vollgestopft, daß man stehen mußte. Wer umfiel, wurde zertreten. Die Waggons wurden zugenagelt, so daß nicht einmal Tageslicht einfallen konnte. Vor uns hatte man Pferde transportiert. Es stank fürchterlich.

So fuhren und standen wir einige Tage, bis schließlich eine schlimme Schießerei zu hören war. Der Zug blieb stehen. Gesehen haben wir nichts, wir wußten nichts. Als sich der Zug wieder in Bewegung setzte, merkten wir, daß wir zurückfuhren. Nach einigen Tagen hielt der Transport und wir durften aussteigen. Kranke und Tote fielen aus den Waggons. Wir waren in Posen.

Auf dem Messegelände Posen-West wurden wir eingesperrt. Dort waren alle vertreten: Kriegsgefangene, Reichsdeutsche, Volksdeutsche, Eingedeutschte. Ich war immer nur das reichsdeutsche Hitlerschwein. Hier erzählte man uns, daß unser Transport von polnischen Partisanen der Heimatarmee hinter Warschau beschossen worden sei.»

So kam Jutta nie in Sibirien an, sondern sollte Mitte Mai mit anderen 15- und 16jährigen, mit Schwangeren und Alten nach Deutschland zurücktransportiert werden. Auf dem Marsch durch Posen Richtung Gefängnis wurden sie von den Polen an den Straßenrändern beschimpft: «Ein Volk, ein Reich, ein Führer», bespuckt und mit Steinen beworfen. «Die schwerbewaffnete sowjetische Miliz hatte Mühe, uns vor den Übergriffen zu schützen.» Im

Gefängnis von Posen wurden sie den Wachmannschaften übergeben. Von nun an war Jutta in polnischen Händen.

Tatsächlich bescheinigte die Militärhauptstaatsanwaltschaft der Russischen Föderation Frau Jutta Thiele im Frühjahr 1996, daß sie am 2. Mai 1945 aus der sowjetischen Haft entlassen worden sei. Als Grund ihrer Verhaftung durch die operative Gruppe der Verwaltung für Spionageabwehr «Smersh» und ihrer Internierung in einem «Sonderlager» des Innenministeriums der UdSSR in Deutschland gibt das Schreiben ihre Zugehörigkeit zur «Hitlerfrauenorganisation Jungmädels» an.

Jutta, das wußte die sowjetische Spionageabwehr offensichtlich nicht, war nicht nur Mitglied, sondern sogar Führerin der «Jungmädchen» im Dorf gewesen. Die Älteren waren zum Arbeitsdienst eingezogen; Jutta aber, da sie Kindergärtnerin werden wollte und ihr Landjahrlager schon hinter sich hatte, leistete im Elternhaus eine Hausarbeitslehre ab. Es habe auf der Hand gelegen, sie damals, im Sommer 1944, «nebenbei» die Heimabende organisieren zu lassen.

«Vater war in der NSDAP. Der mußte ja, sonst hätten sie ihm den Kolonialwarenladen dichtgemacht. Mutter war in der Frauenschaft. Da waren alle. Ich war bei den Jungmädels. Das kam automatisch in der Schule, als ich zehn war. Wir hatten zu Hause aber nicht einmal ein Hitlerbild. Wir waren nicht überzeugt.»

Ob jemand anständig oder ein Denunziant ist, beweist sich für Jutta bis heute nicht dadurch, ob er irgendwo «Mitglied» ist oder nicht. Hat sie etwa damals als 16jähriges Jungmädel gegen andere gehetzt? Jemandem ein Unrecht zugefügt? Jemanden verraten? Doch da allein diese Mitgliedschaft bei den Jungmädels ausreichte, um sie zu verhaften und jahrelang zu internieren, wurde Jutta allergisch gegen jede Organisation

«Ich mußte dafür bezahlen, daß ich bei den Jungmädels war. Jetzt mache ich den Fehler nicht noch einmal», erklärte sie dem Lehrer, als ihre Tochter Anfang der sechziger Jahre das Halstuch der Pioniere tragen sollte. «Meine Tochter war ein ganzes Jahr lang nicht bei den Pionieren. Aber sie stand immer an der Seite und wurde bei den Veranstaltungen ausgeschlossen. Da hat sie mir leid getan, und als sie in die neue Klasse kam, hab ich gedacht, daß kannst du gar nicht gutmachen, was du dem Mädel antust. Wenn se alle rennen, soll se mitlaufen. Da bin ich wieder zu dem Lehrer gegangen: Entschuldigen Sie, daß ich damals so entschieden habe, ich möchte das rückgängig machen. Aber als sie zu mir kamen wegen der Bauernpartei, hab ich gesagt: Nee.»

Mit Moskau hat sie ihre Rechnung seit dem Frühjahr 1996 beglichen, als L. P. Kopalin, der Leiter der Rehabilitierungsabteilung der russischen Militärhauptstaatsanwaltschaft, ihr mitteilte: Gemäß Artikel 3 des Gesetzes der Russischen Föderation «Über die Rehabilitierung von Opfern politischer Repression» vom 18. Oktober 1991 sei Frau Jutta Thiele rehabilitiert worden.

Mit Polen ist ihre Rechnung noch offen. Vier Jahre lang verbrachte sie im Zuchthaus Wronke und im Arbeitslager Potulitz. Doch das polnische Justizministerium erklärte mit Schreiben vom 7. November 1996, ihr Antrag auf Rehabilitierung könne nicht bearbeitet werden, da ihre Personalakte aus dem Arbeitslager Potulitz, die jetzt im Staatsarchiv Bromberg lagere, weder Hinweise auf den Namen des Gerichts noch das Aktenzeichen enthielte.

Wer wirklich lesen will, findet in der Akte Nr. 17819-1949 allerdings schnell die Vermerke, daß Jutta Thiele auf Beschluß der Staatsanwaltschaft des Sonderstrafgerichts Posen am 19. 9. 1945 ins Zuchthaus Wronke eingewiesen und daß ihr Urteil am 24. 7. 1947 von der Staatsanwaltschaft des Kreisgerichts Posen wieder aufgehoben wurde. Auf welcher juristischen Grundlage hat Jutta Thiele dann noch weitere zwanzig Monate Zwangsarbeit ableisten müssen?

Jutta ist hartnäckig und schwer einzuschüchtern. Sie hat eine schwierige Korrespondenz mit den polnischen Behörden angefangen, weil sie sich mit Ausflüchten nicht zufriedengeben will. «Was wahr ist, muß wahr bleiben. Die können mich doch nicht einfach abspeisen!»

Edith Ristau ist eine eher spröde Frau. Sie kennt viele Mitbewohner aus ihrem Bromberger Neubaublock, aber wirklich befreundet ist sie mit niemandem. Seit einigen Jahren hat sie sich dem Freundeskreis der deutschen Minderheit in Bromberg angeschlossen, wo sie auf Gleichgesinnte und auf Schicksalsgenossinnen stößt. Zwar fällt der Rentnerin das Reden dort leichter, doch zurückhaltend bleibt sie selbst hier. Dabei bedrängt sie die Vergangenheit gerade in den letzten Jahren weit stärker als in der bleiernen kommunistischen Zeit, als es verpönt und verboten war, über das Schicksal der Deutschen in Polen zu reden. Edith lebt noch nicht im Frieden mit dem Staat, der sie zur Fremden in der Heimat machte.

«Das ist unser Hof», hatte ihre Schwester Gisela im Januar 1945 gesagt, als die Rote Armee nur noch wenige Kilometer entfernt vom Dorf Osielsk nahe Bromberg stand und fast alle Deutschen flüchteten. «Wir haben unseren Hof nicht von vertriebenen Polen übernommen, sondern regulär im Jahre 1931 gekauft. Wer wird uns etwas Schlechtes antun?»

Die ersten Rotarmisten taten ihnen tatsächlich nichts Böses, denn die 21jährige Gisela und die sechs Jahre jüngere Edith hatten sich vorsichtshalber beim polnischen Nachbarn auf dem Heuboden über dem Kuhstall versteckt und die Leiter in der Luke hochgezogen. Schlimm wurde es erst in den Tagen und Wochen danach. Da wurden die Volksdeutschen im Dorf zum Freiwild. Die ersten Opfer von Rachsucht und Raffgier wurden Ediths Nachbarn.

Der Besitzer des angrenzenden Bauernhofs war noch in den letzten Tagen zum Volkssturm eingezogen worden; auf dem Hof waren nur seine Frau mit dem achtjährigen Sohn und dem Onkel des Ehemanns zurückgeblieben. Der zwanzig Hektar große Besitz war attraktiv – und da der Hausherr fehlte, hatte sich gleich eine polnische Familie mit sechs Kindern einquartiert, um die Bauersfrau, wie sie begütigend sagte, «vor Diebstählen» zu schützen. Doch die Bauersfrau verstand die Botschaft wohl und wollte den Hof nicht abtreten. «Ohne Einverständnis ihres Mannes», erklärte Edith Ristau fünfzig Jahre später, «konnte sie es nicht tun, denn den Hof hatte er von seinen Eltern geerbt.» Des Tauziehens müde, verschwand die polnische Familie eines Tages ohne Erklärung. Statt dessen erschienen sowjetische Soldaten, erschossen die Bäuerin im Kuhstall und feuerten im Haus auf den achtjährigen Sohn und den alten Onkel. Der Junge fiel vor Schreck von der Küchenbank, das rettete ihm das Leben. Der Onkel, von mehreren Schüssen in den Bauch getroffen, starb in der Nacht ohne Hilfe unter schrecklichen Qualen. Von den «Gerechten unter den Polen» weiß Edith, «daß an jenem Tag die Mörder geschickt wurden». Kaum waren die Toten auf dem Nachbargrundstück verscharrt, zog auf den nun leerstehenden Hof wieder die sechsköpfige polnische Familie ein.

Der Sohn des Alteigentümers diente ihnen als kostenlose Arbeitskraft. Auf dem Land seines Vaters mußte der Achtjährige mit dem Pflug, der Egge und anderem schweren Gerät arbeiten und magerte ab zu Haut und Knochen. Wenn er sich beklage, drohte der neue Eigentümer mit der Einweisung in ein Lager. Und Lager, das glaubten alle, bedeutete Tod. Also hielt der Achtjährige den Mund. Schließlich machte ein Onkel mütterlicherseits den Jungen ausfindig und erreichte seine Übersiedlung nach Deutschland.

Gemessen an diesem Schicksal, war Ediths Familie noch glimpflich davongekommen. Nach dem Blutbad auf dem Nachbargrundstück waren die russischen Soldaten zwar auch auf ihren Hof gezogen. Doch Ediths Vater hatte nur einen Streifschuß über den Rücken erhalten, bevor er in einen gemauerten Kartoffelkeller flüchten konnte, dessen Tür sich nur von innen zuriegeln ließ.

Nach diesem Überfall hielt es die Familie allerdings nicht mehr in ihrem Haus. Sie schlüpften bei Bekannten unter. Vorübergehend – bis sich die Situation beruhige, meinte der Vater. Doch schon einen Tag nach ihrem Auszug quartierte sich auch auf ihrem Hof eine polnische Familie mit Hausrat und Ziegen ein. Und auch Ediths Vater verlor seinen 11,94 Hektar großen Besitz noch vor der offiziellen Enteignung. Aber wenigstens war die Familie mit dem Leben davongekommen.

Mitte März wurden alle Volksdeutschen aus Osielsk zwischen

16 und 60 zu Zwangsarbeiten bei der Eisenbahn angefordert. Vater Gustav ging, Schwester Gisela auch; der Vater kehrte nach einigen Wochen zurück, die Schwester blieb verschollen. Erst 1991, als Edith nach dem Zusammenbruch des Kommunismus beim Deutschen Roten Kreuz ihre Spuren suchte, kam die lapidare Auskunft: Am 26. 12. 1945 im Sophie-Lazarett in Frankfurt/Oder verstorben. So erfuhr Edith nach 46 langen Jahren zwar vom Tod der Schwester, jedoch nichts über dessen Umstände.

Damals allerdings konnten und wollten Vater und Schwester nicht annehmen, daß Gisela tot sei. Und weil sie selbstverständlich meinten, am alten Wohnort auf sie warten zu müssen, und weil sie sich gegenüber den Polen unter der deutschen Okkupation nichts hatten zuschulden kommen lassen, beantragten beide polnische Papiere. Doch auf der Behörde wurde Edith am 2. Juni 1945 festgenommen, dem Sicherheitsdienst zugeführt und am 4. Juni von einem Offizier verhört. Was Edith zu Protokoll gab, findet sich in ungelenkem Polnisch in ihrer Akte von Potulitz:

«Im Jahre 1939, nach dem Einmarsch des deutschen Militärs, schrieb ich mich in der deutschen Schule ein. 1940 trat ich der Jungmädelschaft bei. Auf die Versammlungen ging ich zweimal im Monat. Dort hörten wir Vorträge, damit wir feindlich gegenüber den Polen eingestellt seien. Wir durften mit den Polen nicht Polnisch sprechen und uns auch nicht unter Polen aufhalten. Den Volkslisten-2-Ausweis erhielt ich nicht, denn ich war noch minderjährig, als er vergeben wurde. Der deutsche Ausweis wurde erst mit 16 Jahren vergeben, und ich war 12 Jahre alt.»

Darin also lag das Vergehen: Mitgliedschaft bei den Jungmädels. Der polnische Sicherheitsoffizier suchte gar nicht erst nach konkreten Beweisen eines antipolnischen Verhaltens. Ihm genügte das formale Kriterium. Aufgrund des Verhörs ordnete der Leiter des Sicherheitsdienstes in Bromberg Ediths Einweisung ins Potulitzer Arbeitslager Langenau an.

Anfänglich war Edith dort noch mit dem Vater zusammen. Doch dann wurde er von einem polnischen Bauern zur Arbeit angefordert – und blieb seitdem verschollen. Nach ihrer Entlassung lief die Tochter von einem Dorf zum anderen. Nirgends war ihr Vater geführt, niemand konnte sich an ihn erinnern. Er ist spurlos im Juni 1945 verschwunden, auf eine ihr unbekannte Weise gestorben und irgendwo auf einem ihr unbekannten Platz, womöglich in nächster Nähe, verscharrt.

Junge polnische Männer, erklärte ihr im Lager Potulitz ein freundlicher Wachmann, verdienten ihr Geld lieber bei der Polizei als auf den elterlichen Bauernhöfen. Das sei einfacher und bringe mehr Geld. Als Ersatz für die fehlende kostenlose Arbeitskraft aus der Familie müßten die Bauern jedoch eine fremde Person beschäftigen. Am besten ebenfalls kostenlos. Statt offiziell mit dem Lager einen Vertrag über die Anmietung eines Volksdeutschen abzuschließen, beschäftigte ihn so mancher lieber schwarz. Vielleicht sei das die Erklärung für das spurlose Verschwinden ihres Vaters? Vielleicht sei er irgendwo gestorben, wo er nicht einmal eine Existenzberechtigung hatte?

«Weinst du auch gleich, wenn du von damals erzählst?» fragt Edith eine Bekannte mit ähnlichem Schicksal bei einem Treffen des Freundschaftskreises. Aber Edith weint nicht, denn das Büro der deutschen Minderheit in Bromberg ist kein Platz zum Weinen. Außerdem weckt die Erinnerung noch immer mehr Hader und Bitterkeit in ihr als Trauer. Wer will nach so vielen Jahren Geschichten wie die ihre überhaupt noch hören? Wem ist ihr Schicksal nicht lästig? Von Polen erwartet sie kein großes Verständnis. Aber schieben nicht auch die Deutschen Menschen wie sie inzwischen möglichst ab?

Um die Tausende und Abertausende von Reichs- und Volksdeut-
schen allein im Raum Bromberg internieren zu können, griff der
polnische Sicherheitsdienst nicht nur auf Gefängnisse, Polizeista-
tionen, auf Schulen, Sparkassen, Jugendheime, Bootshäuser, Kir-
chen oder kirchliche Heime zurück. Als besonders geeignet für
seine Zwecke übernahm er Lager, die ihre Dienste schon in natio-
nalsozialistischer Zeit geleistet hatten. Im Stadtteil Bromberg-Kalt-
wasser belegte er das mit Stacheldraht umgebene Barackenlager für
Kriegsgefangene und Arbeitskräfte der Dynamit AG, in Langenau
ein weiteres Lager dieser Chemiefabrik. In Nakel führte er das ein-
stige Wehrertüchtigungslager weiter und in Potulitz das ehemalige
Umsiedlungs- und Arbeitslager für Polen.

Zu viele Tote schädigen den Ruf

Lucja Strohschein wirkt trotz ihres vorgeschrittenen Alters und
der angegriffenen Gesundheit wie ein unverwüstliches Urge-
stein. Erst mit vierzig hat sie geheiratet – wegen der 25 qm großen
Wohnung des verwitweten Bräutigams, die ihr nach vielen Jahren
in einem 10 qm kleinen Zimmer mit vier Personen wie eine präch-
tige Unterkunft erschien. Ihr Mann war 18 Jahre älter. «Ich dachte,
er würde nur noch zehn Jahre leben», lacht sie mit ihrer rauchigen
Baßstimme – aber dann teilte sie mit «dem guten Menschen» doch
noch 27 lange Jahre die kleine Küche, die sie noch halbierte, um ein
Bad einzubauen, und den drei mal vier Meter großen Raum, der bis
heute für sie und den erwachsenen, aber unverheirateten Sohn als
Wohn-, Schlaf- und Eßzimmer dient.

Wenn sich Frau Lucja in der kalten, ebenerdigen Ofenwohnung im Winter ab und an mal einen kleinen Grog genehmigt, dann ist die Welt genauso in Ordnung wie bei der Kleiderverteilung der evangelischen Kirche, wenn eine Sendung aus Deutschland angekommen ist. Dann spannt Frau Lucja die in der Regel zu kleinen westdeutschen Strickjacken um den prallen Busen und sucht nach weiten Röcken, in denen die Überfülle ihrer Hüften Platz findet.

«Anfang 1945 sollten wir nach Deutschland fahren. Aber mein Vater war schwer krank – lungenkrank, sterbenskrank. Mutter wollte ihn nicht mitnehmen, und so konnten wir auch nicht fahren. Ich hatte meiner Mutter gesagt: Paß auf, Mama, was die Russen mit uns machen. Sie waren schon in Thorn. Aber Mama wollte nicht fahren, und so fuhr ich auch nicht. Weil Vater die ganze Zeit lungenkrank war, konnte er auch nicht in der Wehrmacht dienen. Er war SA-Mann. Erst hat er nur Versammlungen gemacht, später lag er nur im Bett. Er war von Beruf Maurer. Nach meinem polnischen Stiefvater hieß ich Kniec. Er wurde eingedeutscht und erhielt Gruppe 3. Ich hatte Gruppe 2 nach meiner Mutter und war Volksdeutsche. Denn eigentlich hieß ich Strohschein.»

Am 15. Februar 1945, eine Woche nach dem Tod des Stiefvaters, wurden Lucja, ihre Mutter und die beiden Brüder im Alter von sieben und elf Jahren verhaftet und in das im Bromberger Südosten an der Glinkastraße gelegene Lager Kaltwasser transportiert.

«Als ich ins Lager kam, war mit allem Schluß. 1944 war ich Straßenbahnschaffnerin, kriegsverpflichtet. Weil mein Vater krank war, konnte ich in Bromberg bleiben. Alle kannten mich im Lager, weil ich in Bromberg geboren bin. Sie haben mich geschlagen, weil ich als Schaffnerin die Polen aus der Straßenbahn rausgeschmissen haben soll. Der Vorderwagen war für die Deutschen, der hintere Wagen für die Polen. Aber ich war doch nur Schaffnerin, ich habe doch nur hinten gesessen und das Geld abkassiert. Ich war doch keine Kontrolleurin und hab nicht gefragt, ob Polen im Vorderwagen sind, und hatte keinen Befehl, sie rauszuschmeißen. Aber die haben nur einen Grund gesucht.

Meine Mutter hat es auch noch gekriegt – weil sie den Kindern die deutsche Muttersprache beibrachte. Denn wir haben auch vor dem Krieg zu Hause Deutsch gesprochen. Allerdings bin ich sieben Jahre in die polnische Schule gegangen, weil wir geldlich schwach waren und die deutsche Schule sieben Kilometer weiter weg war. Da hätte man mit dem Bus oder Rad fahren müssen.

Morgens, wenn wir in Kaltwasser raustreten mußten, haben sie aus der Reihe gezogen: Du kommst mit, du kommst mit, du kommst mit. Ich hatte Straßenbahnhosen an, lange, es war Winter und kalt. Da haben sie eine lange Bank hingestellt am Tisch. Da mußte ich mich über die Bank legen, den Kopf runter, die Hose runter. Dann haben sie Gummiknüppel von der Polizei gehabt, und der eine schlug von der einen Seite und der andere von der anderen Seite. Ich war vom Hinterkreuz bis zu den Knien blutig geschlagen. Die Hosen waren blutig, und dann habe ich auch reingemacht, weil ich nichts mehr gemerkt habe.

Dann bin ich zur Arbeit gegangen, auch in der Reihe. Da haben sie einen Karabiner auf meine Schulter gestellt und geschossen, damit ich taub werde. Und mich ausgelacht: Jetzt machen wir dich fertig.»

Durch deutsche Zeugen ist seit langem belegt, wie Arbeitsfähige geschunden und Alte und Kranke in Kaltwasser aussortiert und erschossen wurden. Selbst Frauen mußten Bäume fällen und Stubben roden. Wer krank wurde, blieb, geplagt von Ungeziefer, im eigenen Schmutz liegen. In der Zeit um Ostern 1945 ist es nach mehreren Zeugenaussagen auch zu Massenerschießungen gekommen. Morgens wurden jeweils die Gebrechlichen aussortiert, tagsüber ohne jede Verpflegung in Baracken eingeschlossen, nach Mitternacht schließlich an den Rand von Laufgräben im Wald getrieben. Dort mußten sie sich nackt ausziehen. «An beiden Enden befanden sich Maschinengewehre in Stellung, ein Kommando, MG-Feuer, und eine lange Reihe Menschen fiel in den Graben.»

In den letzten Jahren haben sich auch polnische Zeugen öffentlich über Kaltwasser geäußert. Eine Polin, die durch unglückliche Umstände hier einsaß, berichtete in der Zeitung *Ilustrowany Kurier Polski* vom 3. bis 5. Juni 1994, wie ihr die Kleidung vom Leib gerissen und statt dessen der blutverschmierte Mantel einer Deutschen zugeteilt wurde, die ein junger Sicherheitsoffizier gerade getötet hatte: «Er hat ihr in den Bauch und in die Brust getreten. Als sie halb bewußtlos dalag, ging er zur Latrine, machte seine Stiefel in den Fäkalien schmutzig und befahl ihr, diese abzulecken. Als sie aufhörte, schlug und trat er sie, bis sie tot war.»

Viele, sehr viele sind in Kaltwasser gestorben, obwohl das Lager bereits nach drei Monaten aufgelöst wurde. Auch Lucjas Mutter blieb dort. Die genaue Zahl der Toten ist jedoch unbekannt. Nur zwei Listen mit 364 Namen von Personen, die in der Zeit vom 18. Februar bis 5. April 1945 verstorben waren, sind dem Standesamt von der Lagerleitung übergeben worden. Dem Standesamt erschien diese Zahl so diskreditierend hoch, daß es die Übertragung der Namen ins Sterberegister verweigerte. «Nach reiflicher Überlegung», so enthüllt ein Dokument des Ministeriums für Öffentliche Sicherheit, das im Bromberger Archiv einzusehen ist, sei man zu der Überzeugung gelangt, «daß die Registrierung (einschließlich der Todesursachen) einer so großen Zahl von Personen, die in relativ kurzer Zeit im hiesigen Arbeitslager Kaltwasser starben, ein schlechtes Licht auf die Verhältnisse werfen könnte, die in den polnischen Lagern nach der Befreiung vom Tyrannenjoch des Okkupanten herrschten.» In Akten, die bei der Auflösung des Lagers an Potulitz übergeben wurden, finden sich deshalb, wie ein Internierter später aussagte, «seitenweise nur noch Nummern»: die Blechnummern der Getöteten. Offensichtlich wollten Standesbeamte und auch die Lagerleitung die Toten verschweigen, weil sie sie als Vorwurf empfanden. Mit der Tilgung ihrer Namen wurde ihre Existenz ausgelöscht. Es sollte keine Toten und damit keine Schuld geben.

Bis heute ist die Stelle jenes Massengrabes nicht gekennzeichnet, auf das Bauarbeiter Ende der siebziger Jahre bei Erdarbeiten etwa

500 Meter von Kaltwasser entfernt stießen. Auf einer Fläche von 15 mal 5 Metern und einer Tiefe von 4,5 Metern sind Knochen von Männern und Frauen in großer Zahl gefunden worden. Da keine Schußwunden festgestellt und keine militärischen Gegenstände entdeckt wurden, ging man zunächst davon aus, es handele sich um polnische Zivilisten, Opfer des NS-Regimes. Als jedoch deutsches Geld und ein deutsches Gesangbuch eher auf deutsche Zivilisten, Opfer der polnischen Vergeltung, schließen ließen, wurde das Grab wieder zugeschüttet.

Was Lucja damals genausowenig wissen konnte wie irgendein anderer Insasse des Lagers, war die Geschichte von Kapitän Alojzy Bruski, des ersten Kommandanten von Kaltwasser. Anfang 1945 war Bruski, der bei Kriegsausbruch 1939 Warschau verteidigt und seit 1942 unter den Pseudonymen «Drwal» und «Grab» in der antikommunistischen «Heimatarmee» Partisaneneinheiten geleitet hatte, in Bromberg aus dem Untergrund aufgetaucht und hatte die Leitung im Lager Kaltwasser erhalten. Seine Versuche, dort Ordnung und Disziplin herzustellen, waren jedoch fehlgeschlagen. Weder Drohungen gegenüber den einfachen sowjetischen Soldaten noch Interventionen bei ihrer militärischen Führung hatten verhindern können, daß die «Befreier» nachts ins Lager einfielen und die Frauen vergewaltigten. Für die einen ist der konservativ-katholische Soldat daraufhin aus Abscheu vor den Praktiken der neuen kommunistischen Macht wieder im Wald untergetaucht. Andere glauben allerdings zu wissen, daß Bruski – weniger heroisch – einem Befehl seines Vorgesetzten aus den antikommunistischen Streitkräften folgte und zurückging, um die militärischen Kräfte im Untergrund neu zu formieren. Der weitere Verlauf seiner Geschichte scheint eher die zweite Variante zu bestätigen.

Als Bruski im Februar 1945 das erste Mal aufgegriffen wurde, ließ man ihn noch einmal wieder laufen. Nach der zweiten Verhaftung – wahrscheinlich am 7. Juni 1945 – wurde er zu zehn Jahren Gefängnis verurteilt. Angeblich hatte seine Untergrundabteilung sowjetische Soldaten getötet. Nach der Berufung erhöhte dasselbe

Militärgericht die Strafe noch einmal drastisch: Am 17. September 1946 ist Bruski vermutlich in der Gefängniszelle erschossen worden. So hatten die Kommunisten nicht nur einen alten Widersacher aus den Zeiten des antifaschistischen Kampfes, sondern auch einen Mitwisser ihrer Nachkriegsverbrechen ausgeschaltet.

Das Terrain des Gefängnisses Potulitz ist nach Auskunft von Andrzej Seweryn, dem stellvertretenden Direktor der heutigen Haftanstalt, zu drei Vierteln identisch mit dem Arbeitslager aus der Hitler-Zeit. Damals waren die Baracken allerdings aus Holz, inzwischen sind sie aus Stein; damals war das Gelände mit Stacheldraht und Wachtürmen begrenzt, heute trennt eine über zwei Meter hohe Steinmauer das Gefängnis von der Außenwelt. Die Gefängnisdirektion ist mit Öffentlichkeitsarbeit vertraut. Erst unlängst wurde der 50. Jahrestag der Befreiung des Arbeitslagers von der NS-Tyrannei unter Anwesenheit von 700 ehemaligen Gefangenen aus der ganzen Welt feierlich im Gelände begangen. Schon in den sechziger Jahren wurde eine Gedenktafel «für die Opfer der Verfolgung und Unfreiheit 1941–1945» aufgestellt.

Neue Zeiten, alte Regeln

Das kleine Dorf Potulitz, das die Nationalsozialisten in Lebrechtsdorf umtauften, liegt etwa 15 Kilometer westlich der Stadt Bromberg an einem Waldgebiet. Seit dem 16. Jahrhundert haben hier die Grafen von Potulitz eine gut 6000 Hektar umfassende Landwirtschaft betrieben. Ein Bild vom Ende des 19. Jahrhunderts zeigt ihren repräsentativen, zweistöckigen Herrensitz mit großen, viereckigen Ecktürmen und einem säulengetragenen Eingangsbereich. Bevor Aniela, die letzte Gräfin aus dem Hause Potulitz, am 17. Oktober 1932 starb, hatte sie das Land der Katholischen Universität in Lublin vermacht. Im Palast wurden seit 1932 polnische Missionare vom Christus-Orden ausgebildet.

Heute wohnt die Hausfrau Halina Wawrzyniak im gräflichen Herrenhaus. Allerdings gleicht es inzwischen mehr einem großen grauen Mietshaus, und nur Auffahrt und die etwas verkommenen Reste einer Gartenanlage lassen noch auf glanzvollere frühere Zeiten schließen. Frau Halina dürfte ihren Wohnort jedoch im doppelten Sinn als ausgleichende Gerechtigkeit empfinden. Nicht nur, daß hier eine einfache Frau in einen ehemaligen Herrensitz einziehen konnte; hier nahm sich auch eine ehemalige Arbeitslagerinsassin den Raum, von dem aus SS-Offiziere zeitweilig über sie verfügt hatten. Denn nach dem Einmarsch der Wehrmacht war der gesamte Palastkomplex enteignet und der Haupttreuhandstelle Ost in Bromberg unterstellt worden. Erst hatte man ihn für die Schulung von SS-Unterführern, dann als Sammellager für jene Polen genutzt, die Hitler aus den eingedeutschten Gebieten Westpreußens in das zentralpolnische Generalgouvernement umsiedeln wollte. Schließlich war ein neues Lager neben der Auffahrtstraße zum Palast mit dreißig Baracken für insgesamt etwa 10 000 Internierte errichtet worden: Das Umsiedlungslager wurde zu einem Arbeitslager, seit September 1941 unterstand Potulitz dem Kommandanten des KZ Stutthof. Insgesamt 20 000 Menschen sind hier bis zur Befreiung am 20. Januar 1945 interniert worden.

Frau Halina erinnert sich sehr genau an diese dunkle Zeit in ihrem Leben, denn alles ist dokumentiert. Der Tisch in ihrem Wohnzimmer ist bedeckt mit Kombattantenausweisen, Rentenbenachrichtigungsschreiben, Mitgliedsausweisen. Am 17. Juni 1943, erzählt die Rentnerin, sei sie gemeinsam mit ihren Eltern und Großeltern von den Deutschen ins Lager gebracht worden. Während Mutter und Schwester zur Zwangsarbeit in die Nähe geschickt wurden, sei sie selbst, die damals erst 19 Jahre alt war, im Lager geblieben. Registriernummer: 2201. Jeweils sieben Personen hätten in einem Zimmer in dreistöckigen Betten geschlafen, das Essen sei schlecht und unzureichend gewesen – nur ein Brot pro Tag für ein Zimmer. Sie war deshalb froh über Ernteeinsätze im Sommer, als sie sich heimlich auf den Feldern zusätzlich von Kartoffeln, Gemüse und Obst ernähren konnte. Ihr Großvater überlebte das Lager nicht, er starb Ostern 1944.

Frau Halina hat noch sehr genau den Tag im Januar 1945, kurz vor Ankunft der Roten Armee, in Erinnerung, als ihnen ein deutscher Wachmann erklärte, sie könnten gehen, wohin sie wollten: das Tor sei geöffnet. Frau Halina war frei. Das Schreiben Nr. 37010 des Amtes für Angelegenheiten von Kombattanten und Verfolgten vom 24. 2. 1994 bestätigt, daß sie die Zeit vom Juni 1943 bis Januar 1945 im «Konzentrationslager Potulitz» verbrachte und folglich ein Jahr und acht Monate in der Rente angerechnet erhält.

Und was geschah nach der Befreiung? Nur kurze Zeit später wurde Frau Halina Aufseherin in ebendem Lager, das sie gerade als Internierte verlassen hatte. Potulitz, geräumt von der deutschen Wachmannschaft, wurde übernommen vom polnischen Sicherheitsdienst. Und wie sah das Leben unter polnischer Leitung aus?
- «Zu meiner Zeit war es schlimmer.»
- «Soviel wie zu meiner Zeit sind nicht gestorben.»
- «Ich war nicht beim Sicherheitsdienst.»
- «Ich habe nichts Schlechtes gemacht.»

«Die Bedingungen für die Internierten», schrieb der Historiker Włodzimierz Jastrzębski in der Bromberger Tageszeitung *Dziennik Wieczorny* Mitte 1993, «haben sich im Prinzip fast nicht von der Situation unterschieden, in der sich die internierten Polen unter der Hitler-Herrschaft in Potulitz befanden. Man kann sagen, daß das polnische Lager die Politik der Nazi-Leitung durch fast gleichlautende Vorschriften, Speisekarten, Disziplinarregeln etc. nachahmte. Und zwar deswegen, weil sich unter dem Lagerpersonal für die Deutschen eine große Gruppe ehemaliger polnischer Lagerinsassen befand.»

Frau Halina verteidigt ihre Tätigkeit in der Wachmannschaft nicht, aber sie distanziert sich auch nicht von ihr. Am liebsten redet sie gar nicht darüber: Sie kann oder will nur über die eigene Internierung sprechen, als bildete diese eine Schutzmauer gegen unlieb-same Erinnerungen an die spätere Zeit.

Im Lager blieb tatsächlich fast alles beim alten: die 27 Holz-baracken, in denen Internierte, Alte, Säuglinge und Kranke unter-gebracht waren; die zehn Fabrikations- und Lagerwerkstätten mit Tischlerei, Schlosserei, Korbflechterei und Wäscherei im hinteren Teil und das massive Hauptgebäude frontal zum ebenfalls mas-siven Haupteingang mit Küche, Dusch- und Entlausungsräumen sowie dem «Bunker», den mit Wasser bedeckten Strafzellen im Keller. Leutnant Eugeniusz Wasilewski, der erste von Warschau ernannte Lagerleiter, der am 16. Februar 1945 seinen Dienst an-trat, brauchte das Räderwerk von Verwaltung, Wachmannschaft, Wirtschafts- und Arbeitsabteilung nur wieder in Gang zu setzen. In die Baracken kamen vor allem Volksdeutsche, auch Reichsdeut-sche, Kranke, Alte, Jugendliche und – durch einen Zaun von den übrigen getrennt – einige wenige deutsche Kriegsgefangene.

Die Brüder vom Christus-Orden bemühten sich vergeblich um die Rückgabe ihres alten Eigentums. Im Mai 1945 traf die endgül-tige Absage des Sicherheitsministeriums ein. Die zentrale Aufgabe dieses Arbeitslagers für Deutsche, erklärte Major T. Duda, der Lei-ter der Abteilung Gefängnisse und Lager, sei der «Aufbau der be-stialisch von den Hitleristen zerstörten polnischen Städte», haupt-sächlich von Warschau, Danzig und Posen. Da das Lager mit Werkstätten ausgerüstet sei, zöge seine Liquidierung wesentlich höhere finanzielle Verluste für den Staatshaushalt nach sich, als Park und Schloß überhaupt wert seien. «Ganz zu schweigen von der symbolischen Bedeutung, die ein Lager für Deutsche an einem Ort besitzt, wo Tausende von Polen hart unter der Knute der deut-schen Barbarei arbeiten mußten.» Und obwohl Major Duda dem Orden anbot, sich eventuell verborgenes Inventar zurückzuholen, und obwohl sich bei späteren Verhandlungen sogar der polnische Primas Kardinal Hlond als Vorsitzender des Kuratoriums der Grä-fin-Potulicka-Stiftung einschaltete, haben die Priester keinen einzi-gen Gegenstand aus ihrem früheren Besitz wiedergesehen. Die

Katholische Universität Lublin allerdings hat 1989 nach dem Zusammenbruch des Kommunismus ihre Ländereien zurückerhalten.

Der älteste Zeitzeuge für die Ereignisse in Potulitz lebt genau gegenüber jener Auffahrt, die von der Hauptstraße Nakel–Bromberg zu Schloß und Lagereingang führte. Bolesław Rosada ist Jahrgang 1907, wohnhaft im Dorf seit 1911. Auf der Bank an der Frontseite seines weißgestrichenen Hauses und im Stuhl neben dem großen Blumen- und Gemüsegarten nutzt der weißhaarige, zahnlos und hager gewordene Alte jeden Sonnenstrahl, um die Schmerzen in seinem Bein zu lindern. Mehr noch als die Sonnenstrahlen beleben ihn allerdings Besucher. Dann versinkt Bolesław Rosada in der Welt vor fünfzig, sechzig, siebzig Jahren. Sein Langzeitgedächtnis ist bestens: Er erinnert sich an den Kindergarten, den Gräfin Potulitz als sorgende Herrin für die wenigen Familien des Dorfes einrichtete, an die Filme, die sie ihnen von Zeit zu Zeit vorführen ließ, an die 100-Meter-Schießen, an denen auch er sich mit einem Kleinkalibergewehr beteiligte. «Hier hat alles Spaß gemacht vor dem Krieg. Richtig Spaß gemacht. Hier lebten wir wie in einer Familie. Oh, hat das alles Spaß gemacht.»

Der Krieg hat das ruhige Dorfleben jäh beendet. Wie viele andere im Dorf hatte Herr Rosada die Volksliste nicht unterschrieben. Er arbeitete als Kutscher bei dem Treuhandverwalter des gräflichen Landbesitzes und traf aufgrund dieser Funktion jene bereits im Lager internierten Polen, wenn sie auf den requirierten Ländereien arbeiteten.

Eines Tages bat eine Internierte aus dem Lager ihre Mutter in Bromberg, ein Paket mit Lebensmitteln über Herrn Rosada an sie zu schicken. Ausgerechnet dieses Paket machte die Gestapo bei einer Postkontrolle auf und entnahm dem beiliegenden Brief, daß Rosada das Paket dem Zimmermann weiterreichen sollte, der die Lagerbaracken aufgestellt hatte.

Rosada, seine Ehefrau und der Zimmermann wurden sofort von der Arbeit weg verhaftet und ins Lager gebracht. «Ich mußte mich auf einen Holzbock legen. Sie schnallten zwei Gürtel fest und schlugen fünfzigmal zu. Das war am 2. oder 3. Juni 1943. Bis zum 17. Juni standen der Zimmermann, meine Ehefrau und ich im Bunker. Das waren damals Zellen im Keller des Schlosses außerhalb des Lagers. Wir konnten weder sitzen noch liegen, denn der Boden war naß. Und überall Ungeziefer. Ich war völlig zerstochen, mein Hemd war rot von Blut.»

Als am 17. Juni 1943 das ganze Dorf interniert wurde, kamen Bolesław Rosada, seine Frau und der Zimmermann zur Gestapo nach Bromberg. Dort gab es Prügel bei der Begrüßung, Prügel, wenn sie vor Erschöpfung bei den Kniebeugen umfielen, Prügel, selbst wenn sie nur an Wachleuten vorbeiliefen. Am 7. Juli ging es für zwei Monate ins KZ Stutthof. Rosada arbeitete auf einem Gut etwa zwei Kilometer entfernt vom Lager. Wenn sie mit zwanzig Mann auf die Felder zogen, wurden sie von zehn Wachleuten begleitet. Die Arbeit war sehr hart, die Suppe beim Mittagessen reichte oft nicht für alle. Da hat ihn ein deutscher Offizier aus Danzig gerettet, den er schon aus seiner Zeit als Kutscher auf dem Potulitzer Gut kannte. «Damals hatte ich für ihn und andere bei den Bauern Gänse, Enten, Hühner, Butter, Eier oder Mehl kaufen müssen. Einmal sogar ein halbes Schwein. Das alles haben sie dann mitgenommen, wenn sie am Wochenende zu ihren Familien nach Danzig fuhren. Nun traf ich diesen Offizier in Stutthof wieder. Er zog eine Schachtel Zigaretten heraus und bot sie mir an. Ich hatte Angst und dachte, ich bekomme Prügel. Aber er sagte: Nimm! Und wenn ich manchmal tagelang kein Mittagessen erhielt, erschien er, rief mich und steckte mir Essen zu.»

Äußerst makabre Details erzählt Rosada, unempfindlich geworden durch viele Interviews, als habe es sich in Stutthof um eine reguläre Verarbeitungsfirma gehandelt. Wer starb, sagt er, sei in einen Schuppen gekarrt, in einen Ofen gesteckt und verbrannt worden – und die Knochen habe man zu einer «leicht duftenden» Seife verarbeitet. Bei anderen Leichen, sagt Rosada, sei die Haut abgezogen und zu Lampenschirmen verarbeitet worden. Er selbst habe einen solchen Schirm «zur Erinnerung» vom Magazinverwalter erhalten und nach Kriegsende auf seinen Nachttisch gestellt. «Nach kurzer Zeit konnte ich die Lampe aber nicht mehr sehen.» So hat er das Beweisstück verbrannt, das nach Meinung deutscher Historiker zumindest im Konzentrationslager Stutthof nie hergestellt wurde.

Im September 1943 kam Bolesław Rosada von Stutthof zurück nach Potulitz. Hier wurde er als Heizer eingesetzt und schüttete, wenn die Waggons neue Kohle anlieferten, acht Öfen auf. Als Aufseher fungierte ein Pole aus der Umgebung: manchmal kontrollierte er, manchmal ließ er es bleiben. Die Arbeit, sagt Rosada, sei leichter gewesen als in Stutthof, aber das Essen weit schlechter. «Viele aßen Gras und suchten die Müllhalden ab.» Von einem Verwandten erhielt er öfter Brotlaibe aus der Bäckerei zugesteckt. Er nahm sie heimlich mit in seine Baracke und verteilte sie unter den etwa vierzig Kindern, die hier gemeinsam mit ihren Familien lebten. «Manchmal hatte ich vier Brote. Oh, wie sich die Kinder freuten! Dazu hatte ich noch ein bißchen Salz auch aus der Bäckerei. Oh, wie sie sich freuten!»

Im August 1944 kam Rosada mit weiteren 1500 Personen zu Schanzarbeiten nach Gollub. Dort befreite ihn Ende Januar 1945 die Rote Armee.

Bolesław Rosada fand sein Potulitz bei der Rückkehr in russisch-polnischer Hand. Und weil es so einfach war und gleich Geld einbrachte, begann auch Rosada sofort in jenem Lager zu arbeiten, in dem er noch ein halbes Jahr zuvor auf Geheiß der Deutschen hatte arbeiten müssen. Nun hielt umgekehrt er als Leiter der Bäckerei deutsche Internierte zum Brotbacken an. Allerdings nicht lange. Schon im Juli 1945 schmiß er die Arbeit, «denn wenn ich hinter den Stacheldraht ging, bekam ich Kopfschmerzen. Ich dachte, ich selbst sitze wieder im Lager».

Rosada kaufte statt dessen ein Pferd und verdiente Geld, viel Geld, mit Holztransporten. Im Lager, sagt er abschätzig, blieben nur jene, die zwei linke Hände hatten oder die nicht arbeiten wollten.

Außerdem hatte er sich am Umgang mit den Deutschen gestoßen. «Fürchtet Gott», hat Rosada seinen Landsleuten gesagt. «Ihr wart Gefangene, euch wurde Unrecht getan. Aber jeder stammt von Gott ab, und wir dürfen den anderen nicht mit gleichem Unrecht heimzahlen.»

Potulitz war wegen seiner Kapazität als zentrales Arbeitslager für Nordpolen bestimmt und diente als Sammelpunkt, als die kleineren Stellen im westpreußischen Raum im Laufe der Jahre 1945/46 aufgelöst wurden. Fast jeder, der nach Potulitz kam, brachte bereits seine Erfahrungen mit aus Thorn-Rudak, Fordon, Hohensalza, Konitz, Kruschwitz, Schwetz, Polichno, Zempelburg, Graudenz, Schubin, Langenau, Kulm Neuenburg oder Krone. Die meisten der 20000 bis 30000 Internierten lebten und arbeiteten außerhalb bei Bauern und Behörden in der Umgebung. Im Lager blieben Alte, Kinder, Kranke und Neuankömmlinge in den ersten Wochen nach ihrer Ankunft.

«Schöne Huren» – Alltag im Lager

Lucja Strohschein kam aus Kaltwasser.
Edith Ristau kam aus Langenau.
Gertraud Bednarski wurde vom Zahnarzt Jeleński aus Bromberg vertrieben, weil er keine Haushaltshilfe wollte, die ihm nicht zu Willen war.

Jutta Thiele kam mit einem Transport junger Mädchen aus dem Zuchthaus Wronke. Der Zug hielt in Nakel, die letzten acht Kilometer bis Potulitz liefen die Mädchen zu Fuß. Schon vor dem Lager entdeckten sie kahlgeschorene Frauen, dünner als sie selbst, die mit tief gebeugtem Oberkörper die Deichsel eines Wagens zogen. Dann ging es links von der Hauptstraße hinein in die Allee zum Herrensitz, vorbei an dem mit Stacheldraht umzäunten Gelände durch das Lagertor. Auf dem Appellplatz blieben sie stehen: 200

junge Mädchen im Alter von fünfzehn, sechzehn Jahren und alle mit langen Zöpfen. «Da kam ein Offizier und sagte: Schöne Huren.»

Zuerst erfolgte die Registrierung. Jutta Thiele erinnert sich an ihre Nummer: 6910. Dann mußten die Wertsachen abgegeben werden. Darunter fielen nicht nur Schmuck und Geld; auch scharfe Gegenstände wurden eingezogen, ferner Gesangbücher, Dokumente. So manches Familienfoto wurde zerrissen. Später bei der Entlassung erhielten einige ihren Besitz zurück – aber da war beispielsweise das deutsche Geld schon nichts mehr wert.

Anschließend die Entlausung: Kleider abgeben, duschen, sich mit Puder gegen Läuse einreiben. Zuletzt die Rasur:

- «Uns wurden die Zöpfe abgeschnitten, der Kopf kahlgeschoren und der ganze Körper von Haaren befreit.»
- «Wir saßen breitbeinig auf einem Schemel.»
- «Wir lagen auf einem Tisch und mußten die Beine anheben.»
- «Die hatten nur stumpfe Messer.»
- «Die (internierten deutschen) Soldaten haben gesagt: Bei euch jungen machen wir das ja noch ganz gern, aber bei den alten Frauen?»
- «Besonders bei den alten Frauen hat es geblutet.»
- «Wir saßen splitternackt im Umkleideraum der Duschanstalt, und der Herr Naczelnik (der Lagerleiter) und die Milizionäre haben zugeschaut.»

Einmal jeden Monat wurde die Rasur wiederholt, damit die Haare nicht über die vorschriftsmäßige Länge von einem Zentimeter hinaus wuchsen. Nur wer im Büro arbeitete, durfte vier Zentimeter tragen. In der ersten Zeit hatten die Internierten ein Hakenkreuz oder ein großes «N» für «niemka» (Deutsche) auf der Kleidung tragen müssen. Doch da sich die sowjetischen Militärs daran gestört und den Polen solche Kennzeichnungen untersagt hatten, wurden die kahlgeschorenen Köpfe zum eigentlichen Erkennungszeichen der Besiegten. Für die strikte Einhaltung der Rasurregel sorgte Ignacy Cedrowski.

Ignacy Cedrowski alias Isidor Cederbaum bekleidete die Stelle des leitenden Lagerarztes von Herbst 1945 bis zum Mai 1948, danach ist er angeblich nach Israel ausgewandert. Cedrowski sprach gut Deutsch, aber er haßte die Deutschen. Seine Familie, sagte er, sei in Auschwitz umgekommen. Mit besonderer Vorliebe kümmerte er sich um die Quarantänebaracke, in der alle die ersten 14 Tage im Lager verbringen mußten.

«Damals kannte ich Cedrowskis Namen nicht. Um zu sehen, wann er kommt, haben wir eine Kontrolle aufgestellt. Da waren wir immer gewarnt», erinnert sich Jutta. «Die Fenster waren ausgehängt, die Türen standen offen, auch im Winter wurde nicht geheizt. Es war hundekalt in der Quarantänebaracke. Besonders gern kam er in der Nacht, ließ uns aufspringen, nackend Aufstellung beziehen und beleuchtete ein Mädchen nach dem anderen mit der Taschenlampe, um zu prüfen, ob es noch irgendwo Haare hat. Mein Bett stand gleich neben der Tür. Einmal kam er reingerannt und schrie: Es stinkt! Zur Strafe wurde ich mit ein paar anderen Mädchen in den hinteren Raum geschickt. Wir durften nur Schlüpfer und Hemd tragen. Die anderen Kleidungsstücke mußten wir bei der ‹porządkowa› (Barackenälteste) abgeben. Sie war eine Volksdeutsche und sprach gut Polnisch. Wir standen dann in dem leeren Raum mit ausgehobenen Fenstern im Durchzug auf dem Zementfußboden. Cedrowski lief öfter am Fenster vorbei, um uns zu kontrollieren. Dann kam er in die Baracke und prüfte, ob unsere Körper schon kalt genug seien. ‹Ihr krepiert auch, ohne daß wir euch totschlagen›, hat er zu mir gesagt. Vielleicht hat er als Jude was hinter sich gehabt, aber wir jungen Mädchen konnten doch nichts für die ganze Misere. Später bekam ich hohes Fieber, hatte Hals- und Ohrenschmerzen und rang nach Luft. Als ich auf der Toilette Wasser trinken wollte, hielt mich eine ältere Frau ab. Statt dessen ließ sie mich in meine Eßschüssel pinkeln und zwang mich, den Urin zu trinken: Du brauchst dich nicht zu ekeln, es ist doch von dir!

Ich gurgelte, erbrach mich und brachte Eiterstücke heraus.

Das Fieber senkte sich langsam. Am folgenden Tag ging ich wieder arbeiten, sonst hätte man mich in die Krankenbaracke gebracht.»

Zur «Strafe» stieß Cedrowski manchmal auch Wassereimer um und hieß die Frauen dann, den Boden in wenigen Minuten aufzuwischen. Da sie dabei auf dem Steinfußboden herumrutschten, riß die Haut über den Knien auf. Eine Krankenschwester aus der Quarantänebaracke pflegte sie zwar, wenn die Stellen nach einigen Tagen «wund und eitrig» waren und «sich Temperaturen einstellten», doch vor Cedrowski schützen konnte sie sie nicht: «Nach der Genesung ging die Strafe oft weiter.»

Cedrowski benutzte nichtige Anlässe für Schikanen bei seinen Kontrollgängen, und fast immer wollte er die Frauen nackt sehen: Manchmal holte er sie nacheinander in die Toilette, ließ sie sich entkleiden und mit erhobenen Armen auf das Bein eines umgedrehten Schemels setzen. Sanken die Arme vor Ermüdung ab, schlug er mit einem Stock zu. Oder er ließ nackte Frauen vor geöffnetem Fenster so lange in der Kniebeuge sitzen, bis sie umfielen. Oder er schlug schwangeren Frauen auf die Brüste. Oder er ließ Frauen einmal im Monat nackt zur «Krätzeschau» antreten. Oder er stellte Frauen nach, die bei ihm im Haushalt arbeiteten, und quälte besonders jene, die sich ihm verweigerten: ordnete Hiebe mit dem Gummiknüppel an oder schickte sie in den Strafbunker.

Ein Internierter berichtete der «Umsiedler»-Abteilung in der sowjetisch besetzten Zone unmittelbar nach seiner Entlassung im April 1949: «Als Sanitäter mußte ich Frauen behandeln, die von Herrn Dr. C. auf der Quarantänebaracke 16 so geschlagen wurden, daß das ganze Gesäß ein einziger Bluterguß war. Diese Frauen mußten sich entkleiden und wurden dann von Herrn Dr. C. persönlich geschlagen.» Zur gleichen Zeit sagte ein anderer Internierter aus, daß er im Sommer 1947 als Wächter Zeuge wurde, wie nachts im Baderaum «etwa zwanzig Frauen durch den Arzt I. Cedrowski und den damaligen Lagerkommandanten M. Dopierała so lange geschlagen wurden, bis sie ohnmächtig zusammenbrachen. Danach wurden sie mit Wasser begossen und aufs neue geschlagen. Im Karzer habe ich solche Mißhandlungen durch die gleichen Beamten mehrfach beobachtet. In einem Fall weiß ich, daß nach einer solchen Mißhandlung der Tod eintrat.»

Besser war es, Herrn Dr. Cedrowski möglichst wenig zu begegnen. Wer die Quarantänebaracke verließ, verschwand wenigstens aus seinem unmittelbaren Gesichtskreis.

Aber auch einige Wachmänner waren nicht viel besser als der Arzt. Bei den ersten, selbsternannten Lagerpolizisten hatte es sich um höchst zwielichtige Elemente gehandelt: Sie hätten als Insassen desselben Lagers in deutschen Zeiten für die SS gespitzelt, stellten Untersuchungsbeamte aus Nakel Mitte Februar 1945 fest und verhafteten fünfzehn Männer. Aus Kollaborateuren waren – nicht zum erstenmal – besonders eifrige Verfolger geworden. Auch der polnische Leiter des Gefängnisses in Stuhm soll vorher Kapo in einem nationalsozialistischen Arbeitslager gewesen sein. Internierte haben ihn aufgrund seines Hundes Karol erkannt, den er schon früher zur Verstärkung seiner Autorität eingesetzt hatte.

Der Lagerkommandant von Potulitz mußte jedenfalls nach der Entlassung der belasteten Polizisten den Wachdienst neu aufbauen. Vorübergehend bat er sogar die Sowjets um die Sicherung der Magazine. Der dann rekrutierten Mannschaft gehörten neben früheren Lagerinsassen aus Potulitz wie Halina Wawrzyniak und Bolesław Rosada auch ehemalige Untergrundkämpfer und junge Männer aus den umliegenden Dörfern an, die ganz einfach Geld verdienen wollten. Einige sorgten für die Ordnung im Lager, andere begleiteten und bewachten die Internierten bei ihren Arbeitseinsätzen außerhalb des Lagers. Und wie immer gab es solche und solche: Wachposten, die brutal waren und schikanierten, andere, die – zwar barsch und abweisend – nur ihren Dienst absolvieren wollten, und schließlich auch solche, die freundlich waren und halfen.

Am schlimmsten war es offenbar in der Anfangszeit. «Nachts kamen die Schlägertrupps durch die Baracken und schlugen auf die in Drei-Stock-Betten liegenden Menschen ein», schreibt Jürgen S. über das Frühjahr 1945, als er mit gerade zwölfeinhalb Jahren eingeliefert worden war. «Drei von den Anführern sind mir noch gut in Erinnerung. Der erste war Tschaika (wahrscheinlich Czajka), er trug die Uniform eines polnischen Feldwebels und hatte eine sowjetische Auszeichnung. Zum Prügeln benutzte er einen Ochsenziemer. Weit schlimmer war der zweite. Er wurde Strylarczyk genannt (andere berichten von einem Stolarczyk), er soll u. a. zwei Frauen mit einem Schemel erschlagen haben. Er erkrankte zu der Zeit an Knochen-Tbc am rechten Arm und starb noch im Frühjahr 1945. Aus diesem Anlaß hißte man im Lager die polnische Fahne mit Trauerflor, was uns trotz der gegebenen Umstände erheiterte: über Potulitz die schwarz-weiß-rote Fahne! Der dritte dieser ‹Kommandanten› (so nannten sich etliche im Lager) war ein Deutscher, der sich als Pole ausgab (andere berichten von einem Danziger Polen, der meist Deutsch zu den Internierten sprach). Er beherrschte Deutsch und Polnisch perfekt und war immer in Zivil gekleidet. Ein besonderes Merkmal von ihm war seine Dynamo-Taschenlampe, die man schon von weitem schnurren hörte, wenn er durch die Baracken kam.»

Czajka scheint sich im Laufe der Zeit sehr verändert zu haben. Als eine Internierte nach längerem Arbeitseinsatz im Frühjahr 1949 wieder ins Lager zurückkam, begegnete ihr der früher so brutale Wärter mit freundlichem Lächeln und freundlichem Gruß. Manchmal soll er sogar seine Butterbrote verteilt haben.

Unverändert hart hingegen blieb ein Wachmann namens Henryk Barylski – genannt der Schwarze. «Einer», erinnert sich Gertraud Bednarski, «wir nannten ihn Schnurres oder Schwarzer, kam nachts im Dunkeln, warf die Hocker um, auf denen unsere Sachen lagen, und alle Kleider aus dem offenen Fenster. Dann schlich er raus, kam wieder rein, machte Licht und schrie: Wstawać! (Aufstehen!) In fünf Minuten kontrolliere ich, ob alles an seinem Platz liegt! Dann sprangen wir alle durch die Fenster, eine jede nahm, was sie gerade in die Hand bekam, erst am Morgen haben wir wieder sortiert und alles genau auf Ecke auf den Hocker gelegt. Manchmal mußten wir nachts nur in Unterhose und Hemd fünfmal um das ganze Lager laufen.» Und im Laufen singen: «Es geht alles vorüber, es geht alles vorbei, mein Mann ist im Osten, sein Bett ist noch frei.»

Gefürchtet war auch Isidor Kujawski, der fast ständig betrunkene Leiter der Strafkolonne. Er setzte die Internierten zum Torfstechen ein, wobei sie selbst im Winter tief im Wasser standen, er ließ sie Wiesen urbar machen und Aborte reinigen. Zur «Begrüßung» in der Strafkolonne verabreichte er fünfzig Schläge auf das Gesäß, schlug bei geringsten Anlässen mit dem Gewehrkolben, trat mit Füßen und befahl Frauen, ihre Gesichter mit Kuhmist zu bestreichen. «Wenn die Wachmänner beim Torfstechen ihren Spaß dran hatten», erzählt Margarete, die in die Strafkolonne kam, weil sie nicht lange genug nackt vor dem offenen Fenster gestanden hatte, «mußten wir ‹Die Fahne hoch› singen. Und gleichzeitig kriegten wir Dresche, weil wir es gesungen haben.»

Margarete Kiesewetter, die zierliche Reichsdeutsche aus einem kleinen brandenburgischen Dorf in der Nähe der Oder, war bis nach Sibirien deportiert gewesen, bevor sie über das Zuchthaus Wronke in Potulitz landete. Margarete fiel auf. Denn sie blieb ausnehmend attraktiv, selbst als sie ihre langen blonden Haare verloren hatte. «Bei allen anderen Frauen verschwand nach mehreren Wochen Hunger der Busen. Aber meiner blieb.» So wurde Margarete «auserkoren». Mehrere Wochen hindurch führte sie ein Milizionär durch das Tor hinaus in die Wohnung eines polnischen Offiziers, wann immer dieser es wünschte. Das war schlimm und demütigend. Aber war es schlimmer als in der Strafkolonie? Oder gar im Bunker?

Der «Bunker» lag im Keller des zentralen Wirtschaftskomplexes, wo ehemalige Nahrungsmittelmagazine zu zwei mal zwei Meter kleinen Zellen umgebaut worden waren. Der Fußboden aus Zement stand unter Wasser. «Solange Chudecki noch Lagerleiter war (November 1945 bis März 1946), gab es darin wenigstens noch ein

Brett als Sitzgelegenheit, aber mit dem Antritt des Kwiatek-Kwięcinski (März 1946 bis Januar 1947) verschwand auch dieses», schreibt eine Internierte aus Lodz, die als Bürokraft über lange Zeit einen detaillierten Eindruck gewinnen konnte. «Hatte sich nun in den Augen der Polen jemand etwas zuschulden kommen lassen und sollte in den Bunker kommen, verabreichte Herr Cederbaum den betreffenden Milizionären das nötige Quantum Alkohol, damit sie besser zuschlagen könnten. Vor der Bestrafung mußte sich der Unglückliche nackt ausziehen und seine Sachen abgeben, dann mußte er sich flach auf den Bauch legen und dann wurde auf ihm herumgeprügelt. Hatte er nach Ansicht des Herrn Cederbaum genügend bekommen, mußte sich der Delinquent in das Wasser des Bunkers stellen und wurde von Zeit zu Zeit – gleich ob im Winter oder im Sommer – mit Wasser begossen. Einmal ließ er auch Chlorkalk in das Wasser des Bunkers hineinschütten, und nur mit Mühe konnten die Menschen mit schweren Vergiftungserscheinungen herausgebracht werden. Ihre Notdurft mußten die Bunkerhäftlinge in einen in der Ecke stehenden Eimer verrichten. Als eine der Bunkerinsassinnen ihn mal hinaustragen wollte, stieß Herr Cederbaum absichtlich daran, wobei der Eimer umkippte. Hierauf mußte die Frau, die als ganz besondere Vergünstigung das Hemd hatte anbehalten dürfen, es ausziehen, alles aufwischen, das Hemd wieder anziehen und den Boden blank lecken.»

Oft hing das Verhalten der Wachleute von den Umständen ab. Wenn mehrere Bewacher zusammen waren, wollten sie sich gegenseitig beweisen, welch gute Patrioten sie seien und wie sie die Deutschen haßten. Wenn ein Milizionär hingegen allein auf Internierte aufpaßte, kam es zu Gesprächen, in denen auch die Wächter Mitgefühl zeigten oder deutlich machten, daß sie für all die Regeln keine Verantwortung trügen.

Irena Nowak aus Bromberg lernte einen jungen Wachposten kennen, der nicht nur ihr, sondern auch der unter Flecktyphus leidenden Mutter Brot und Zucker zusteckte, so daß sie überlebten. «Er kannte meine Mutter gar nicht. Da hat er geguckt, wie die

Frauen zur Arbeit gingen, und als er meinte, sie erkannt zu haben, ging er zu ihr hin und fragte:
– Haben Sie zwei Töchter?
– Ja.
– Heißt die eine Irene?
– Ja.

Da hat er Päckchen mit Brot für sie zurückgelassen. Zu Hause waren noch elf Geschwister, und der Vater hatte eine Hand amputiert. Da mußte er arbeiten, und der Wachdienst war gut bezahlt.»

Nach der Entlassung aus dem Lager hat Irena den Kontakt zu ihrem Wachmann gehalten – und ihn schließlich sogar geheiratet, obwohl die Wasserpolizei, bei der er danach beschäftigt war, ihn vor die Alternative stellte: Entweder die Arbeit oder die Deutsche. Er wählte die Deutsche. Bis zu seinem Tod im Jahre 1990 lebte Irena mit ihm zusammen in Bromberg. «Er war ein Guter», sagt ihre Schwester Steffi.

Und das war Alltag in Potulitz: um fünf Uhr Wecken im Sommer, um sechs Uhr Wecken im Winter. Eine Stunde später Zählappell, dann Abmarsch zur Arbeit. Nach der Mittagspause wieder Zählappell und abends nach der Arbeit noch einmal Zählappell: Auf ein Glockenzeichen hin mußten die Internierten in Viererreihen vor der Baracke antreten und unter Führung des Barackenältesten zum Appellplatz vor dem steinernen Hauptgebäude marschieren. Dort standen sie oft stundenlang bei Hitze und Frost, bei Regen und sengender Sonne. Potulitz lebte auch nach Kriegsende weiter in dem strengen, militärischen, monotonen, bedrückenden Rhythmus der Kriegszeit.

300 Gramm nasses Brot, ein Liter warme, wäßrige Suppe, ein Liter Kaffee aus Gerste – das war die Tagesration im ersten Jahr. 1946 stieg die Brotzuteilung zwar auf 500 Gramm, aber das Essen blieb knapp und einseitig. Manchmal gab es einen Hering, ganz selten Erbsen. Wer das Glück hatte, zur Arbeit auf den Feldern des Lagers eingesetzt zu werden, stopfte sich Kartoffeln, Zwiebeln,

Mohrrüben und manchmal auch Birnen und Äpfel in den Mund: oft gegen jeden Verstand, denn selten vertrug der Magen die ungewohnte Nahrung. Nur bei den etwa 200 deutschen Kriegsgefangenen war die Verpflegung etwas besser.

Tag für Tag, teilweise sogar am Sonntag, wurden alle Lagerinsassen, die sich noch halbwegs auf den Beinen halten konnten, zur Arbeit in den Werkstätten auf dem Gelände des Lagers oder in seiner unmittelbaren Nähe herangezogen.

Meta tat Dienst in der Altenbaracke.

Irmgard arbeitete erst in der «fliegenden Kolonne» und kam dann in die Gärtnerei.

Reinhold holte Weidenruten von den Kanalwiesen zwischen Nakel und Slesin für die Korbflechterei des Lagers.

Ruth kam ins Lagerbüro.

Margarete zog in der Strafkolonne den Kastenwagen.

Else sortierte faule Kartoffeln und Zwiebeln aus geöffneten Mieten, streute Dung und hackte Rüben.

Hildegard schleppte Holz über die Wiesen.

Elfriede schälte Kartoffeln in der Küche für die Miliz (und aß dabei die Schalen).

Andere arbeiteten in der Schreinerei, die Polstermöbel sogar für Bromberg herstellte, in der Schneiderei, in der Uniformen für die Miliz, Sporthemden für eine Firma in Warschau und ab 1948 auch Kleidung für die Internierten genäht wurden, in der Strohflechterei, wo man Türvorleger, Strohtaschen und Strohpantoffeln herstellte, oder in der Schusterei, Schlosserei, Wäscherei und Bäckerei.

Auch wenn die Arbeit schwer war, mit keinem einzigen Złoty entlohnt wurde und unter Kontrolle von Wachposten erfolgte, raffte sich, wer irgend konnte, zu dieser Arbeit auf. Denn wer untätig herumsaß, den befielen die Öde, Langeweile, die Schwermut und die Wanzen des Lagers. Und wer in die Krankenbaracke abgeschoben wurde, verließ sie nur selten wieder geheilt. Nur die schweren Fälle wurden überhaupt eingeliefert, die übrigen mußten sich in den Unterkunftsbaracken kurieren.

Aufgrund der unhygienischen Bedingungen kam es immer wieder zum Ausbruch von Epidemien. Im Juli 1945, das Lager war noch nicht voll belegt, erkrankten beispielsweise 134 Personen an Flecktyphus, 35 von ihnen starben. Sehr verbreitet waren auch die Ruhr und andere Magen- und Darmkrankheiten, die zu permanentem Durchfall führten. Viele litten unter Krätze mit eitrigen Entzündungen und starkem Juckreiz.

Die leitenden Ärzte waren Polen, die übrigen Ärzte hingegen – wie Dr. Siegert, Dr. Kober und Dr. Kopsch – und auch der Großteil des Pflegepersonals Deutsche. Selbst wenn sie sich große Mühe gaben und sich um die Patienten kümmerten, scheiterte ihre Hilfe oft an den begrenzten Möglichkeiten. Es fehlte an wichtigen Medikamenten und Instrumenten, als Desinfektionsmittel existierte nur Chlorkalk. Es gab keinen Röntgenapparat zur Diagnose von Tuberkulose und keine Medikamente zu ihrer Heilung: Wer an Tuberkulose erkrankte, war in Potulitz zum Tode verurteilt.

Sogar die Kommission des Sicherheitsministeriums kam noch im August 1949, als die Bedingungen schon wesentlich gelockert waren und das Lager kurz vor seiner Auflösung stand, zu einem kritischen Urteil über die Behandlung der Patienten: «Die ärztliche Pflege erfolgt dreimal wöchentlich durch einen Vertragsarzt aus Nakel und einen deutschen Kriegsgefangenen-Arzt. Sie wird auf eine ungenügende Weise durchgeführt. Die Ärzte gehen selten in die Baracken und haben keinen genauen Einblick in den Gesundheitszustand der Lagerinsassen. Wir stellten drei Fälle von Krätze und einen Fall von Masern bei einem Kind fest, die vor den Sanitätern verheimlicht wurden.» Ferner bemängelte die Kommission, daß Patienten, die erkennbar an Tuberkulose erkrankt seien, nicht von den übrigen separiert würden.

In der ersten Zeit wurden die Toten einfach auf einen Karren geworfen, später gab es einen großen Holzsarg: Beim Einladen wurde die obere Klappe hoch-, beim Ausladen über dem Massengrab die untere Klappe heruntergekippt.

Die namentliche Erfassung der Verstorbenen unter den Alten in der Baracke 17 ist Schwester Martha Stopierzinska aus Bromberg zu verdanken, die hier von 1947 bis 1949 Dienst tat und trotz Verbots kurze Aufzeichnungen anfertigte. In jenen knapp drei Jahren sind im «Altenheim» 744 Personen gestorben, deren Namen die Zeitschrift *Westpreuße* im April 1952 veröffentlichte, um die Vermißtenschicksale zu klären: Abend, Emilie; Abrolat, Olga; Antoniak, Helene; Gogolin, Amalie; Gogolin, August; Gorski, Marian; Granops, Hermann; Graumann, Wilhelm; Radanski, Olga; Retzlaff, Gustaw; Rotzoll, Klara; Zachenilewska, Martha; Zalewski, Karoline; Zander, Martha; Zander, Robert; Zebulowski, Johanna; Ziegler, Albertine ...

Alltag in Potulitz: um fünf Uhr Wecken im Sommer, um sechs Uhr Wecken im Winter. Eine Stunde später Zählappell, dann Abmarsch zur Arbeit. Nach der Mittagspause wieder Zählappell und nach der Arbeit noch einmal Zählappell ... der ewig gleiche, strenge, monotone, bedrückende Rhythmus. Und doch nicht der ganze Alltag.

«Am schönsten war es Weihnachten 1945», erinnert sich Jutta Thiele. «Da mußten wir alle auf den Appellplatz, wo die Tannenbäume mit gelben und roten und blauen Glühbirnen geschmückt waren. Als sie ‹Stille Nacht, heilige Nacht› sangen, haben wir mitgesungen – auf deutsch. Und wie laut. Wir haben richtig geschrien. Und die Tränen sind gekullert. Da kamen die Posten mit den Gewehrkolben und haben uns in die Baracken gescheucht. Aber wir sind nicht ruhig gewesen. Wir haben weitergeschrien. Wenn die uns hätten ruhigstellen wollen, da hätten sie uns totschlagen müssen. Später in der DDR war ich im Chor. Da habe ich gesagt: Wir müßten mal singen: Der Dom zu Köln, er läutet so hell. Diesen Kanon hatten wir damals am Heiligabend in Potulitz gesungen. Das hatte sich so schön angehört, als wenn wirklich Glocken läuten. Wir waren glücklich gewesen. Wir hatten uns das Leid so richtig von der Seele gesungen. Aber die in der DDR haben den Kanon nicht für mich gesungen. Wo liegt denn Köln, haben sie gefragt. Das liegt doch in der BRD!»

Nur ein einziges Mal hat die größte Bromberger Tageszeitung, der
Ilustrowany Kurier Polski, *in jenen Nachkriegsjahren über das Ar-*
beitslager in Potulitz berichtet: irgendwo auf den hinteren Seiten
und ausgerechnet an jenem 23. Juni 1946, an dem die Titelseite
eine Reportage über die Hinrichtung von Artur Greiser, dem ehe-
maligen Gauleiter im benachbarten Warthegau, füllte.

Das Vermächtnis des Bösen

Aus allen Seiten der Stadt, auf Straßen, Gassen und durch die
Felder strömen ungezählte Massen zum Platz der Hinrichtung. Alle Transportmittel wurden zur Verfügung gestellt. Die
Straßenbahnen sind überfüllt. Trotz der frühen Stunde (6 Uhr morgens) streben alle der Zitadelle zu. Hier nämlich, auf dem höchsten
Punkt, soll Artur Greiser gehängt werden. Schon eine Stunde vor
dem Termin haben sich etwa 100000 Menschen versammelt. Der
Galgen ist mehrere Kilometer weit zu sehen. Noch aus den entle-
gensten Winkeln werden die Massen die Hinrichtung beobachten
können.»

Für den «Henker von Großpolen» war der Tod durch den Strang
vorgesehen, weil er der Ermordung von 100000 Juden zugestimmt
und beantragt hatte, 35000 polnische Tbc-Kranke mit Abgasen um-
zubringen. Die Vertreter der Presse waren dem Ort des Geschehens
so nah, daß ihnen nicht die geringste Bewegung entging. Wie bei
einer Life-Übertragung hielt der Reporter des *Ilustrowany Kurier
Polski* noch das kleinste Detail für seine Bromberger Mitbürger fest.

«In einem bestimmten Moment erscheinen zwei Lastwagen hinter der Anhöhe und nähern sich der Straße hinter der Zitadelle. Am Fuß des Berges halten sie an. Plötzlich entsteht Bewegung am ersten Wagen. Aus dem Innern taucht die Gestalt des Henkers auf. Ein kräftiger, ansehnlicher Mann in den besten Jahren, gekleidet mit einem einreihigen Frack. An den Händen schneeweiße Handschuhe, über den Augen eine schwarze Binde. Er soll gebildet und sehr intelligent sein. Hinter ihm sein Helfer. Ein junger Mann, auch schwarz gekleidet. Auch er mit einer schwarzen Binde über den Augen. In der Hand hält er einen kleinen Koffer, in dem sich die Schnur befindet, die Greisers Schlinge sein wird. Als die Öffentlichkeit jetzt mit angehaltenem Atem den ‹Berg des Todes› beobachtet, taucht der Verurteilte Artur Greiser aus dem Wagen auf. Greiser sieht den Galgen, ist völlig gelähmt, er läßt den Kopf hängen, seine Beine werden steif, er kann nicht weitergehen. Die Wärter führen ihn zum Fuß der Anhöhe. Hier drehen sie ihn um zu den Massen. Greiser schaut das letzte Mal auf die Menschen, die er mitleidslos verfolgt hat. Dann werden ihm die Augen verbunden, um ihm den Anblick der letzten Vorbereitungen für die Hinrichtung zu ersparen.»

Während der Reporter noch darüber spekuliert, ob Greiser in seinen letzten Augenblicken wohl von Reue oder von Haß erfüllt gewesen sein mochte, gibt der Staatsanwalt den Befehl, das Urteil zu vollstrecken.

«In diesem Moment beginnt der evangelische Pastor für den Verurteilten zu beten. Der Henker geht zu dem kleinen Tisch, der neben Greiser steht, und legt ihm die Schlinge um den Hals. Eine unbeschreibliche Stille tritt ein. Der Moment der Hinrichtung kommt schnell. Als der Helfer vom Tisch heruntersteigt, reißt er das Gestell weg, auf dem der Delinquent stand. Der Körper fällt herunter, hängt in der Luft. Die Schlinge dreht sich zusammen mit dem Gehängten, sein Körper bewegt sich in konvulsivischen Zuckungen.»

Diese Zuckungen wiederholen sich, bis der Tod eintritt, der Körper erschlafft und die auf 150000 Personen angewachsene Menge voller Erschauern triumphiert.

Man habe Greiser mit voller Absicht stümperhaft getötet, urteilte fünfzig Jahre später der Dokumentarfilmer Robert Stando aufgrund der Aufzeichnungen der Polnischen Wochenschau: In zehn Minuten sei er, dilettantisch am Galgen aufgehängt, langsam erstickt. So hätten die Behörden der Bevölkerung Genugtuung verschaffen wollen für ihr Leiden, die Erniedrigung und das Unrecht im Krieg. Wer sich dem vorherrschenden Rachebedürfnis widersetzte, fiel unter Zensur. Zum Beispiel der polnische Jurist Dr. Stanisław Hejmowski, Greisers polnischer Zwangsverteidiger: Obwohl er von den Nazis aus Posen ausgesiedelt worden war, obwohl die Nazis sein Vermögen beschlagnahmt und seine zwei Brüder umgebracht hatten, plädierte er gegen die Todesstrafe. Der Tod des Täters könne die Opfer nicht ins Leben zurückrufen, führte er in seiner Verteidigung an, und ein Galgen kein Tor zum Haus des Nachbarn sein. Doch dieses Plädoyer wurde einfach zu den Akten gelegt. Der Polnische Rundfunk hat es nicht aufgezeichnet und die Polnische Wochenschau nicht gesendet.

«Es scheint», schrieb der (antikommunistische) polnische Soziologe Stanisław Ossowski einige Wochen nach der Hinrichtung, «als wäre der Kult der ‹harten Menschen›, die nicht empfindsam sind für fremdes Blut und fremdes Leiden, immer noch eine Eigenschaft unseres ‹Zeitgeistes›. Nach deutschem Vorbild werden mit Tausenden von Zuschauern öffentliche Hinrichtungen theatralisch inszeniert und dann noch von der populären Presse verwertet. Und die Organisatoren spüren offensichtlich keine Angst, solche Schauspiele könnten eine Bereitschaft fördern, die später (in antisemitischen Pogromen wie in Kielce oder Krakau) zum Ausdruck kommt.»

Für Ossowski war das Verhalten im Nachkriegspolen nicht nur durch das Aufbegehren gegen den Nationalsozialismus bestimmt. Er sah in den Siegern auch die brutalen Prinzipien des Besiegten fortwirken. Beides existierte: «Die Reaktion gegen das, was war, und das Vermächtnis dessen, was war.» Anteilnahme galt nicht viel. Wer sich mitleidig zeigte, wurde als «Weichling des Humanismus» verachtet.

Insofern war es sicher kein Zufall, wenn die Reportage über Potulitz genau an demselben Tag wie der Bericht über Greisers Hinrichtung erschien. Welcher Bromberger Bürger hätte, konfrontiert mit den Verbrechen des «Henkers von Großpolen», noch Nachsicht gegenüber dem früheren deutschen Nachbarn zu äußern gewagt? Wer im eigenen Herzen ein Gefühl des Mitleids gegenüber dem Angehörigen eines Volkes zugelassen, das doch aus lauter «Bestien» zu bestehen schien?

Auch «die Deutschen haben den bitteren Geschmack der Unfreiheit und des Zwangs kennengelernt», schrieb der Reporter sichtlich zufrieden über den Rollentausch in Potulitz. «Natürlich nicht in dem Maß wie wir während der Okkupation, denn der polnische Großmut und die polnische Güte sind bekannt. Wir haben ein schwaches Gedächtnis für Unrecht und uns fehlt das Gefühl nach Rache. Dennoch erfüllt einen Genugtuung, wenn man die deutschen Arbeitskolonnen marschieren sieht, die – und sei es ansatzweise – jene materiellen Schäden wiedergutmachen, die sie Polen zugefügt haben.»

Anders als den Reporter in Posen scheint jenen in Potulitz jedoch die Frage gequält zu haben, ob das Vorgehen gegenüber den Deutschen tatsächlich angemessen sei. Vielleicht hat er persönlich deutsche Familien in der Nachbarschaft gekannt. Vielleicht spürte er, wie sehr die Arbeitseinsätze im «befreiten» Potulitz denen in nationalsozialistischer Zeit ähnelten. Vielleicht hat er eigene Bedenken auch nur vorgetäuscht, um auf Zweifel in der Bromberger Bevölkerung zu antworten. Jedenfalls bedurfte die Rache in Potulitz der Legitimation.

«Ich halte mit dem Auto beim Arbeitslager an. Will es besichtigen. Aber man kann nicht hinein. Verbot. Also besichtige ich es von außen. Grün, schöne Rasenflächen, geharkte Wege, Sauberkeit, Blumen, Blumenteppiche. Doch das sagt alles nichts. Solche Blumenbeete, solche Orgien von Blumen verbargen in Stutthof die Orgien Hitlerscher Barbarei. Vielleicht auch bei uns? Sie wollen niemanden reinlassen – offensichtlich haben sie etwas zu verbergen. Auf einmal fällt mein Auge auf die Fenster einer der Baracken. In den Fenstern saubere Gardinen. Nein, das gab es weder in Stutthof noch in Majdanek oder Auschwitz. An die Stelle meiner Skepsis tritt die unerschütterliche Gewißheit von einer menschlichen Beziehung zwischen der polnischen Lagerführung und den Gefangenen. Besonders weil ich jene gut genährten, wenn auch kahlgeschorenen deutschen Frauen gesehen habe, die im Feld, im Garten, an der frischen, gesunden Luft arbeiteten. Gebräunt, als würden sie nichts anderes tun als am Strand liegen.»

Dankbar griff der Reporter nach ansehnlichen Details, als beinhalteten sie die ganze Wahrheit. Er suchte nur nach Bestätigung seines Wunschbildes – und fand Bolesław Rosada, den Insassen des Lagers Potulitz in nationalsozialistischer Zeit, den Wärter des Lagers Potulitz in kommunistischer Zeit, Bolesław Rosada, den Bürgermeister des kleinen Dorfes von 1945 bis 1956.

«Hunderttausende in Polen haben heute zum Mittag nicht so eine Erbsensuppe mit Mohrrüben gegessen wie die im Lager. Wenn alle nur solch ein Essen hätten!» diktierte Rosada dem Reporter 1946 angeblich in die Feder. Und: «Wir sind im Sommer mit einer Brennesselsuppe ernährt worden. Da drüben rechts der Friedhof: Dort liegen 15 000 Polen. Fast alle sind am Hunger gestorben. Zu den Deutschen in Potulitz aber kommt jetzt ein Auto voll mit Paketen von den Familien.»

Waren das tatsächlich die Aussagen von Rosada? Kannte er damals nicht die wirkliche Zahl der Toten, die in deutschen Zeiten in Potulitz umkamen? Oder hat er, damals noch Parteimitglied, die Zahl der polnischen Toten mehrfach übersteigert? «Nein», sagt der alte Mann fünfzig Jahre später. «Als Bürgermeister wußte ich schon damals, daß nur 1353 Polen auf dem Friedhof liegen. Jeder hat doch trotz der Massengräber einen Pflock mit einem Namensschild und seinen Geburts- und Todesdaten erhalten. Das mit den 15 000 muß sich einer ausgedacht haben.»

Ob Rosada wirklich nie die aus propagandistischen Gründen überhöhte Zahl der polnischen Opfer übernommen hat oder aber ein gnädiges Gedächtnis besitzt, das ihn nicht in Hader mit früheren Sünden geraten läßt, wird wohl nicht mehr aufzuklären sein. Heute zumindest sind Rosadas Zahlen überaus korrekt – und das ist nicht selbstverständlich in Potulitz.

Das Sicherheitsministerium hatte mit einer speziellen Instruktion am 30. Oktober 1944 verfügt, Kinder von Volksdeutschen unter 13 Jahren generell nicht zu internieren. Nur Säuglinge, die noch gestillt würden, sollten bei ihren Müttern in den Lagern bleiben. «Die übrigen sind vorübergehend den Nachbarn oder anderen Personen anzuvertrauen.» Die Praxis sah anders aus.

Die Bromberger Kinder

Meldung des Sicherheitsdienstes der Wojewodschaft Bromberg, gesellschaftlich-politische Abteilung – deutsche Fragen, an das Ministerum für öffentliche Verwaltung in Warschau vom 20. Dezember 1947: «Die Zahl der Deutschen, die dem Lager Potulitz unterstehen, beträgt annähernd 12000 Volksdeutsche, 4000 Reichsdeutsche, 2000 zur Arbeit unfähige Reichsdeutsche und Volksdeutsche und 6000 Kinder. Zusammen 24000 Personen.»

Fast geht in der trockenen Amtssprache unter, daß die Kinder ein Viertel aller Internierten in Potulitz bildeten: 6000 Personen

Waren sie tauglich zum Arbeiten, wurden sie als Arbeitskräfte ausgeliehen wie die Erwachsenen. Waren sie zum Arbeiten zu schwach oder allzu jung – das hieß meist: unter sechs –, stellten sie für das Lager nur eine überflüssige Last dar: Dann schob man sie in Waisenhäuser ab oder gab sie in polnische Familien. Damit begann der Prozeß ihrer Polonisierung.

Wahrscheinlich Ende März 1945 wurden Kinder ihren Müttern erstmals gewaltsam im Lager entrissen und in Kinderheime in der

Umgebung transportiert: nach Bromberg, Schubin, Hohensalza, Konitz und später vor allem nach Schwetz.

Da besonders kleine Kinder ihr Geburtsdatum oder ihren Geburtsort nicht kannten und sich die deutsche Herkunft außerdem als ein Grund für Strafe oder Beschimpfung oder Verachtung erwies, verwischten sich die Spuren der ursprünglichen Identität schon nach kurzer Zeit. Mütter mußten ausreisen, ohne ihre Kinder gefunden zu haben, und später meldete der Suchdienst den Sohn oder die Tochter als «vermißt» oder «gestorben», weil sie nicht mehr identifizierbar waren. Fast wäre auch Günther Pomianowski auf diese Weise verlorengegangen.

Obwohl er gerade fünf Jahre zählte, hatte ihn ein Bauer zur Landarbeit aus dem Lager geholt. Er mußte ausmisten, das Vieh füttern, den Hof säubern, er schlief im Trog, aus dem die Kühe ihr Futter fraßen, und hieß jetzt Eugeniusz. Sein deutsches Leben, das hauptsächlich Lager hieß, hatte er schnell verdrängt.

Mit sechs Jahren kam er in die polnische Grundschule. Auch wenn die Mitschüler ihn als Deutschen hänselten und verspotteten – Eugeniusz lernte polnisch lesen und schreiben wie sie.

Eines Tages, der Junge war inzwischen neun Jahre alt, kam eine Frau auf den Hof und fragte, ob er der Günther sei? Er sagte nein. Ob er der Eugeniusz sei? Er sagte ja. Da eröffnete sie ihm, daß sie eine Nachbarin seiner Familie in Bromberg gewesen sei, ihn kenne und er sicher nicht Eugeniusz, sondern Günther heiße. Seine Eltern und Geschwister würden nicht mehr in Bromberg, sondern inzwischen in Deutschland wohnen, und seine Mutter habe sie gebeten, nach ihm zu suchen, denn sie wollte dem Suchdienst nicht trauen, der ihr mitgeteilt hatte, der Sohn sei tot.

Vor Günthers Ausreise stand jedoch die Auseinandersetzung mit dem Bauern: Er wollte seine billige Arbeitskraft nicht einbüßen und leugnete monatelang, daß er Günther aus dem Lager geholt habe. Schließlich, der Junge war fast zehn, saß er doch im Zug in den Westen.

«Ich erkannte meine Mutter nicht, sie mich aber sofort. Ich

konnte kein einziges Wort Deutsch. Nach einer halben Stunde war auch mein Vater zu Hause. Ich war schüchtern, sprach meine Eltern mit ‹Sie› an, auf polnisch natürlich, und Tränen flossen. Eine Nachbarin brachte eine Banane, und ich aß sie samt der Schale, denn ich hatte noch nie zuvor im Leben eine Banane gesehen.»

Günthers Verhältnis zu Polen war später so gestört, daß er den polnischen Einfluß in der Familie, für den sein Familienname spricht, unkenntlich machen wollte. Bei der Heirat nahm er, für seine Generation ganz ungewöhnlich, den Namen der Frau an. Aber auch Günthers Verhältnis zu Deutschland ist gestört, seitdem der Sohn jenes polnischen Bauern, bei dem er unter so unwürdigen Bedingungen und unter Verleugnung seiner Identität arbeiten mußte, mit festem Wohnsitz bei Hamburg lebt: Er erhielt die deutsche Staatsbürgerschaft, weil sein polnischer Vater 1942 die Volksliste 3 unterschrieben hatte. Günther versteht die Welt nicht mehr. Die ihn polonisieren wollten, wollen und können jetzt Deutsche sein?

Viele hatten nach Kriegsende nicht soviel Glück wie Günther. Von den etwa 5000 «Bromberger Kindern» (so wurden nach dem Bromberger-Potulitzer Beispiel schließlich alle deutschen Waisenkinder aus Polen genannt), die bis 1949 in die westlichen Besatzungszonen kamen, haben nur wenige ihre Eltern wiedergefunden. Bei der Mehrzahl konnte nicht mehr festgestellt werden, ob sie tatsächlich Waisenkinder waren oder ob sich ihre Eltern nur nicht ermitteln ließen. Wie auch? Der Verantwortliche der Umsiedler-Abteilung in der sowjetisch besetzten Zone zählte in dem am 5. August 1948 eintreffenden Transportzug zwar viele sogenannte Waisenkinder. Aber leider war es ihm nicht gelungen festzustellen, «aufgrund welcher Tatsachen sie als Waisenkinder erklärt worden sind. Diese Kinder im Alter bis zu sechs, sieben Jahren konnten fast ausnahmslos kein Wort Deutsch, so daß eine Verständigung und Befragung nicht möglich war. Auch bei den älteren Kindern war dies nicht möglich, sie erklärten nur, daß sie schon immer als Waisenkinder bezeichnet worden seien.»

Im Lager selbst oder auch bei den Arbeitseinsätzen in der Landwirtschaft wurde den Frauen nicht mitgeteilt, wohin ihre Kinder
gekommen waren. Eine Frau aus dem Ort Schubin, die 1945 ihren
zweijährigen Sohn verloren hatte, konnte ihn trotz intensiver Bemühungen bis zu ihrer Ausreise nicht ausfindig machen. Doch sie
suchte von Westdeutschland aus weiter. Jahrelang. Jahrzehntelang.
Als sie den Sohn schließlich nach 33 Jahren fand, war er nicht mehr
ihr Sohn: Er hatte nach seiner Adoption einen anderen Namen erhalten, war polnisch und katholisch erzogen und mit einer Polin
verheiratet. Er wußte nichts von seiner deutschen Herkunft. Und
fühlt sich heute als Pole.

Nicht jeder Mutter, die den Aufenthaltsort ihrer Kinder ermittelte, verschaffte das Wissen auch Erleichterung und Freude. Die
Wahrheit war oft bitter. Von vier Kindern im Alter von ein, drei,
fünf und acht Jahren hat eine Volksdeutsche bei der Ausreise nur
die beiden Ältesten mitnehmen können: Der Dreijährige – so erfuhr sie – sei im Heim an Masern und der Einjährige an Durchfall
gestorben. Ein zehnjähriges Mädchen hingegen, das sich nach neun
Monaten Arbeitseinsatz bei einem sehr hartherzigen und ungnädi-
gen polnischen Bauern durchrang, ihrer nur vierzig Kilometer entfernt zur Arbeit eingesetzten Mutter in einem Brief all ihr Leid zu
klagen, wurde später von Selbstvorwürfen und Selbstmordgedan-
ken geplagt. Nachdem die Mutter den Brief gelesen hatte, ist sie an
Herzkrämpfen gestorben.

Oft weigerten sich polnische Ehepaare, die Kinder wieder her-
auszugeben, weil sie in ihnen Ersatz für eigene Kinder oder auch
billige Arbeitskräfte sahen. Kinder aber, die zu klein oder arbeitsunfähig waren, wurden von einer Stelle zur anderen herumgescho-
ben. So findet sich im Bromberger Archiv der Brief eines Bürger-
meisters aus Krone an der Brahe, der die Lagerleitung von Potulitz
bittet, deutsche Kinder aus seinem Ort aufzunehmen: Elli, neun
Jahre, sei gebrechlich, Günter, sechs Jahre, ein Krüppel, Horst und
Wolfgang, beide vier Jahre, seien zu jung, um zu arbeiten, eine
«Last für die Stadt». Doch der Lagerleiter, der entgegen der In-

struktion des Sicherheitsministeriums Tausende von Kindern unter 13 Jahren aufgenommen hatte, weil sie arbeitsunfähig waren, empfiehlt in diesem Fall kühl ihre Übergabe an Waisenhäuser: Auch für das Lager wären sie nur eine Last.

Manche Kinder hatten aber auch Glück und wurden von ihren polnischen Eltern wie die eigenen behandelt. Das war für die Mütter zwar ein Trost, doch in jedem Fall bedeutete es Entfremdung. Eva (Name geändert) war erst anderthalb Jahre, als ihre Mutter sie im Sommer 1945 schweren Herzens weggab. Was hätte sie anderes tun können? Im Waisenhaus – so hoffte Evas Mutter – hätte die Tochter eine größere Chance zum Überleben als in Potulitz. Aber Eva kam nicht in ein Waisenhaus. Sie rettete sich selbst, als der Leiterwagen mit den Potulitzer Kinder vor der Starostei in Bromberg ankam. Sie rief (so wird es in der Adoptivfamilie kolportiert): «Tante, nimm mich mit, Tante nimm mich mit!» Und weil Marta Wolska als Eingedeutschte (Volksliste 3) des Deutschen mächtig war, griff sie in einer spontanen Regung das Kind vom Leiterwagen, drückte es schützend an ihre Brust und eilte zum Ehemann, der in der Starostei arbeitete. Immer hatte sie noch eine Tochter haben wollen – der Sohn war schon fünfzehn. War das kein Wink des Schicksals? Der Ehemann fügte sich, Eva blieb.

Sie hatte es gut bei ihrer «Mutter». Aber die «Mutter» plagte zunehmend das schlechte Gewissen. Eines Tages machte sie sich auf in den Stadtteil Schwedenhöhe. Dort wohnte der Schneider, bei dem, der Inschrift nach zu urteilen, Evas Mantel angefertigt worden war. Der Schneider erkannte sein Werk, er erinnerte sich an den Auftraggeber, Evas Identität war enthüllt. So stand eines Tages im Mai 1949 die wahre Mutter vor der Tür und wollte ihr Kind mitnehmen. Aber das Kind wollte nicht mit einer unbekannten Frau gehen, deren Sprache es nicht einmal verstand.

Der Umbruch war schwer und für ein Mädchen von knapp sechs Jahren nicht verständlich. Warum mußte sie ihre «Mutter» verlassen, der sie sich nahe fühlte und mit der sie die gleiche Sprache sprach? Warum mußte sie mit einer Mutter gehen, die ihr

121

fremd und unverständlich war, auch wenn sie sie geboren hatte? Das zweite Mal in ihrem Leben wechselte Eva gewaltsam die Familie.

Die Eltern-Familien hielten Kontakt, aber Distanz. Nur einmal, ein einziges Mal kam Eva nach 41 Jahren im Juni 1990 zu Besuch nach Bromberg. Das Erinnerungsfoto zeigt die 87jährige weißhaarige «Mutter» Marta Wolska mit ihrer inzwischen 45jährigen «Tochter» auf dem Balkon ihrer Bromberger Wohnung. Eva sitzt auf der Stuhllehne eng neben der «Mutter» und umfaßt liebevoll ihre Schultern. Für Marta Wolska war ein lang gehegter Wunsch in Erfüllung gegangen. Nach dem Besuch wurde sie bettlägerig und stand nicht mehr auf. Sechs Wochen später ist Marta Wolska gestorben.

Heute spricht Eva fast kein Wort Polnisch mehr. Die Sprache wurde verdrängt, als wäre sie ein Beweis der Illoyalität gegenüber ihrer wahren Mutter: Als sei sie verantwortlich für deren Traurigkeit, schuldig für die Entfremdung zwischen ihnen, die sie nicht gewollt und nicht verursacht hat, in Bringeschuld gegenüber dem erwartungsvoll forschenden Blick der Mutter, die nach Zeichen ihrer Zuneigung suchte.

Die wenigen Mütter, deren Kinder im Lager geblieben waren, verloren sie zwar nicht aus den Augen, durften aber nicht mit ihnen zusammenleben. Nur am Sonntag war ein Besuch für ein oder zwei Stunden erlaubt, sonst jeder Kontakt streng verboten. Ließen sich Mütter dabei erwischen, wenn sie ihren Töchtern oder Söhnen etwa ein Stück Brot durch den Stacheldraht steckten, bezahlten sie mit dem Bunker.

Öde war das Kinder-Lagerleben, gleichförmig, endlos und leer. Bei gutem Wetter schlugen die Kleinen die Zeit auf dem stacheldrahtumzäunten Platz neben ihrer Baracke tot, bei schlechtem Wetter vegetierten sie in der Baracke dahin. Es gab keine Bücher, kein Spielzeug, nicht einmal Papier. «Alles war klein und ohne Ziel», schreibt Martha Kent, die nach dem Krieg in die Vereinigten Staaten ausreiste, in ihren autobiographischen Aufzeichnungen.

1947 war sie sieben Jahre alt. «Nach dem morgendlichen Brot und Kaffee kehrten einige Mädchen zu ihren Etagenbetten zurück. Sie saßen auf den Strohmatten, zogen Teile von Stroh durch das grobe Gewebe und steckten sie durch die Decke wieder zurück in die Matte. Sie saßen auf der Matte und schauten in den großen Raum voller Etagenbetten und hörten den kleinen Stimmen zu und dem Tappen der Holzschuhe. Stundenlang. Andere verließen den Eßraum und standen draußen herum. Die Schlacke unter ihren Holzschuhen machte leise, knirschende Geräusche, viel leiser als der Kies auf dem Zementfußboden. Die Kinder standen auf ihrem Flecken Erde, der so umzäunt war wie alle Baracken. Gegen Mittag marschierten Gruppen von Mädchen abwechselnd hin und her und sangen mit dünner Kinderstimme polnische Lieder, seit polnische Lieder beim morgendlichen Marschieren verlangt wurden. Miała baba koguta, koguta, koguta ... (Eine Alte hatt ein Hähnchen, ein Hähnchen, ein Hähnchen ...)»

Auch unter den Kindern im Lager gab es sogenannte Waisen. Zumindest war der Aufenthaltsort ihrer nächsten Verwandten nicht bekannt. Bei einer Inspektion kurz vor der Auflösung von Potulitz im August 1949 verzeichnete eine Kommission des Sicherheitsministeriums unter den insgesamt noch 112 anwesenden Kindern fünf als «alleinstehend». Die zehnjährige Wanda war gerade aus dem Kinderheim in Schwetz angeliefert worden, zur Mutter hatte sie bereits fünf Jahre zuvor jeden Kontakt verloren. Bei dem neunjährigen Oskar wurde festgestellt, daß seine Mutter in der Lagerliste als kinderlos figurierte und die Großmutter bereits vor Monaten ausgereist war. Die Kommission rügte, «daß solche Fälle öfter auftraten, weil die Lagerverwaltung überhaupt kein namentliches Verzeichnis der Kinder geführt hat und weiterhin nicht führt. Es gibt nur ein Verzeichnis über ihre Zahl.»

So verwundert nicht, daß die Suche der Mütter nach ihren Kindern und die Suche der Kinder nach ihren Müttern oft ergebnislos verlief. Von 38 Kindern, die am 24. Juli 1949 aus dem Kinderheim Schwetz nach Potulitz geschickt wurden, um mit ihren Müttern ausreisen zu können, konnten elf ihre Eltern nicht finden – sie kamen zurück ins Heim.

Wenn Frauen bei ihren Arbeitseinsätzen geschwängert wurden, schickte man sie ins Lager zurück. Sie gebaren in Potulitz. Doch die Säuglinge besaßen fast keine Überlebenschance. Fast zwangsläufig mußten sie verhungern. Die Mütter hatten keine Milch und im Lager gab es nur Wassersuppen: einmal Kohl sauer, einmal Kohl süß, einmal Kohl verfault. Zwar wurde die Säuglingsbaracke, die gleichzeitig als Entbindungsstation diente, für Kontrollkommissionen schön hergerichtet. Aber wie bei Potemkinschen Häusern täuschte die Fassade. Sobald die Besucher den Raum verlassen hatten, wurde die Heizung wieder ausgestellt.

Unter den Neugeborenen war die Sterblichkeitsrate besonders hoch. Unter den 51 Toten des Lagers Potulitz im August 1945 waren beispielsweise 13 Babys, unter den 72 Toten vom März 1947 12 und unter den 94 Toten im Januar 1948 26. Ein Fünftel, manchmal sogar ein Viertel aller Verstorbenen wurde nicht älter als einige Tage oder einige Wochen: Marta Flöter war, als sie am 2. Januar 1946 starb, gerade drei Tage alt. Teresa Schamott lebte gut sechs Wochen, Werner Gernot neun Tage, Henryk Jockel keine drei Wochen. Als Todesursachen wurden die immer gleichen Diagnosen aufgeführt: Dystrophie (Mangelernährung), Inanitio (Hunger), Enteritis (Darmentzündung), manchmal heißt es einfach lapidar: Unfähig zu leben.

Therese Ristow, die bis zu ihrem Tod im Januar 1996 in Bromberg lebte, wurde während des Arbeitseinsatzes von einem Milizbeamten geschwängert. Als das Kind Ende 1947 in der Säuglingsbaracke des Lagers zur Welt kam, konnte Therese es nicht ernähren. «Ich besaß zuwenig Milch, hatte ich mich während der Schwangerschaft doch fast nur von Äpfeln und Birnen ernährt. Andere Frauen konnten auch nichts geben, da sie selbst nichts hatten.» Nach wenigen Tagen starb das Kind an Unterernährung.

Therese erhielt sogar eine Grabnummer, um die Stelle identifizieren zu können, wo ihr Kind beigesetzt worden war. Doch als Anfang der fünfziger Jahre in Potulitz neue Wohnblocks gebaut wurden und einem kleinen Text in der Zeitung zu entnehmen war, daß Betroffene die Exhumierung beantragen könnten, suchte Therese vergeblich nach der Nummer. Sie hatte sie verloren.

So bitter es klingt: Für viele Mütter war der frühe Tod ihrer Kinder weniger ein Grund zur Trauer als ein Trost, da sie das Kind gegen ihren Willen empfangen hatten. Aus der Erniedrigung waren nur selten Zuneigung und Mutterliebe erwachsen.

«Gefangene, sogenannte Volksdeutsche», hatte der Leiter der Abteilung Gefängnisse und Lager beim Sicherheitsministerium, Major T. Duda, mit Rundschreiben Nummer 26 vom 4. Februar 1945 verfügt, «können innerhalb wie außerhalb des Gefängnisses nach dem Ermessen des Gefängnisleiters zur Arbeit eingesetzt werden.» Doch Zwangsarbeit war nicht gleich Zwangsarbeit. Wer nur einigermaßen arbeitsfähig war, bewarb sich zum Einsatz außerhalb des Lagers. Trotz aller Beschränkungen war das Leben draußen weit erträglicher: das Essen meist besser und reichhaltiger, der Freiheitsspielraum größer, die Überwachung geringer. Wer Glück hatte, durfte sogar Verwandte auf benachbarten Gütern besuchen – und die Frauen ließen sich die Haare wachsen!

Lieber beim Bauern arbeiten, als im Lager vegetieren

Durchschnittlich zwei- bis dreimal soviel Internierte wie in Potulitz selbst in den Werkstätten arbeiteten, waren auf den Bauernhöfen und Gütern, bei der Miliz, im Forstwesen und beim Aufbau der Stadt Bromberg eingesetzt. In den ersten anderthalb Jahren wurden die Internierten noch häufig an Privatbauern ausgeliehen. Nach einer entsprechenden Anweisung der Lagerleitung vom Juli 1946 hingegen kam der größte Teil der auswärts eingesetzten 13 000 bis 18 000 Internierten fast nur noch auf Staatsgüter.

Besonders begehrt waren die billigen deutschen Arbeitskräfte zur Ernteaussaat im Frühjahr und zu den Ernteeinsätzen im Sommer. Der Nutznießer zahlte täglich ein geringes Entgeld von einem bis drei Złoty an die Lagerkasse – das galt laut Rundbrief Nr. 127 des Sicherheitsministeriums vom 1. März 1946 als «Grundtarif» für die Arbeit in Werkstätten und der Landwirtschaft – und ließ die Internierten bis zu 16 Stunden arbeiten. Die polnischen Landarbeiter, auch wenn sie nur halb so lange arbeiteten, erhielten drei- bis viermal soviel Lohn.

Da die Volksdeutschen neben dem Vermögen auch alle öffentlichen Rechte verloren hatten, waren sie ihrem Arbeitgeber faktisch wehrlos ausgeliefert. Nicht nur, daß die meisten in verlausten, zugigen, kalten Unterkünften schliefen. Sie erhielten bei weitem nicht die vertraglich festgelegten 3000 Kalorien pro Tag, selten oder gar keine medizinische Versorgung (sondern kamen bei Krankheit in der Regel zurück ins Lager) und arbeiteten oft unter Bedingungen, die Rheuma, Dystrophie, Ruhr, Typhus, Krätze, Wassersucht und andere Krankheiten nach sich zogen.

Wie fast immer im Leben hing viel von den einzelnen Menschen ab, bei denen die Internierten beschäftigt waren.

Edith Ristau kam zu einem Bauern in ein kleines Dorf 14 Kilometer von Bromberg in Richtung Krone. Mit weiteren drei Mädchen wurde sie hart eingespannt, aber der Bauer selbst arbeitete auch hart. Sie mußte das Getreide ernten, die Kartoffeln aufsammeln und Nachbarschaftshilfe leisten. Zu essen erhielt sie fast dasselbe wie die Familie. Als Edith an Typhus erkrankte, schickte der Bauer sie auch nicht zurück ins Lager. Vielmehr durften ihre Mitinternierten sie bis zur Genesung auf dem Hof pflegen.

Im Spätherbst 1945 kam Edith zum Bauern Mikulski in ihr Heimatdorf Osielsk bei Bromberg. Während des Krieges war diese polnische Familie von den Deutschen enteignet worden, nach dem Krieg hatte sie die vierzig Hektar große Wirtschaft zurückerhalten. Mikulskis kannten Edith und haben sie gut behandelt. Im wesentlichen setzten sie sie zur Unterstützung der Bäuerin in Haushalt und Garten ein, denn die drei Töchter der Familie besuchten noch die Mittelschule. Mikulski dürfte Edith allerdings illegal – und kostenlos – beschäftigt haben. Zumindest zeitweise. Denn der Bauer hatte Edith aus dem Nebenlager Langenau erhalten, später aber nicht nach Potulitz umgemeldet. Deshalb forderte der Potulitzer Lagerleiter den Bauern am 28. August 1946 in dürren Worten auf, sofort mit «der Gefangenen» ins Lager zu kommen, sie registrieren zu lassen und einen «Vertrag über ihre Anmietung» abzuschließen. Eine Gefangene, für die er wieder bezahlen sollte, war für den Bauern Mikulski aber offensichtlich nicht mehr attraktiv. Edith wechselte also zum Ernteeinsatz auf das Mustergut Nieczyszewo. Von hier aus erfolgte am 19. September 1946 ihre Registrierung in der Gefängnisakte von Potulitz: 17 Jahre, 160 Zentimeter groß, von stämmigem Wuchs, dichte, dunkelblonde Haare, graue Augen. Drei Zähne fehlen. Spricht Polnisch und Deutsch.

Sprachkenntnisse in Polnisch und Deutsch waren für die Arbeit auf den Gütern eine gute Voraussetzung. Da gab es keine Verständigungsprobleme mit jenen, meist in führenden Positionen eingesetzten Polen, die aus Kongreß- oder Ostpolen zugezogen waren. Der Gutsverwalter von Nieczyszewo, Edith erinnert sich genau, stammte ebenso wie der Hofverwalter aus den Gebieten östlich des Bug und war Offizier in der polnischen Armee gewesen. Hätte die mit Landwirtschaft völlig unvertraute Gutsverwaltung keine erfahrenen Landarbeiter gehabt, wäre nach Ediths Meinung das Mustergut schwerlich zu bewirtschaften gewesen.

Gertraud Bednarski kam zu einer Familie in Flatow auf einen alten, ehemals deutschen Bauernhof. Der neue Besitzer war selbst vertrieben. Er stammte aus dem der Sowjetunion zugeschlagenen Ostpolen, war Schuster von Beruf, und die Landwirtschaft kümmerte ihn herzlich wenig. «Das hat alles die *matka* gemacht», erinnert sich Gertraud nicht ohne Wärme. Denn die *matka* war eine Seele, während der *ojciec* immer meckerte.

Das Ehepaar hatte sieben Söhne und eine Tochter. Einer der Söhne war noch in Deutschland, wohin er – meint Gertraud im

Rückblick – wahrscheinlich als Zwangsarbeiter deportiert worden war. Obwohl die Mutter sich sorgte, warum der Sohn noch nicht zurückgekehrt sei, wendete sie ihre Angst nie als Aggression gegen Gertraud – erzählte vielmehr von ihm und zeigte ihr sein Bild. Mit dem ältesten Sohn der Familie, damals schon über vierzig Jahre, hatte Gertraud kaum Kontakt, er war Bürgermeister im Nachbardorf geworden; dem jüngeren Sohn Bolek brachte sie Englisch bei.

Gertraud half im Haushalt, lernte Brot backen, Gänse ausnehmen und Holz hacken. Morgens zum Frühstück erhielt sie Milch und das helle Brot, das die *matka* backte. Im Sommer schlief sie auf dem Speicher und im Winter im Stall – so wie der zweite deutsche Internierte, ein ehemaliger Pferdehändler, etwa im Alter ihres Vaters, namens Krauser. Zur Heilung seines offenen Beines gab ihm die *matka* Sahne von der Milch, und Gertraud sammelte Wegerichblätter für ihn. Abends bei Kerzenlicht brachte sie sich ein wenig Polnisch anhand der Bücher des jüngsten Sohnes aus der ersten und zweiten Klasse bei. «Das ist meine schönste Erinnerung.» Der *ojciec* fertigte für sie auch ein paar Schuhe an. Obwohl sie ein oder zwei Nummern zu klein waren, zwängte sich Gertraud hinein, um wenigstens einmal mit den Nachbarskindern tanzen zu gehen. Die kamen nämlich aus einer eingedeutschten Familie und sprachen sehr gut Deutsch.

In Flatow spürte Gertraud nicht, wie die große Politik weiter antideutsche Stimmungen schürte. Durch Zufall nur fand sie einmal ein Flugblatt auf dem Feld, voller Flecken durch Feuchtigkeit und Erde, aber immer noch lesbar. Zum Verständnis reichte ihr Polnisch nicht, aber das es um die Deutschen ging, konnte Gertraud an dem Wort «niemiec» entziffern. Deshalb hat sie diese Propagandaschrift aus dem Juni 1946 aufbewahrt. Vergilbt, fast brüchig liegt sie heute in ihrem Wohnzimmerschrank im Berliner Wedding: «Solange die Welt eine Welt wird sein», prangt da in großen, schwarzen Lettern als Überschrift, «wird der Deutsche dem Polen kein Bruder sein! Denn Deutschland ist unser ewiger

Feind. Vor mehreren hundert Jahren haben uns die Kreuzritter angegriffen. Später plünderten und beraubten Preußen und deutsche Kaiser unsere Erde. Dann beschloß Hitler uns zu zerstören und vollständig auszurotten. Millionen wurden zur Zwangsarbeit nach Deutschland geschickt. Mehr als eine Million unserer Landsleute starb in Lagern. Nach dem Krieg und der deutschen Okkupation haben wir zweieinhalb Millionen Waisen und Halbwaisen.»

Deshalb sieht der Autor nur eine einzige Konsequenz und unterstreicht sie durch Fettdruck: «Jeder Fußbreit unserer Erde ruft nach Rache.»

Gertraud wußte damals kaum etwas über die deutschen Greueltaten in Polen. Persönlich hatte sie nur miterlebt, wie eine jüdische Familie wenige Häuser neben dem Fleischergeschäft des Vaters in Bromberg eines Tages abgeholt wurde und spurlos verschwand. Manche Geschichten, die ihr jetzt bei den Arbeitseinsätzen von Polen vorgehalten wurden, schienen ihr schier unfaßbar. Sie war geneigt, sie für Greuelpropaganda zu halten. Zumindest trugen weder sie noch ihre Mutter, noch ihr Vater irgendeine Verantwortung für die Verbrechen, die den Deutschen vorgehalten wurden.

Das wußte oder spürte offensichtlich auch ihre polnische Familie in Flatow. Obwohl sie selbst infolge des Krieges die ostpolnische Heimat verloren hatte und ein Sohn noch in Deutschland vermißt wurde, hat sie Gertraud nie für schuldig erklärt, nur weil sie Deutsche war. Vielleicht gab es aufgrund der eigenen Vertreibung sogar ein besonderes Verständnis für die junge deutsche Zwangsarbeiterin. Den Heiligabend 1946 verbrachte Gertraud jedenfalls wie eine zweite Tochter im Kreis von *matka, ojciec* und ihren Kindern.

Jutta Thiele hatte weniger Glück, als sie im Januar 1946 auf das Gut in Dziunin kam. Der Winter war besonders kalt. Alle Lappen, die sie fand, wickelte sie um den geschorenen Kopf. Aber er schmerzte trotzdem wegen der Kälte. Manchmal rissen ihr junge Männer die Kopfbedeckung herunter und bogen sich vor Lachen über die Glatze der «hitlerowcy».

Jutta arbeitete wie ein Mann. In Holzpantoffeln stapfte sie durch den tiefen Schnee auf den Feldern und streute Dung. Wenn sie jedes Gefühl im Gesicht zu verlieren drohte, rieb sie es mit Schnee ab. Mittags wärmte sie das angefrorene Brot an einem Feuer auf, das der Vogt freundlicherweise für die jungen Zwangsarbeiterinnen anzündete. Sie arbeiteten durch, da der Weg zum Gutshaus in der Mittagszeit zu weit war. So aßen sie nach der morgendlichen Roggenmehlsuppe die warme Mahlzeit erst abends: Grützsuppe oder Erbsensuppe oder Kohlsuppe. Fast jeden Abend hatte Jutta Bauchschmerzen.

Auch im Frühjahr und Sommer wurde die Arbeit nicht leichter. Mal führte Jutta hinter drei Pferden den Pflug. Mal band sie das Getreide, das Männer ein paar Schritt vor ihr mit der Sense abmähten, mit nackten Armen und Beinen in Garben. Auch wenn sich Disteln in die nackte Haut bohrten und die Wunden nach einigen Tagen vereiterten, gab es weder Behandlung noch Pause. Nach der Ernte wurde gedroschen. Jutta nahm das Korn von der Dreschmaschine an, wog die fünfzig Kilogramm schweren Säcke, lud sie zum Abtransport auf Wagen und schleppte die Säcke abends noch auf den Speicher.

Mit einigen gleichaltrigen Mädchen teilte sie Angst und Wut und Sehnsucht und Traurigkeit. Aber Solidarität unter den Zwangsarbeiterinnen war keineswegs selbstverständlich. Unter den Internierten herrschten Konkurrenz und Hierarchie.

Für eine Volksdeutsche aus der Nähe von Warschau waren Jutta Thiele und ihre Kolleginnen immer nur die «Schweine-Reichsdeutschen». Dem Aufseher trug sie zu, abends nach der Arbeit würden sich die reichsdeutschen Mädchen in der Unterkunft mit «Heil Hitler» grüßen. Wegen dieser Denunziation knöpften sich die reichsdeutschen Mädchen die Volksdeutsche vor, warfen ihr eine Decke über den Kopf und schlugen so fest auf das strampelnde Bündel, daß die Volksdeutsche kurze Zeit das Bewußtsein verlor. So reagierten sie einen Teil jener ohnmächtigen Wut ab, die auch aus der Abhängigkeit von der Volksdeutschen erwachsen war. Denn wie weit wären die reichsdeutschen Mädchen ohne deren Übersetzungsdienste gekommen?

Nach der Ernte im Sommer 1948 wurde Jutta krank. Starke Rücken- und Bauchschmerzen quälten sie. Einige Wochen lag sie auf dem Stroh in der Gutsbaracke. Ein polnischer Arzt verschrieb ihr Eisenwein und riet ihr zu fliehen. Aber sich von Bromberg ohne Geld und ausreichende Sprachkenntnisse bis zur Oder durchzuschlagen, zumal sie jeder an ihrer geflickten Kleidung als Deutsche erkannt hätte, erschien ihr zu abenteuerlich. So kam sie zurück ins Lager Potulitz. Nach zwei Wochen Quarantäne und der dort üblichen Behandlung wurde sie mit älteren Frauen auf das Gut Bielice in der Nähe von Warschau geschickt.

In Bielice steckte man Jutta in die Brennerei. Der Arbeitstag begann um fünf Uhr. Die feuchte warme Luft in der Halle machte ihr zu schaffen. Da war es tröstlich, mit einem polnischen Familienvater zusammenzuarbeiten, der Kinder in ihrem Alter hatte. Er teilte nicht nur sein Frühstücksbrot mit ihr und sprach sie auf deutsch an, wenn niemand es hörte. Eines Tages brachte er auch Papier, Bleistift und einen Briefumschlag mit: Sie sollte ihren Eltern mitteilen, wo sie sich befand. Außerdem erzählte er ihr, daß sie sich über das Deutsche Rote Kreuz anfordern lassen könne, da sie bei der Verschleppung noch minderjährig gewesen war. Selten war Jutta so glücklich wie in dem Augenblick, als dieser Brief an der Zensur vorbei aus dem Lager herausgeschmuggelt wurde. Sie begann zu hoffen.

Anfang Februar 1949 rief man sie tatsächlich ins Büro der Brennerei. Zunächst war Jutta enttäuscht und empört, denn man trug ihr die polnische Staatsbürgerschaft an. Aber was hätte sie veranlassen sollen, nach den Erfahrungen der letzten vier Jahre und fern von den Eltern in Polen zu bleiben? Jutta lehnte ab. Daraufhin erfuhr sie, daß sie wegen ihrer bevorstehenden Ausreise nach Deutschland aus Potulitz angefordert sei.

Der Inspektor der Brennerei begleitete sie. Nach einer Tagesfahrt kletterten sie abends in Nakel aus dem Zug. Wie bei der Einlieferung vor drei Jahren und acht Monaten lief Jutta die letzten sieben Kilometer zu Fuß. Es war dunkel, als sie am Schlagbaum des Lagers ankamen. Der Inspektor übergab sie dem Wachposten. «Bei der Verabschiedung sagte er unter Tränen: ‹Komm gut zu deiner Familie! Euch ist großes Unrecht geschehen. Ich hätte nicht geglaubt, daß es hier so schlimm ist.› Da habe auch ich geheult.»

Die Einweisungen in die Internierungslager erfolgten ohne zeitliche Begrenzung. Wer sich entschied, unter Verleugnung seiner deutschen Herkunft in Polen zu bleiben, konnte allerdings bereits nach ein, zwei Jahren mit seiner Entlassung rechnen. Wer jedoch nach Deutschland ausreisen wollte, mußte in der Regel bis zur Auflösung der Lager im Jahre 1949 warten. Von Potulitz aus fuhren die letzten Züge mit über 10000 Reichs- und Volksdeutschen in die DDR.

Transport über die Oder

Das Staatsarchiv Bromberg ist heute in einem alten deutschen Backsteinbau der Bahnhofstraße untergebracht. Zwei, höchstens drei Besucher hocken hinter dicken Folianten oder Akten mit losen Blattsammlungen. Es ist still. Nur manchmal, wenn der Wind durch die geöffneten Oberfenster weht, rascheln die weißen, gemusterten Gardinen. Rachitische Blumen in einem mehrfach gewundenen Ständer strecken sich nach dem Licht. In den Ecken stehen zur Zierde zwei große ausrangierte Kachelöfen aus deutschen Zeiten.

Sechs Jahre nach der Wende scheint Akteneinsicht noch immer ein Akt der Gnade zu sein, wie in kommunistischen Zeiten. Zwar sind die obligatorischen dreißig Jahre Schutzfrist im Fall des Lagers Potulitz längst vergangen, «aber» – sagt Janusz Kutta, und der große, hagere Leiter des Staatsarchivs strafft sich noch ein wenig mehr – «immer» stünde es in seiner Macht, die Frist aufgrund besonderer Umstände zu verlängern. Wenn Herr Kutta beispielsweise der Meinung wäre, Staatsinteressen könnten tangiert sein? Oder wenn er das Wohl des Bürgers verletzt sähe?

Es empfiehlt sich, Herrn Kutta auf seiner Seite zu haben, denn das Gesetz aus kommunistischen Zeiten läßt den Archivbenutzer schnell im Stich. Könnten also Vollmachten der Betroffenen den Direktor geneigt machen, Einblick in ihre Personalakten zu gewähren? Vollmachten, so zeigt sich, sind im Zweifelsfall auch kein ausreichender Grund, aber heute ist Herr Kutta großzügig. Vielleicht kann er das Anliegen der Besucherin auch ein wenig verstehen.

Am nächsten Tag liegen vier Personalakten auf dem Lesetisch. Vier von 34 932. Soviel Personen wurden jedenfalls in jenem Protokoll aufgeführt, das am 17. Februar 1969 bei der Übergabe des Verzeichnisses der Potulitz-Insassen vom Zentralgefängnis Bromberg an das Staatsarchiv Bromberg aufgesetzt wurde: Danach wurden 1945 1399 «Stück» aus dem Gesamtverzeichnis gestrichen (das heißt, sie waren gestorben, geflohen, in ein anderes, unter Umständen sowjetisches Lager überwiesen oder entlassen), 1946: 3993, 1947: 5513, 1948: 3975 und 1949: 20 052. Macht zusammen 34 932 «Stück» Volksdeutsche und Reichsdeutsche, die das Lager Potulitz zwischen Anfang 1945 und Ende 1949 durchlaufen haben oder dort verstorben sind.

Die Akten von Gertraud Bednarski und ihrer Mutter Ida umfassen jeweils einen vierseitigen, vergilbten Vordruck im Din-A4-Format zur Erfassung von Gefängnisinsassen sowie ein kleineres, eingeklebtes weißes Blatt mit ihren Einlassungen bei Verhören im Januar 1947. Der Vordruck registriert in großen roten Lettern R. D. (Reichsdeutsche) als Art des Delikts. Und wie bei Kriminellen bestätigt auf Seite 2 neben einer genauen Personenbeschreibung ein Fingerabdruck die Identität.

Schon bei einem Verhör im Januar 1947 hatte Gertraud einem Staatsanwalt erklärt, daß sich ihre Brüder und Schwestern in Deutschland befänden, sie sich selbst als Deutsche erachte und nach Deutschland ausreisen möchte. Fast gleichlautend hatte ihre

Mutter ausgesagt, daß sie sich immer als Deutsche gefühlt habe (auch wenn sie mit den alten Leuten in der früheren masurischen Heimat Polnisch gesprochen habe) und nicht in Polen bleiben wolle, da sie dort alles verloren habe. Dennoch verfügte ein anderer Staatsanwalt am 29. Januar 1947, daß Mutter und Tochter dem Sicherheitsministerium der Wojewodschaft Bromberg weiter im Lager Potulitz zur Verfügung zu stehen hätten.

Warum, wenn keine Anklage vorlag? Weil Gertraud und ihre Mutter noch relativ kräftig und gesund waren? Weil noch Landarbeiter fehlten? Weil Reichsdeutsche besonders lange schikaniert werden sollten? (Aber auf welcher juristischen Grundlage?) Oder weil der Staatsanwalt an jenem Tag schlechte Laune hatte?

Ob es erlaubt ist, der betroffenen Gertraud Bednarski eine Kopie aus der Akte anzufertigen, muß wieder beim Direktor erfragt werden. Aber der Direktor ist beschäftigt. Lange beschäftigt. Als der Archivangestellte schließlich zurückkommt, hat er nur schlechte Nachricht: Keine Kopien. Die Großmut des Direktors ist für dieses Mal erschöpft.

Bis zu ihrem «Transport über die Oder», wie die Ausreise offiziell genannt wurde, mußten Mutter und Tochter Bednarski nach ihrem Verhör noch über zwei Jahre bis zum 17. Mai 1949 warten.

Ähnlich lange wartete auch jene Frau, deren Tochter Eva von der Polin Marta Wolska aufgezogen wurde. Ihr hatte nicht einmal das Gesuch eines Verwandten geholfen, der – inzwischen Bürgermeister einer bayrischen Gemeinde – im Dezember 1947 an die Lagerleitung die «höfliche und dringliche Bitte» gerichtet hatte, seine beiden Cousinen aus Potulitz zu entlassen, nachdem Onkel und Tante bereits dort verstorben seien. «Ich war dreieinhalb Jahre im KZ Buchenwald (Ausweis Nr. 13). Was ich dort durchmachte, brauche ich Ihnen weiter wohl nicht zu beschreiben ... Bemerken möchte ich, daß die ganze Familie meines Onkels nicht für das verbrecherische Naziregime eingestellt war und mich während meiner jahrelangen Haft tatkräftig finanziell unterstützt hat. Ohne dies wäre ich heute bestimmt nicht mehr am Leben. Ich bitte dem Gesuch alsbald stattzugeben.» Die Lagerleitung ignorierte den Brief. Evas Mutter durfte erst anderthalb Jahre später am 7. Mai 1949 ausreisen.

Bisher hat niemand die 34 932 Personalakten von Potulitz systematisch auswerten können. Daher ist keine definitive Aussage über die Zusammensetzung der Lagerinsassen möglich. Da aber laut Gesetz für die Festnahme ausreichte, ein Reichs- oder Volksdeutscher gewesen zu sein, liegt die Vermutung nahe, daß in Potulitz kaum jemand einsaß, dem persönliche Schuld nachgewiesen werden konnte. Hier saßen einfach Reste einer deutschen Bevölkerung, die es nicht mehr geschafft hatten zu fliehen oder die nicht fliehen wollten, weil sie an der alten Heimat hingen und sich nichts vorzuwerfen hatten. Zivile. Vor allem Frauen.

Laut offizieller Statistik des Lagerleiters, die aufbewahrt ist in den Akten des Sicherheitsministeriums, befanden sich im Januar 1948 11 656 Frauen im Lager und nur 4101 Männer. Dazu 1507 Kinder und 211 Kriegsgefangene. Ähnlich in der Proportion wurden im Januar 1949 12 174 Frauen verzeichnet und nur 4275 Männer. Dazu 4048 Kinder: wahrscheinlich waren sie zum Zweck der Ausreise bereits aus den Kinderheimen zusammengezogen worden.

Nur in einzelnen Fällen, so der polnische Journalist Leszek Bronka, bei dessen Durchsicht der Personalakten Direktor Kutta mehr Großmut zeigte als bei der ausländischen Journalistin, saßen in Potulitz rechtskräftig Verurteilte, weil sie zum Beispiel trotz Verbots Schnaps gebrannt oder ein Kalb geschlachtet hatten.

Zwischen 1945 und 1948 wurden im wesentlichen nur Arbeitsunfähige, Alte und Kranke ausgesiedelt. Vom Jahre 1945 ist nur ein Ausreisetransport im Dezember bekannt, 1946 wurden zwei Transporte im Februar und im Dezember organisiert, 1947 drei im Mai und September und 1948 zwei im September und Oktober. Gleichzeitig aber wurden Internierte entlassen, die in Polen bleiben wollten.

Edith Ristau, Aktennummer VIII.Ds 2857 / 47, so ordnete der

Staatsanwalt des Kreisgerichts Bromberg gegenüber dem Sicherheitsdienst in Potulitz am 25. Januar 1947 an, solle «unverzüglich aus dem Gefängnis entlassen werden». Nachdem die Lagerleitung Potulitz keinerlei entsprechende Anstrengungen machte, befahl Kapitän J. Bartczak, Leiter der Abteilung IV des Sicherheitsministeriums in Warschau, am 13. Mai 1947 nochmals ihre Entlassung: «Über die Ausführung ist Bericht zu erstatten.»

Am 20. Mai 1947 war Edith Ristau endlich frei. Ihr Entlassungsschein trägt die Nummer 14722/46.

«Ein Wachmann transportierte mich nach Nakel zum Bahnhof. Mit dem Zug fuhr ich nach Bromberg, von dort ging ich zu Fuß in mein altes Heimatdorf Osielsk. Ich wollte dort auf Vater und Schwester warten, von denen jede Nachricht fehlte. Im Dorf traf ich einige Bauern auf den Feldern, die mir anboten, daß ich bei ihnen arbeiten könnte. Unter ihnen war auch Bauer Mikulski, der mich als Internierte gut behandelt hatte. Aber ich fühlte mich schlecht und wollte ein paar Tage ausruhen. Ich ging zu unseren nächsten polnischen Nachbarn, bei dem wir einige unserer Sachen verwahrt hatten. Sie waren nicht mehr da. Angeblich hatten die Russen sie genommen. Am nächsten Tag erkrankte ich schwer an Lungenentzündung und lag mehrere Tage bewußtlos. Ein Arzt, den man geholt hatte, soll gesagt haben: Zu wem habt ihr mich gerufen, das ist doch eine Niemka (Deutsche). Mein kahlgeschorener Kopf hatte mich verraten.»

Die Bromberger Volksdeutsche Lucja Strohschein kam erst ein Jahr später frei. «1947 wurde ich in Potulitz verhört: Ob ich nach Deutschland will?

– Ja. Aber was wird mit meinen Brüdern?

– Die gehen nicht mit. Die sind von Polen adoptiert worden.

– Ohne Brüder fahre ich nicht.

Gott gab mir so viel Willen: Ich soll leben für meine Brüder. Der ältere war noch im Waisenhaus, der Jüngere bereits bei einem Bauern. Dort habe ich ihn gesucht. Der Bauer hat ihm ins Gesicht geschlagen, als er nur sah, daß er sich nach mir umdrehte.

– Den Jungen nehme ich mit.

– Du hast kein Recht dazu.

– Dafür werde ich sorgen.

Beim Verhör fragten sie: Fühlen Sie sich als Deutsche oder als Polin? Ich sagte: Ich weiß nicht, ob ich mich in Deutschland als Deutsche fühlen werde, aber in Polen fühle ich mich nicht als Polin.

– Also wollen Sie bleiben?

– Ja.

Da wurde ich am 20. Oktober 1948 entlassen. Keine Wohnung und keine Arbeit. Mit der Familie meines Stiefvaters lebten wir schlecht: Erst haben sie sich eindeutschen lassen, und hinterher waren sie reine Polen. Die haben sich geschämt. Auch meine Oma wollte nichts mehr mit mir zu tun haben. Da haben mir andere geholfen. Meine Freundin hatte ein kleines Zimmer – zehn Quadratmeter. Da habe ich mit meinem jüngeren Bruder auf dem Fußboden geschlafen. Der ältere ist zu einem Schulfreund gezogen.»

Internierte wie Edith und Lucja wurden als Volksdeutsche Liste 2 wegen ihres «Abfalls von der Nationalität während des Krieges» überprüft. «Wer als polnischer Staatsbürger in der Zeit zwischen dem 1. September 1939 und dem 9. Mai 1945 seine Zugehörigkeit zur deutschen oder einer vom Okkupanten bevorzugten Nationalität erklärt hat», besagte ein Dekret vom 28. Juni 1946, «wird mit Gefängnis bis zu zehn Jahren bestraft.»

Im Fall Lucja Strohschein, geboren am 27. 7. 1923, stellte die Staatsanwaltschaft des Bezirksgerichts Bromberg die Ermittlungen jedoch am 26. Oktober 1948 ein, da – so die Urteilsbegründung – die Beschuldigte dargelegt habe, «daß sie keinen Antrag auf die deutsche Liste gestellt hat, da sie noch minderjährig war». Die Entscheidung des Staatsanwalts wurde dem Lagerleiter in Potulitz über die Sicherheitsbehörden zugeleitet. Erst als auch von dieser Seite offensichtlich keine Bedenken wegen möglicher «antipolnischer» Gesinnung oder Taten der jungen Frau geltend gemacht wurden, erfolgte ihre Freilassung – in die polnische Staatsbürgerschaft.

Die gleichen Umstände dürften Edith Ristaus Entlassung bewirkt haben: Sie war 1939 erst zehn Jahre alt und ebenfalls zu jung, um eine Volksliste zu unterzeichnen. Auch Edith wurde polnische Staatsbürgerin. Den Bauernhof erhielt sie aber trotz Rehabilitierung nicht zurück. «Kraft des Rechts» über die Durchführung der Bodenreform vom September 1944 – das teilte ihr die Abteilung Landwirtschaft des Wojewodschaftsamts Bromberg im April 1993 mit – seien damals jene Immobilien in Staatsbesitz übergegangen, «die das Eigentum von Nichtpolen, Staatsangehörigen des deutschen Reichs und polnischer Staatsangehöriger deutscher Nationalität waren». Edith war offensichtlich polnisch genug, um als Arbeitskraft zu dienen – aber sie war zu deutsch, um Eigentum besitzen zu dürfen.

Die übergroße Mehrzahl der internierten Volksdeutschen wollte jedoch nicht in Polen bleiben, sondern wie die Reichsdeutschen nach Deutschland ausreisen. Jeweils auf Antrag des Sicherheitsdienstes beschloß die Stadtverwaltung Bromberg in jedem Einzelfall den «Ausschluß» des betreffenden Bürgers «deutscher Nationalität aus der polnischen Gesellschaft»: so lautete das entsprechende Dekret vom 13. September 1946, das Anwendung bei Personen fand, die «nach Vollendung des 18. Lebensjahres durch ihr Verhalten ihre deutsche nationale Besonderheit bekundet haben» – also zu Hause und in der Öffentlichkeit Deutsch sprachen, deutschen Organisationen angehört hatten und ausdrücklich ihren Wunsch zur Ausreise bekundeten. Der Entzug der polnischen Staatsbürgerschaft zog die Aussiedlung automatisch nach sich, das Vermögen fiel an den polnischen Staat.

Doch erst im Frühjahr 1949 begann endlich die große Aussiedlungsaktion. Niemand in Potulitz meldete sich mehr wie in früheren Jahren freiwillig zur Aussaat in der Landwirtschaft. Jeder fieberte dem Transport entgegen. «Gegen ihren Willen», notierte eine

140

Kommission des Sicherheitsministeriums, hätten Gefangene auf die Güter transportiert werden müssen.

Ab Februar 1949 verließen regelmäßig Züge mit jeweils 1200 bis 1500 Personen den nächstgelegenen Bahnhof Nakel. Die Hauptabteilung «Umsiedler» in der sowjetisch besetzten Zone verzeichnet (nach den Unterlagen im Bundesarchiv Potsdam) zwischen 21. April und 12. Juni 1949 die Ankunft von elf Zügen mit insgesamt 11 824 Personen; die polnische Seite gibt (nach den Unterlagen im Staatsarchiv Bromberg) 13 167 Ausreisende von Nakel an.

Die Internierten aus Potulitz, die ab April 1949 zu Tausenden die Quarantänelager in Leipzig, Sonneberg, Bischofswerder oder Kirchmöser füllten, fielen auf. Anfang Mai kehrte eine Kommission der Umsiedlerabteilung aus Kirchmöser mit dem Eindruck zurück, daß die Internierten aus Potulitz einen «außerordentlich gedrückten und scheuen Eindruck» machten und über «sehr schlechte Zustände» im Lager berichtet hätten. Um den Verdacht zu entkräften, hier verbreiteten verbitterte Deutschnationale antipolnische Stimmungen, fügte die Kommission hinzu: «Es handelt sich bei ihnen nicht um politisch oder kriminell bestrafte Elemente, sondern vorwiegend um Deutsche aus Polen, die bei dem Zusammenbruch der faschistischen Herrschaft von den Polen ihrer deutschen Staatsangehörigkeit wegen interniert worden sind.»

Gertraud Bednarski kam ins Quarantänelager nach Sonneberg in Thüringen. Von dort ging sie zu ihrer Schwester nach Brandenburg. 1958 setzte sie sich mit Mann und Kind noch rechtzeitig vor dem Bau der Mauer nach Westdeutschland ab.

Jutta Thiele verbrachte die Quarantänezeit in der 106er Kaserne in Leipzig. Im brandenburgischen Kuschkow, wohin ihre Eltern geflüchtet waren, gründete auch sie eine Familie.

Margarete Kiesewetter suchte nach dem Quarantänelager in Kirchmöser bei Forst ihre Mutter im alten Heimatdorf Kienitz dicht an der heutigen Grenze zu Polen.

«Von den alten Bewohnern lebte nur noch die Hälfte. Kienitz war ja Front gewesen. Alles war voller Flüchtlinge. Wenn ich nach

Kiesewetters fragte, wußte niemand Bescheid. Da bin ich dort, wo einst das Haus stand, in dem wir gewohnt hatten, zusammengebrochen. Plötzlich stand meine Mutter da. Irgend jemand hatte sie doch benachrichtigt. Tagelang habe ich geweint. Nur gesessen und geweint. Aber nicht gesprochen. Nie gesprochen. Die ganzen Jahre nie gesprochen. Ich konnte das nicht. So wie wir jetzt reden habe ich nie geredet. Erst nach der Wende begann ich mit einer Freundin darüber zu sprechen.»

In den ersten Jahren nach dem Krieg führte das Deutsche Rote Kreuz mit «Heimkehrern» aus Polen systematisch Befragungen durch. Aufgrund dieser Auskünfte vermerkte die Statistik des Suchdienstes in München für das Zentrale Arbeitslager Potulitz 3500 bis 4000 Tote – eine damals nur geschätzte Zahl, die den jetzt zugänglichen Eintragungen der Lagerleitung allerdings erstaunlich nahe kommt.

Verscharrt und vergessen

Beim zweiten Besuch im Staatsarchiv Bromberg ist Direktor Kutta weit zuvorkommender als beim ersten Mal. Er gibt das Totenregister von Potulitz zur Einsicht frei. Hier finden sich, sauber in Handschrift notiert, folgende Zahlenangaben über die zwischen dem 1. Februar 1945 und dem 31. Dezember 1949 im Lager Verstorbenen:

1945:	926
1946:	438
1947:	689
1948:	659
1949:	387
Insgesamt	3099

Da sich ein Internierter bei den Eintragungen offensichtlich einmal irrte und die Nummern 551 bis 591 doppelt vergab, ist die Zahl der erfaßten Toten tatsächlich noch um 40 höher und beträgt 3139.

Nicht nur die Unheilbaren aus der Krankenbaracke sind verzeichnet. Als Sterbeorte werden auch die Säuglingsbaracke, das Kreiskrankenhaus in Bromberg und einige Gemeinden und Güter aufgeführt, in denen die Internierten zur Zwangsarbeit eingesetzt waren. Die Buchführung dürfte also relativ genau sein. Nur in der ersten Zeit finden sich Nachtragungen (von bereits im Januar bis April Verstorbenen) und somit vermutlich auch Versäumnisse. Wahrscheinlich kann tatsächlich – wie vom Deutschen Roten Kreuz geschätzt – von insgesamt etwa 3500 Toten im Zeitraum 1945 bis 1950 ausgegangen werden. Damit war die Sterblichkeitsrate in Potulitz weit geringer als in kleinen Nebenlagern wie Kaltwasser, Hohensalza, Krone oder Thorn-Rudak, deren Insassen Ende 1945 bis Sommer 1946 nach Potulitz überführt wurden. Dort kamen in den ersten Monaten nach Kriegsende oft mehr Internierte aufgrund von Hunger, Epidemien und besonderer Brutalität des Bewachungspersonals um als in Potulitz in einem ganzen Jahr.

Wo aber fanden die Toten von Potulitz, die ab 9. Oktober 1945 sogar eine Grabnummer erhielten, ihre letzte Ruhe? «Zwei Lagerfriedhöfe mit numerierten Gräbern» hatte das Deutsche Rote Kreuz in seinen Lagerberichten unter der Rubrik «Besondere Vorkommnisse» noch Ende der fünfziger Jahre notiert. Doch wer heute, von Bromberg kommend, in Potulitz die erste Straße links einbiegt, stößt nur auf den großen Friedhof zu Ehren der etwa 1300 polnischen Opfer aus NS-Zeiten: eine von den Gefängnisinsassen aus den inzwischen steinernen Bauten des Lagers Potulitz sorgfältig instand gehaltene Anlage aus dem Jahre 1969 mit weitem Blick in die leicht hügelige Landschaft. Dem noch in kommunistischen Zeiten geschaffenen steinernen Gedenkstein wurde im freien Polen 1992 noch ein mehrere Meter hohes Holzkreuz für die «Opfer des Hitler-Terrors in den Jahren 1941 bis 1945» hinzugefügt.

Doch wo liegen die über 3000 deutschen Opfer aus der Nachkriegszeit? «Ihre Gräber wurden eingeebnet», weiß der Zeitzeuge Bolesław Rosada, und sein Finger weist auf den Platz gleich neben dem Ehrenfriedhof. «Sie liegen da, wo heute der kommunale Friedhof ist.» Wer nicht von ihnen weiß, der findet keine Spur.

Seit dem Zusammenbruch des Kommunismus können ehemalige Internierte in Polen und den neuen Bundesländern ohne Angst vor Verfolgung über das Erlebte sprechen. Doch ihre Erfahrungen sind niederschmetternd. Für die Medien ist das Schicksal von gut hunderttausend Zivilisten nicht zugkräftig genug, und der Regierung in Bonn fehlt für eine materielle Entschädigung angeblich das Geld.

Späte Last

Am 2. Dezember 1991 stellte die immer noch zarte, nervlich inzwischen sehr dünnhäutige Margarete Kiesewetter, die mittlerweile in der Nähe von Berlin lebt, einen Antrag beim Versorgungsamt Frankfurt / Oder auf Leistungen nach dem Häftlingshilfegesetz. Nach viereinhalb Jahren Wartezeit erhielt sie mit Datum vom 27. Juli 1995 (AZ 57 – HHG Paragraph 26 – 33 / 94) den Bescheid, daß sie «keinen Anspruch auf Eingliederungshilfe nach dem Häftlingshilfegesetz» habe. Antrag abgelehnt. Eine für Margarete Kiesewetter unverständliche Entscheidung. Haben Insassen von Potulitz, die nach ihrer Entlassung aus dem Lager in die Westzonen gegangen sind, in den fünfziger Jahren nicht Renten- und Heilkostenzuschüsse nach dem Kriegsgefangenen-Entschädigungsgesetz erhalten? Warum kommen dieselben Bestimmungen nach der Einheit nicht auch im «Beitrittsgebiet» zur Anwendung?

Die Erläuterung der Entscheidung ist in einem juristischen Fachjargon verfaßt, der Margarete hilflos und ohnmächtig zurückläßt. Einerseits, heißt es da, fände das Häftlingshilfegesetz nun auch Anwendung auf Personen, die in der DDR gelebt und außerhalb der sowjetischen Besatzungszone interniert oder dorthin verschleppt worden seien. Auf eine Eingliederungshilfe habe allerdings nur derjenige Anspruch, der 1955 im Geltungsbereich des Gesetzes – also in Westdeutschland oder Westberlin – gelebt habe. Aber darum ging es gerade: daß Margarete, weil sie 1955 eben nicht in der Bundesrepublik sondern in der DDR lebte, nach mehreren Jahrzehnten endlich in derselben Weise wie Westdeutsche berücksichtigt werden möchte.

Warum schließt man Ostdeutsche von einer Unterstützung aus? Warum wird Unrecht in den Gebieten östlich der Oder und Neiße in den alten und neuen Bundesländern ungleich behandelt?

Horst Waffenschmidt, parlamentarischer Staatssekretär im Innenministerium, zog sich bei entsprechenden Anfragen im Bundestag 1994 auf prinzipielle Erwägungen zurück: Erstens könnten deutsche Gerichte aus völkerrechtlichen Gründen gar keine Personen rehabilitieren, denen Unrecht von sowjetischen oder polnischen Sicherheitskräften geschehen sei. Und zweitens hafte der deutsche Staat nicht für Unrechtsakte ausländischer Staaten.

Das stimme zwar, gab der Sachverständige, Professor Azzolla, zu. Aber Deutschland sei andererseits auch nicht gehindert, an die juristischen Beurteilungen bestimmter Maßnahmen «eigene Rechtsfolgen zu knüpfen». Schließlich hätten die Vertriebenen aus dem polnischen Schlesien und dem tschechischen Sudetenland Entschädigung vom Bonner Staat erhalten.

Immerhin, beschwichtigte Waffenschmidt, stehe den neuen Bundesbürgern gemäß Paragraph 18 des Häftlingshilfegesetzes doch eine Unterstützung zu, wenn sie sich in einer wirtschaftlichen Notlage befänden. Dann könnten sie sich an die Stiftung für ehemalige politische Häftlinge wenden.

Das stimme zwar, räumte der SPD-Bundestagsabgeordnete Rolf Schwanitz aus dem neuen Bundesland Sachsen ein. Aber was nützt ein Recht, das finanziell nicht gedeckt ist? Angesichts stark gestiegener Anträge durch die Rußlanddeutschen reichen die Stiftungsmittel für die ehemals Internierten nicht mehr aus. «Dies bedeutet, daß die ohnehin geringen Ansprüche Verschleppter aus Gebieten östlich der Oder und Neiße, die in den neuen Bundesländern wohnen, oftmals ins Leere laufen.» Rolf Schwanitz will die Verschleppten oder Internierten aus Gebieten östlich der Oder-Neiße in das Häftlingshilfegesetz einbeziehen und ihnen einen Anspruch auf Leistungen durch die Stiftung für ehemalige politische Häftlinge einräumen. Aber ob dies gelingt? Wann dies gelingt? Margarete Kiesewetter ist Jahrgang 1927.

*

Am 5. Juli 1990 stellte die immer noch rüstige, inzwischen aber manchmal zu Resignation neigende Edith Ristau aus Bromberg beim Bundesverwaltungsamt in Hamm einen Antrag auf Aufnahme in die Bundesrepublik nach dem Bundesvertriebenengesetz. Nach drei Jahren und dreieinhalb Monaten erhielt sie mit Datum vom 25. November 1993 (AZ VIIIB5 / PL-311444 / 1) den Bescheid: Aufnahmeantrag abgelehnt.

Edith war fassungslos. Wie viele Bromberger sind als Deutsche aufgenommen worden, obwohl sie nur Volksliste 3 besaßen! Wieso wird eingedeutschten Polen zuteil, was einer Frau mit deutscher Herkunft wie ihr verweigert wird?

Noch im Jahre 1989, als sich eine junge Brombergerin auf den Weg in den Westen machte, erachteten es die Behörden im Lager Friedland für ausreichend, daß ihre polnischen Großeltern im damals deutschen Posen geboren waren, der polnische Großvater als deutscher Staatsbürger im Ersten Weltkrieg gekämpft hatte und der polnische Vater im Zweiten Weltkrieg, weil er die Volksliste 3 angenommen hatte, in die Wehrmacht eingezogen worden war: Mit diesen Voraussetzungen erhielt die junge Frau aus einer patriotischen polnischen Familie ohne Probleme die deutsche Staatsbürgerschaft. Sie sei ein Wirtschaftsflüchtling, kommentierte ihr Vater zwar etwas enttäuscht; aber: «Soll sie leben, wo und wie es ihr gefällt.» Wenn ihr die Deutschen eine solche Chance einräumen ...

Eben: Weil die Deutschen ihm eine solche Chance gaben, beantragte in den achtziger Jahren sogar ein Verwandter von Romuald Pilaczyński die deutsche Staatsbürgerschaft. Er habe, machte er geltend, die Volksliste 3 unterschrieben und anschließend in der deutschen Wehrmacht gedient. Das war nachprüfbar und korrekt, jedoch nur die halbe Wahrheit. Später nämlich war er aus englischer Kriegsgefangenschaft zur polnischen Exilarmee in England übergewechselt und hatte wieder seine patriotisch-polnische Pflicht erfüllt. Aber auch dieser polnische Soldat bezieht inzwischen deutsche Rente.

Zwar wäre Pilaczyńskis Verwandter mit seinem Antrag in den neunziger Jahren nicht mehr durchgekommen. Die Einberufung zur Wehrmacht, so die Gerichte inzwischen, sage noch nichts über ein positives Bekenntnis zum «Deutschtum» aus, da sie per Anordnung erfolgte. Der freiwillige Beitritt zur Exilarmee hingegen zeuge von einem positiven Verhältnis zum Polentum. Da diesem Bekenntnis zum «polnischen Volkstum» im Exil auch noch 1946 die Rückreise nach Polen folgte, übernimmt das deutsche Gericht gern die Einschätzung der kommunistischen polnischen Macht nach 1945: daß es sich bei denen, die die Volksliste 3 unterschrieben, nicht um deutsche, sondern um polnische «Volkszugehörige» handele, die zu diesem Schritt durch Androhung von Repression gezwungen wurden.

Die Behörden und Gerichte prüfen in letzter Zeit sorgfältiger, mißtrauischer. Dafür hat Edith Ristau Verständnis. Denn sie hält es für einen Mißbrauch des Bundesvertriebenengesetzes, wenn sich Wirtschaftsflüchtlinge aus Polen auf diese Weise die deutsche Staatsbürgerschaft sichern. Doch nun ist sie aufgrund ihres komplizierten Lebensweges selbst Opfer des Mißtrauens und eines generellen Unwillens zur Aufnahme weiterer Vertriebener geworden.

Sie könne nicht als Spätaussiedlerin gelten, hieß es in der Ablehnungsbegründung, da sie keine «fortdauernde Benachteiligung aufgrund ihrer deutschen Volkszugehörigkeit erlitten» habe. Daß der Bauernhof von 11,94 Hektar aufgrund der deutschen Nationalität der Familie 1945 enteignet wurde: bedeutungslos, da davon ihre Eltern und nicht sie selbst betroffen seien. (Dabei ist Edith rechtmäßige Erbin.) Daß sie selbst vom 2. Juni 1945 bis zum 20. Mai 1947 in den Lagern Langenau und Potulitz allein aufgrund ihrer deutschen Nationalität interniert war: bedeutungslos, da «die von Ihnen geltend gemachten persönlichen Benachteiligungen sich auf Vorgänge (beziehen), die in der Vergangenheit liegen und bereits abgeschlossen sind. Eine bis in die jüngere Vergangenheit fortdauernde Nachwirkung ist nicht erkennbar (!).»

«Wieso?» fragt Edith Ristau verständnislos. Ihr ganzer Lebensweg ist doch von den Ereignissen nach Kriegsende geprägt: Sie reiste nicht nach Deutschland aus, um in Polen nach der Schwester und dem Vater zu suchen – damals wußte sie noch nicht, daß beide umgekommen waren. Sie mußte erst mehrere Jahre auf dem Land und dann fast ohne Lohn als Haushaltshilfe in der Stadt arbeiten, bevor sie die Chance zu einer Ausbildung erhielt. Sie konnte im kommunistischen Polen nur leben, indem sie den diskreditierten, verachteten, beschimpften deutschen Teil ihrer Identität abspaltete. Das alles soll sie nicht geprägt, nicht bis in die «jüngere Vergangenheit» nachgewirkt haben?

«Ich habe keine Ahnung von den Vorschriften der Bundesrepublik, und die Rechtsanwälte in Polen haben auch keine Ahnung davon. Vielleicht hofft man im stillen, daß wir sterben.»

Doch Edith versuchte einen zweiten Weg, weil sie sich nicht abfinden wollte damit, daß Bekannte mit Volksliste 3 längst in Deutschland wohnen, während bei ihr mit Volksliste 2 die deutsche Identität bezweifelt wird. Über das Generalkonsulat in Danzig stellte sie am 20. Februar 1995 einen Antrag auf deutsche Staatsangehörigkeit. Ein gutes Jahr später kam die Nachricht vom Bundesverwaltungsamt Köln (AZ III 6 – D 123733/1): «Edith Paulina Lidia Ristau ist deutsche Staatsangehörige.» Ediths Freude währte jedoch nur ein paar Tage. Dann erfuhr sie, daß der Paß allein weder zu deutscher Rente noch zu Eingliederungshilfen berechtigt. Von ihrer polnischen Rente aber könnte sie nicht einmal die Miete in

Deutschland bezahlen. Sie steht wieder am Anfang: Wie kann sie beweisen, daß ihr der Status der Spätaussiedlerin zusteht? Nur dann würde ihr in Deutschland materiell geholfen.

*

Anfang der neunziger Jahre stellte die energische, immer noch unerschrockene Lucja Strohschein aus Bromberg einen Antrag auf Anrechnung ihrer Lagerzeit in Kaltwasser und Potulitz bei der Rentenberechnung. Mit Datum vom 1. Februar 1993 teilte ihr die Versicherung mit, ohne eine Bescheinigung des polnischen Kombattantenverbandes Zbowid über ihre Repression vom 1. März 1946 bis 21. Oktober 1948 sei keinerlei Anrechnung möglich.

Lucja ging zum Zbowid – wohl wissend, was sie riskierte. Denn Zbowid, der polnisch-patriotische Verband der Kämpfer und Verfolgten im Zweiten Weltkrieg, bescheinigt die Unterdrückung von Polen in deutschen KZs und den Widerstand polnischer Antifaschisten gegen das Hitler-Regime. Lucja Strohschein aber hatte in Potulitz nicht während des Kriegs unter deutscher, sondern nach dem Krieg unter polnischer Bewachung gesessen.

Der Zbowid-Mitarbeiter reagierte wie befürchtet. Sie solle sich nach Deutschland scheren, herrschte er die Mitbürgerin an, und den polnischen Staat nicht noch für die Verbrechen Hitlers zahlen lassen. Doch Lucja, die mittellose Rentnerin aus der kleinen Erdgeschoßwohnung im Bromberger Hinterhof, ließ sich im demokratischen Polen nicht mehr einschüchtern. Sie zog vor Gericht – und gewann. Am 4. März 1993 entschied das Wojewodschaftsgericht in Bromberg, daß die «Arbeitszeit im Arbeitslager Potulitz vom 1. 3. 1946 bis 21. 10. 1948» bei der Rentenberechnung berücksichtigt werden müsse. Die Zeit in Kaltwasser blieb unberücksichtigt, da keine Dokumente darüber vorlagen.

Zwar erhöhte das Urteil die Rente nur um wenige Groschen, aber der eigentliche Sieg war immaterieller Natur. Lucja Strohschein hatte ein Tabu durchbrochen.

Schwientochlowitz oder
Die Grausamkeit
des Kommandanten

«Wo ist mein Vater begraben?»

Es begann am 11. Dezember 1989, als Erna Kołodziejczyk aus Radlin / Oberschlesien im Vertrauen auf die neue Zeit an den Justizminister in Warschau schrieb. Gerade hatte sie im Fernsehen eine Sendung über Katyń gesehen, wo Tausende polnischer Offiziere, vom sowjetischen Geheimdienst im Frühjahr 1940 erschossen, in Massengräbern verscharrt worden waren: Endlich, dachte Frau Kołodziejczyk, könne auch offen über Unrecht gesprochen werden, das die Kommunisten verübten. Und so schrieb sie über «meine Trauer, die mich schon seit 44 Jahren quält – seit 1945, als mein Vater spurlos umkam. Es war damals 45 Jahre alt.»

Pawel Benczek war am 7. Mai 1945 von zwei Beamten des polnischen Sicherheitsdienstes verhaftet worden. Erst Monate später hatten Frau und Tochter eine amtliche Mitteilung aus Schwientochlowitz erhalten, ihr Mann und Vater sei am 8. September 1945 im Bergwerk «Rozbark» verstorben.

«Wo ist mein Vater begraben», wollte Erna Kołodziejczyk nach nun 44 Jahren vom polnischen Justizminister wissen. «Wie ist er umgekommen und durch wen?» Und weil der polnische Justizminister keine Antwort wußte, leitete er den Brief weiter an die Zweigstelle Kattowitz der «Kommission zur Untersuchung von Hitler-Verbrechen», die seit 1990 nicht nur die Untaten der braunen, sondern – endlich – auch der roten Diktatur untersucht und sich seitdem «Kommission zur Untersuchung der Verbrechen gegen das polnische Volk» nennt. Im Februar nahm der Staatsanwalt Piotr Brys die Ermittlungen auf.

Brys suchte Überlebende des Arbeitslagers Schwientochlowitz-Zgoda, wo Frau Kołodziejczyks Vater und andere Oberschlesier interniert gewesen waren: über das Zentrale Einwohnermeldeamt in Warschau, über die Gruben, in denen sie gearbeitet hatten, über das Standesamt von Schwientochlowitz und über Aufrufe in regionalen Zeitungen und im Fernsehen. Sehr schnell kamen die ersten Antworten. Jadwiga Sonsoła aus Kattowitz schrieb: Mein Mann ist dort umgekommen. Helena Maria Kula aus Bethen schrieb: Mein Vater ist dort umgekommen. Henryk Frysztacki gab vor der «Kommission» zu Protokoll, er habe sich Ende April kurze Zeit im Lager aufgehalten. «Die Gefangenen müssen geschlagen worden sein, denn ich hörte Schreie.» Irgendwann sah er unter den Toten, die zur Leichenhalle transportiert wurden, auch seinen Vater. Die Sterbeurkunde vom Standesamt Schwientochlowitz trägt das Datum des 17. September 1945. Gezeichnet: Morel – Lagerkommandant.

Solomon Morel, seit 15. März 1945 aufgrund des «Personalbefehls Nr. 111» vom Sicherheitsministerium Leiter des Arbeitslagers Schwientochlowitz, wurde vor die «Kommission» zitiert und am 21. Februar 1991 erstmals vernommen – als Zeuge. Vorerst nur als Zeuge. «In einigen Zeiträumen starben die Gefangenen infolge einer Typhusepidemie», räumte der inzwischen Siebzigjährige ein. «Aber ich erkläre, daß die Gefangenen im Lager gut behandelt worden sind.» Zu jenem Zeitpunkt ahnte noch niemand, welche Schwierigkeiten für das Verfahren aus Morels jüdischer Abstammung erwachsen würden.

Wer heute, mit dem Auto von Schwientochlowitz kommend, die scharfe Rechtskurve der Straße an den «Zgoda»-Werken vorbei Richtung Ruda Śląska nimmt, kann die Geschichte nicht erahnen, die sich hinter den Schrebergärten zur linken Hand verbirgt. Nur noch ein Tor mit ziegelroten Pfosten erinnert daran, daß hier das Arbeitslager Schwientochlowitz stand: eine Nebenstelle von Auschwitz, in der seit Sommer 1943 Gefangene untergebracht waren, die in der nahen Eintrachtshütte kriegswichtige Güter montierten – ein Lager mit sieben Holzbaracken, einer Ambulanz, einer Leichenhalle, einem Strafbunker, einem elektrisch geladenen, doppelten Stacheldraht, vier Wachtürmen und – vor dem umzäunten Terrain – einer Baracke für die Wachmannschaft und einer für den

Kommandanten. So sah Schwientochlowitz bis zum 21. Januar 1945 aus, als die Deutschen das Lager aufgaben. So sah Świętochłowice aus, als es wenige Wochen später, nachdem die Rote Armee Kattowitz erobert hatte, vom polnischen Sicherheitsdienst übernommen wurde: jetzt als Straflager für Reichsdeutsche, die der Mitgliedschaft in der NSDAP, der HJ und des BDM verdächtigt waren, sowie für ehemals polnische Staatsbürger, die aufgrund ihrer deutschen Abstammung unter nationalsozialistischer Besatzung als «Volksdeutsche» geführt worden waren.

- Gerhard Gruschka zum Beispiel, aus einer katholischen Familie in Gleiwitz. Zwar war er wegen seines Glaubens aus dem «Deutschen Jungvolk» ausgeschlossen worden, aber nach zwei Wochen Dunkelheit und Folter in einem Gefängnis von Gleiwitz hatte Gerhard, gerade vierzehneinhalb Jahre alt, gestanden: Ich bin der Hitlerjunge Gruschka.

- Dorota Boreczek zum Beispiel, aus der alten schlesischen Familie der Skiba. Ihr Großonkel war letzter Bürgermeister von Kattowitz gewesen, noch bevor der Ort vor gut 100 Jahren zur Stadt erklärt wurde. Das 14jährige Mädchen mußte mit der Mutter ins Lager, nur weil es (nach der Mutter) in die Volksliste 2 eingestuft worden war.

- Ilse Hoffmann aus dem bis 1919 österreichischen Bielitz. Ihr Vater hatte eine Lehrerstelle im Deutschen Reich angenommen, nachdem er im polnischen Staat aufgrund seiner deutschen Volkszugehörigkeit entlassen worden war. So besaß auch Ilse die deutsche Staatsbürgerschaft, obwohl sie mit Mutter und Schwester in Bielitz geblieben war. Ilse, die fließend Polnisch sprach, sollte Spitzeldienste für den polnischen Geheimdienst leisten. Als sie ablehnte, kamen sie und ihre Familie ins Lager.

Willkommen im «Deutschen Haus»

Wir hatten ein gutes Gewissen», sagt Gerhard Gruschka, der bald nach seiner Freilassung im November 1946 in die Bundesrepublik übersiedelte, als Lehrer für Deutsch und katholische Religion in einer Realschule tätig war und nach der Pensionierung weiter in Nordrhein-Westfalen lebt. «Flucht war beim Herannahen der Roten Armee kein Thema für uns.» Oberschlesien, ein ethnisch äußerst gemischtes Gebiet, hatte bis 1921 zu Deutschland gehört, war dann nach einer Volksabstimmung mit dem Gebiet um Kattowitz an Polen gefallen und sollte unter Hitler wieder «eingedeutscht» werden. Von den 2,45 Millionen Einwohnern wurden nach einer Statistik des Reichskommissars für die Festigung des deutschen Volkstums von 1944 etwa 130 000 in Volksliste 1 eingestuft: Sie hatten sich durch «aktive Tätigkeit» im Volkstumskampf hervorgetan. Unter Volksliste 2 wurden 210 000 Personen geführt: Sie hatten das Deutschtum «gewahrt», ohne dafür aktiv gewesen zu sein. Beide Gruppen erhielten sofort die deutsche Staatsbürgerschaft. In der Gruppe 3 (875 000 Personen) wurden die Oberschlesier mit «Bindungen zum Polentum» erfaßt – sie erhielten die Staatsbürgerschaft «nur auf Widerruf». «Die aktiv verpolten Deutschen» in Volksliste 4 schließlich, sogenannte Renegaten (55 000), sollten vor einer Eindeutschung erst «erzogen» werden.

Franz Brachmann besaß die Volksliste 2. In Loslau, einem kleinen oberschlesischen Ort auf der Strecke zwischen Ratibor und Rybnik, beaufsichtigte der Direktor der Vereinsbank in NS-Zeiten die Stadtkasse des Magistrats und war ehrenamtlich als Leiter der Nationalsozialistischen Volkswohlfahrt tätig. Brachmann war nicht eingezogen worden; er hatte noch kurz vor Ende des Ersten Weltkriegs seine linke Hand verloren. So erlebte er die Niederlage zu Hause.

Zuerst sah er während der zweimonatigen Kämpfe um Rybnik Anfang 1945 verwundete Wehrmachtsangehörige und Zivilpersonen aus den umliegenden Orten über Loslau nach Mährisch-Ostrau ins Innere des Reiches flüchten. Dann folgten, kaum noch fähig, sich weiterzuschleppen, Kinder, Frauen und Männer aus dem Konzentrationslager Auschwitz. «Viele von den Opfern», so berichtete Brachmann wenige Jahre später, «die vor Schwäche nicht mehr weiter konnten und auf der Straße liegen blieben, wurden angeblich von den SS-Begleitern erschossen und in den Straßengraben geworfen. Sie wurden später in Massengräbern bestattet. Eines dieser Massengräber befindet sich auf Loslauer Terrain unweit des Wasserturmes. Im Jahre 1953 wurde an dieser Stelle zu Ehren der Ermordeten ein Denkmal errichtet.»

Schließlich mußte Brachmann selbst einen Zug zur Evakuierung der Loslauer Zivilbevölkerung begleiten, obwohl seine Frau nicht mitfuhr: Sie wollte ihre Heimat nicht verlassen. Deswegen trat Brachmann von Mährisch-Ostrau wieder die Rückreise an – nicht ahnend, daß damit eine neun Jahre dauernde Odyssee beginnen würde.

Er floh aus seinem Heimatort am Morgen des 26. März, nachdem Loslau zwei Tage zuvor von sowjetischen Bomben in Brand gesteckt worden war. Das Fahrrad vollbepackt mit einem Sack voll Wäsche und Kleidung und einem zweiten Sack mit Hühnern und Truthühnern, machte er sich auf den Weg zu Landwirt Winkler in einem Nachbardorf, wo ihn seine Familie bereits erwartete.

Der Landwirt konnte die Ankunft der Rotarmisten kaum erwarten. Strahlend stellte er sich mit den beiden sonntäglich herausgeputzten Töchtern zur Begrüßung der Befreier im Hausflur auf. Doch die etwa dreißig Soldaten stießen ihn beiseite, rissen ihm die Taschenuhr mit Kette ab, durchwühlten alle Zimmer erst nach Deutschen, dann nach Wertgegenständen, plünderten, zwangen auch Brachmann mit vorgehaltener Maschinenpistole, seine unter der Armprothese versteckte Uhr herauszurücken, entkorkten schließlich eine 30-Liter-Weinflasche in gärendem Zustand, tranken sie bis zur Neige und verlangten weiter nach «piwo» und Wodka. Auf dem Nachbargrundstück verhöhnten sie einen Wehrmachtssoldaten, der ihnen hoffnungsvoll ein von sowjetischen Fliegern abgeworfenes Flugblatt entgegenhielt. Jeder deutsche Soldat, der sich freiwillig in die Gefangenschaft begebe – so wurde dort mit der Unterschrift des desertierten deutschen Generals von Seydlitz versprochen –, habe von der Roten Armee eine humane Behandlung zu erwarten. Doch die Rotarmisten schnappten den jungen Sudetendeutschen, zerrten ihn an den Waldrand und – erschossen ihn.

Brachmann zog mit der Familie weiter und fand Unterschlupf bei einem Bruder in Radlin. Zwei weitere Brüder, erfuhr er dort, seien bereits zur Deportation ins Innere der Sowjetunion abgeholt worden. Ihn selbst traf es nur wenige Tage später. Am 2. April 1945 holten ihn zwei Polen aus Loslau. Sie sollten ihn zum NKWD bringen, gaben ihm aber unterwegs die Chance zur Flucht. Doch Brachmann nutzte sie nicht. Er stellte sich dem sowjetischen Geheimdienstoffizier zum Verhör, konnte und wollte aber nicht verraten, wo sich Loslauer NSDAP-Mitglieder befanden, und wurde – ohne gequält oder gefoltert worden zu sein – nach fünf Tagen ins Gerichtsgefängnis von Bielitz überstellt. 25 Tage saß Brachmann mit 35 Männern in einer 20 Quadratmeter kleinen Zelle voller Ungeziefer. Dann wurde er als Protheseträger entlassen. Er war wieder frei – für genau 26 Tage.

Am 23. Mai 1945 geriet er in die Hände des polnischen Geheimdienstes. Ehemalige Nachbarn hatten ihn denunziert: angeblich hatte er Waffen im Keller vergraben. Brachmann landete in Schwientochlowitz.

Im ersten Büroraum mußte er seine Personalien angeben, im zweiten Büroraum seine Wertsachen abgeben (eine Aktentasche mit Unterwäsche, eine Brieftasche mit Inhalt, ein wollenes Handtuch, ein Rasierapparat mit Klingen); im dritten Büroraum standen zwei junge tatendurstige Männer mit schweißgebadeten Gesichtern. Sie vergriffen sich jedoch nicht an ihm, sondern entwendeten ihm nur Pullover und Hut. Dann passierte er die Lagerpforte, ließ sich an der Küchenbaracke von einem Kapo, der selber einarmig war, als Krüppel schlagen, und wurde auf dem freien Platz in der Mitte des Lagers geschoren.

Brachmann kam in die Baracke 7, in das sogenannte «Deutsche Haus» oder den «braunen Block», in dem ausschließlich SS-, NSDAP- und HJ-Mitglieder untergebracht wurden. Zusammen mit dem ehemaligen Parteigenossen Slowin aus Loslau wurde er in den ersten der beiden Säle eingewiesen.

«Wir mußten unsere Gesichter der Wand zuwenden, der Flügelmann Slowin war der erste, der gefragt wurde, ob er PG war. Als er bejahte, bekam er einen Kinnhaken, daß ihm die Brille herunterfiel und er selbst wie ein Stück Holz umfiel. Morel bearbeitete den Unterleib des Liegenden mit seinen Schuhabsätzen in bestialischer Weise. Slowin schrie entsetzlich und flehte um Erbarmen. Morel ließ sich aber nicht erweichen. Nach einer Weile ließ er Slowin aufstehen und sich auf einen Schemel lang hinlegen. Morel ergriff die Hälfte eines zertrümmerten Schemels und schlug Slowin, bis die Schemelbeine in Splitter gingen. Das Geschrei ging durch Mark und Bein. Ich stand neben ihm und zitterte am ganzen Leib. Dann kam ich an die Reihe. Morel fragte, warum ich verhaftet worden sei, und als ich Antwort gab, klatschten zwei Ohrfeigen auf meine Wange. Dann sollte auch ich mich auf den Schemel legen. Morel sagte, daß ich mich ruhig verhalten solle und nur zehn Schläge mit dem Gummiknüppel bekäme. Sollte ich aber brüllen, würden die Maßnahmen etwas länger dauern. Ich versuchte, mit zusammengebissenen Zähnen auszuhalten, dann aber brüllte ich wie ein Stier und versuchte mich zu befreien. Einer mußte mich am Schemel festhalten, und Morel schlug mit einem Schemelbein, bis ich nicht mehr wußte, was um mich vorging. Als ich wieder zu mir kam, saß ich in einer Ecke und zitterte am ganzen Leibe.»

Diese Begrüßungstour mußte jeder durchmachen, der in die Baracke 7 eingeliefert wurde. «Der jüdische Lagerkommandant Morel», schrieb Brachmann, «zählte zu den gefürchtetsten Menschen im Lager.»

Aus Gepeinigten werden Peiniger

Solomon Morel wurde am 15. November 1919 in einer religiösen jüdischen Familie im Dorf Garbów bei Puławy geboren. Bis zum 14. Lebensjahr besuchte er die Schule, anschließend arbeitete er in einer Konfektionsfirma der Industriestadt Lodz; 1939 kehrte er zurück nach Garbów. Um der Übersiedlung in ein Getto zu entgehen, tauchte er mit den Eltern und einem Bruder im April 1942 unter.

Vater, Mutter und Bruder Israel, erklärte Morel später in seiner Personalakte für das Sicherheitsministerium, seien von den Deutschen mit Hilfe der «blauen (d. h. polnischen) Polizei» im Dezember 1942 umgebracht worden. Der älteste Bruder Izak Morel hingegen sei im Dezember 1943 im Kampf gegen die antisemitische polnische Untergrundorganisation «Nationale Bewaffnete Kräfte» (NSZ) im Dorf Lugów bei Lublin umgekommen. Über das Schicksal des Bruders Józef, der 1939 vor den Nationalsozialisten in die Sowjetunion flüchtete, sei ihm nichts bekannt.

Morel selbst hatte sich im November 1942 der kommunistischen Untergrundorganisation «Volksgarde» angeschlossen, nach dem Einmarsch der Roten Armee im Sommer 1944 war er der Bürgermiliz der prokommunistischen neuen Macht in Lublin beigetreten. Erst arbeitete er im Gefängnis des Schlosses von Lublin, dann im Gefängnis von Tarnobrzeg. Am 15. Februar 1945 schließlich gelangte er mit der «Operativgruppe» des Sicherheitsdienstes nach Oberschlesien und ins Lager von Schwientochlowitz.

In Polen dürfte sein Lebenslauf vielen als Bestätigung für die verbreitete Vorstellung dienen, der kommunistische Geheimdienst sei geradezu von Juden beherrscht gewesen. «Man muß sich das so vorstellen», erläutert Krzysztof Wolicki, Nachkomme einer wohlhabenden jüdischen Familie der Vorkriegszeit, der im Nachkriegspolen erst Kommunist, dann Oppositioneller war: Im ersten Halbjahr 1945, noch vor der Konferenz von Potsdam, war über die Grenzen Polens nicht endgültig entschieden. Doch um vollendete Tatsachen zu schaffen, das System und das Territorium festzulegen, eignete sich das prokommunistische «Lubliner Komitee» in den von der Roten Armee besetzten Gebieten die Regierungsbefugnis an und baute den Sicherheitsdienst als politische Polizei auf – selbstverständlich mit jenen, die als absolut zuverlässig galten, in den Spitzenpositionen meist älteren Kommunisten aus dem Moskauer Exil, die schon deswegen Vertrauen besaßen, «weil sie alle Säuberungen Stalins überlebt» hatten. Auch Krzysztof Wolicki, als er von der Zwangsarbeit in Berlin zurückkam, wurde nach bereits drei Tagen dem Sicherheitsdienst zugeteilt: weil er Kommunist gewesen sei. Daß er eine jüdische Abstammung hatte, sei der Partei gar nicht bekannt gewesen.

Sicher sei die Loyalität zur Partei das primäre Auswahlkriterium gewesen, räumt der Historiker Andrzej Paczkowski ein, aber viele Genossen hätten eben aus jüdischen Familien gestammt: Sie sahen im Kommunismus die Alternative nicht nur zum Rassenwahn eines Hitler, sondern auch zum polnischen Nationalismus und Antisemitismus. Als Paczkowski jüngst untersuchte, wie hoch der Anteil von Sicherheitsbeamten mit jüdischer Herkunft vom Ministerium über das Department bis zur Abteilung in den ersten Jahren gewesen sei – ein «bißchen», bekennt er, habe er sich für diese Schnüffelei geniert –, fand er die vermutete Überrepräsentation tatsächlich bestätigt: Von den 447 führenden Funktionären bis November 1953 waren 131 jüdischer Abstammung – immerhin 29,3 Prozent bei einem Bevölkerungsanteil von nicht einmal *einem* Prozent.

Allerdings sei wahrscheinlich unten an der Basis – gerade in den ersten Tagen und Wochen nach dem Rückzug der Wehrmacht – wichtiger als das ideologische Motiv das Bedürfnis nach Rache gewesen: das Bedürfnis nach irgendeiner Vergeltung für sechs Millionen Tote, für den Genozid, für das perfekteste und grausamste Verbrechen der Geschichte.

160

«Er sagte langsam und ruhig: Ich heiße Solomon Morel und bin der Kommandant dieses Lagers. Dann aber schrie er: Meine Eltern und Geschwister sind in Auschwitz von euch Deutschen vergast worden, und ich werde nicht eher Ruhe geben, bis alle Deutschen ihre gerechte Strafe bekommen.» Als Insasse des Blocks 7 erlebte auch Gerhard Gruschka den Lagerkommandanten von seinen dunkelsten Seiten.

«Oft schlug Morel mit bloßen Fäusten zu, meist gezielt ins Gesicht, er konnte auch brutal mit dem Gummiknüppel zuschlagen. Und in regelmäßigen Abständen befahl er nachts: Horst-Wessel-Lied singen, aber schnell, und während wir sangen, prasselten die Schläge der Gummi- und Holzknüppel auf uns nieder. Die erste Strophe dieses Liedes kannte ich. Sie mußte ja im Dritten Reich an allen Gedenktagen und bei öffentlichen Veranstaltungen wie etwa Flaggenhissen gesungen werden. Als ich dann aber nicht weitersingen konnte, zog Morel mich aus der Gruppe und schlug auf mich ein. Singän, singän, schrie er dabei immer wieder. Am Morgen nach dieser Nacht lernte ich die zweite und dritte Strophe des Horst-Wessel-Liedes, Ende April 1945, etwa zehn Tage vor dem Ende des Dritten Reichs.»

Gruschka bezweifelt, daß in dem berüchtigten «braunen Block» tatsächlich viele Nazi-Größen einsaßen – die meisten von denen hätten sich in den Januartagen 1945 abgesetzt. Da aber niemand verhört, bei niemandem nach individueller Schuld geforscht worden sei, werde sich eine eindeutige Antwort wohl nicht mehr finden lassen. Für die Wachmannschaften jedenfalls genügte die Gewißheit, daß sie Deutsche vor sich hatten, um sie als *Hitleristen* alle mit derselben Brutalität zu strafen.

Eines Tages brachte Morel einen 45jährigen Mann in die Baracke 7 und fragte, warum er seine Parteizugehörigkeit verschwiegen habe. Als der Mann bestritt, jemals Parteigenosse gewesen zu sein, «schlug Morel ihn, bis er zusammenbrach», berichtete Brachmann. «Während der arme Mensch immer wieder beteuerte, niemals PG gewesen zu sein, bearbeiteten ihn Morel und der Kapo

Skutella mit den Schuhabsätzen, bis er keinen Laut mehr von sich gab. Dann ging Morel hinaus und kam mit einem 15jährigen schmächtigen Jungen in HJ-Uniform zurück. Er stieß den Jungen zu dem Liegenden und sagte: ‹Hier liegt dein Vater. Wenn du jetzt nicht die Wahrheit sagst, erwartet dich dasselbe Los!› Als er den Jungen fragte, ob sein Vater PG war, sagte der Junge weinend in deutscher Sprache: ‹Mein Vater gehörte keiner Gliederung an.› Daraufhin verfuhren die beiden mit dem Jungen wie mit dem Vater. Der Junge blieb neben seinem Vater auf den Fußboden liegen. Dann wurden sie hinausgebracht und in einen leeren Wasserbunker geworfen. Ob sie gleich tot waren oder erst dort starben, weiß ich nicht.»

Gegenüber dem «braunen Block» lag die Wohnbaracke Nummer 8, das sogenannte Kasino. Dort wohnten nach Meinung von Brachmann neben dem Kapo Czajka, einem ehemaligen Bürgermeister, noch vier Fleischer. Mit Hilfe ihrer Angehörigen sorgten sie dafür, daß regelmäßig Fleisch, Wurst und Schnaps für abendliche Feiern der Wärter angeliefert wurden. Zwar verhinderten Dekken an den Fenstern jeden Einblick ins Kasino, aber die Bratendüfte waren verräterisch und ließen den vorbeigehenden, immer hungrigen Internierten das Wasser im Mund zusammenlaufen. Je fröhlicher und ausgelassener es in der Baracke 8 zuging, um so mehr sorgten sich die Insassen der Baracke 7 gegenüber. Denn zum krönenden Abschluß eines Saufgelages formte sich so manches Prügelkommando: Nur wenige Schritte, und schon konnten sich der angetrunkene Morel oder der besoffene Skutela bei den «hitlerowcy» abreagieren.

Der erst 14jährige Eric van Calsteren, ebenfalls Insasse des «braunen Blocks», beschloß zu fliehen. Obwohl er die holländische Staatsbürgerschaft besaß, hatten polnische Sicherheitsbeamte in blonden Haaren und blauen Augen einen ausreichenden Beweis für sein «Edelgermanentum» gesehen. Calsteren versteckte sich in der Latrine des Lagers und entkam morgens noch vor dem Appell mit einem Arbeitskommando. Allerdings stellte er sich freiwillig wieder, als seine Mutter verhaftet und erpreßt wurde: entweder er oder sie ins Lager. Solomon Morel holte ihn persönlich mit seinem beigefarbenen DKW von der Gleiwitzer Polizei ab. Er kam zurück in den Block 7.

Zunächst, berichtete van Calsteren 1992 aus seiner niederländischen Heimat der «Kommission» in Kattowitz, habe er als Strafe für die Flucht stundenlang auf Schottersteinen knien müssen. Doch das war nur das Vorspiel. «Mitten in der Nacht kam das schon erwartete Überfallkommando der Bewacher. ‹Alles aus den Betten›, und mich stellte man vor den Spind.» Warum er geflüchtet sei, fragten ihn vier Männer und schlugen ihm bei jeder Frage in die Magengrube. Beugte sich van Calsteren vor Schmerz nach vorn, schlugen sie ihm ins Genick, daß er zu Boden sackte. Als er die Schläge nicht länger ertragen konnte, floh er zwischen die Betten. Da griffen sie nach der Eisenstange, mit der die Bottiche für das Essen geschleppt wurden. «Mit dieser Stange schlug man mir meine beiden Beine ganz kaputt, und als ich wieder auf dem Boden lag, wurde ich noch mit Fußtritten bearbeitet. Halbtot legten meine Kumpels mich aufs Bett.»

Aber die Geschichte verbreitete sich blitzschnell im Lager, und noch vor dem Frühappell ließ ihn der Lagerarzt in die Ambulanz holen. «Meine Beine waren offen geschlagen und voller Wunden. Verband gab es nicht. Jeden Morgen mußte ich selber die Klosettrolle von meinen Beinen wickeln, wo mehr als hundert Läuse drin saßen, die wir knacken mußten am Schemel. Meine Beine waren vereitert und rot wie Feuer. Schlafen konnte man kaum in diesem Lazarett, es gab keine richtigen Kranken, sondern nur kaputtgeschlagene Menschen, die die ganze Nacht stöhnten. Daß es täglich Tote gab, war schon ganz normal. Sie starben überall, im Waschraum, auf der Toilette, im und neben dem Bett. Es geschah fast immer in der Nacht, und wenn man zur Toilette mußte, stieg man über die Toten.»

Schon einige Monate vor diesem Bericht für Kattowitz hatte sich van Calsteren an die deutsche Justiz gewandt: Regelmäßig höre man Berichte über die Verurteilung deutscher Kriegsverbrecher – aber wie stehe es mit der Verfolgung von Kriegsverbrechen an Deutschen? Und er bot sich an als Zeuge gegen Solomon Morel, dessen Adresse er durch Zufall erfahren hatte: 400-036 Kattowitz, ul. Wita Stwosza 27 a.

Erst über ein Jahr später, Ende September 1993, bat der Leitende Oberstaatsanwalt in Dortmund seinen Kollegen in Ryswyk, van Calsteren «eingehend zu vernehmen», da ein Ermittlungsverfahren gegen Morel wegen Mord geprüft werde. Doch da lebte Eric van Calsteren bereits nicht mehr. Er war überraschend am 16. Februar 1993 im Alter von 63 Jahren verstorben. Solomon Morel hingegen hatte sich zu seiner Tochter nach Tel Aviv abgesetzt.

«Das auf Strafanzeige Ihres Ehemannes eingeleitete Ermittlungsverfahren», teilte daraufhin Staatsanwalt Göke aus Dortmund der Witwe mit Schreiben vom 29. August 1994 mit, «ist vorläufig gemäß Paragraph 205 der Strafprozeßordnung eingestellt worden, da der gegenwärtige Aufenthaltsort des Beschuldigten nicht ermittelt werden konnte.» Inzwischen allerdings ist Morels Adresse in Ramat Aviv bekannt. Bei der Oberstaatsanwaltschaft Dortmund sind die Namen von 116 Zeugen aus Deutschland, Polen und Liechtenstein verzeichnet, die im Kern alle zu derselben Grundfrage verhört werden sollen: Hat es sich bei Morels Aktionen um Mord gehandelt? Nur dann wäre die Straftat nämlich nicht verjährt; nur dann könnten mit Israel Verhandlungen über eine Auslieferung begonnen werden. Wie zügig das Verfahren betrieben wird, dürfte aber wesentlich davon abhängen, ob es politisch als erwünscht oder eher unerwünscht gilt.

Die Epidemie

Die Villa in Ludwigsburg ist repräsentativ, der Garten groß und mit gepflegtem Baumbestand. Doch die Radiologin Dorota Boreczek kann weder das eigene Heim noch Reisen oder andere Annehmlichkeiten des Lebens in Frührente genießen. Sie kann gar nicht genießen. Fast obsessiv kreisen ihre Gedanken in der unendlich langen freien Zeit um Kattowitz, ihr altes Zuhause und das große Unrecht, das sie erlebte. Sie erwarte eine «Entschädigung für den Aufenthalt in Gefängnissen während der Stalin-Zeit», teilte sie der «Kommission» in Kattowitz mit Schreiben vom 18. März 1992 mit. Denn auch sie saß mit der Mutter in Schwientochlowitz. Ein gutes halbes Jahr. Und der Vater, inhaftiert im Gefängnis von Krakau und im Lager von Jaworzno (ebenfalls einer alten Auschwitz-Filiale), kam aufgrund einer Amnestie erst 1951 frei. Doch da war sein Besitz von sieben Mietshäusern in Kattowitz und einem Sägewerk, einer Ziegelei und einem Kieswerk in Ostpolen längst enteignet.

Zwar wurden Insassen des «braunen Blocks» schlimmer als alle anderen Internierten behandelt. Aber auch das Leben in der Frauenbaracke war eine Tortur. Die Essenportion bestand täglich aus etwa 300 Gramm Brot mit einem warmen, teeähnlichen Getränk am Morgen und dreiviertel Liter Wassersuppe mit sauren Rübenresten am Nachmittag. Dorota lag in einem dreistöckigen Pritschengestell mit zwei oder gar drei Frauen in einem Bett, so daß keine sich ausstrecken oder drehen konnte. Die Strohsäcke waren verschmutzt von Exkrementen, blutverschmiert von früheren Ruhrerkrankungen, voll von Ungeziefer. «Der Dreck», sagt Dorota, «der Dreck und die Läuse – das war anfänglich das Schlimmste.» Es gab kein Toilettenpapier, keine Seife, keine Zahnbürste, kein Handtuch, keinen Spiegel, keine Schere, keinen Kamm. Nur fünf Minuten kaltes Wasser am Morgen. Ihre Notdurft konnte Dorota nur verrichten, wenn 20 bis 25 Frauen zum Latrinengang beisammen waren. In Begleitung einer Wachperson wurde die Gruppe dann zu drei Löchern geführt, vor denen sich ständig Schlangen bildeten, da sich 500 bis 700 Frauen ihre Benutzung teilten.

Als den Frauen prophylaktisch gegen die Läuse die Haare geschoren werden sollten, verloren einige die Nerven und begingen im elektrisch geladenen Stacheldraht Selbstmord. Daraufhin wurde die Maßnahme wieder eingestellt. Als sich die Krätze ausbreitete, litten die Frauen besonders an eitrigen Brustentzündungen. Später kam die Kleidung zwar einmal in der Woche zur Entlausung – dann aber warteten die Frauen zehn Stunden nackt in der Baracke: «abgemagerte Wesen, kaum von Männern zu unterscheiden, knapp über dreißig Kilo».

Wenn ein Teil der Sachen bei der Entlausung verbrannte, stritten die Frauen um die Kleider der Kranken. «Hildegard Igla, eine wohlhabende Freundin meiner Mutter, besaß ein silbergraues Kostüm. Als sie fast in der Agonie lag, hat man ihr das Kostüm vom Leib gerissen, obwohl sie bat: Laßt mich in meinen Kleidern sterben.»

Beim Nachmittagsappell erschien meistens Skutela, ein einarmiger, besonders brutaler Wärter aus Kattowitz – ohne Kopfbedeckung, das Haar eingefettet, eine Zigarette lässig im Mundwinkel. Er hieß einige Frauen ihre Röcke hochheben und prüfte durch anzügliche Bemerkungen, ob sie ihm zu Willen sein würden. Erst waren die Frauen erschrocken und überrumpelt; später gingen einige freiwillig zu den Gelagen mit musikalischer Begleitung gleich neben der Frauenbaracke, wo Skutela über ein separates Zimmer verfügte. Sie wollten ihre Essensrationen aufbessern.

Wer noch gesund war und nicht im «Deutschen Haus» einsaß, wurde tagsüber zur Arbeit nach draußen geschickt. Ilse Hoffmann, die ein paar Jahre älter war als Dorota, meldete sich zum Kartoffelschälen in einer Kaserne, weil in der Küche immer etwas abfiel. Doch viel Nutzen brachte ihr die Arbeit nicht. Am ersten Tag gelang es ihr noch, einige Buletten hinauszuschmuggeln. Am zweiten Tag hingegen brach sie bereits zusammen. Sie hatte Flecktyphus.

Die Typhusepidemie veränderte das Lagerleben einschneidend. Sie brach im Juli aus und ebbte erst nach sechs bis acht Wochen ab. Aus Angst vor Ansteckung kamen die Wachen kaum noch hinter den Stacheldraht. Die Folterungen hörten auf, Appelle fanden nicht mehr statt, die Disziplin löste sich auf.

Dorota stieg täglich in die Nachbarbaracke, wohin ihre Mutter im fortgeschrittenen Krankheitsstadium verlegt worden war. Hilflos, aber mit der hoffnungsvollen Verzweiflung eines Kindes versuchte sie mit Wadenwickeln aus Schlüpfer und BH das Fieber zu senken. Doch Dr. Glombitza, der Lagerarzt, der selbst ein Häftling war, drohte ihr als Strafe mit dem Bunker: einer mit Wasser gefüllten Zelle, deren unterste Stufe so tief war, daß Dorota ertrunken wäre.

Inzwischen allerdings war auch das Mädchen infiziert. «Komm unter meine Decke», sagte da eine Schweizerin zu ihr. «Sie hatte eine Decke! Sie war gut zu mir. Wir hatten beide Typhus und lagen unter dieser Decke. Eines Morgens merkte ich, daß sie nicht mehr lebte. Und bis heute verfolgt mich, daß mein erster Gedanke war: Wie gut, daß sie gestorben ist, jetzt habe ich ihre Decke.»

Auch Ilse Hoffmann kam in die Krankenbaracke. Zwei, drei Tage konnte sie nicht reden, obwohl sie noch alles verstand. Dann verlor sie das Bewußtsein, dämmerte tagelang dicht am Rande des Todes dahin. Sie lag auf blanken Holzbrettern. Die Strohsäcke waren verbrannt worden, da die Kranken einfach unter sich gemacht hatten. Als sie schließlich wieder zu sich kam, wurde sie trotz 40 Grad Fieber sofort wieder zum Schrubben der Fußböden eingesetzt. Immerhin konnte sie ihre Mutter, die ebenfalls in der Krankenbaracke lag, noch einige Zeit pflegen, bevor sie am 19. August 1945 an Bauch- und Flecktyphus starb. Eine Todesurkunde hat die Tochter niemals erhalten.

Die Leichenbaracke konnte nicht so viele Tote aufnehmen, wie täglich starben. Sie wurden einfach auf Chlorkalk vor die Baracken geworfen, lagen stundenlang in der Sommersonne, zogen Ratten an. Der Totenwagen, eine einfache, von Häftlingen gezogene Fuhre, war mehrfach täglich zu den Massengräbern unterwegs, erst zu dem evangelisch-augsburgischen, dann zu dem katholischen Friedhof.

Wenn Anfang Juli – so Gerhard Gruschkas Berechnungen – Schwientochlowitz mit 1500 Personen noch voll belegt war, Anfang September die Blöcke vier, sechs und sieben aber bereits leerstanden und die restlichen nicht mehr voll belegt waren, können sich nur noch knapp 500 Häftlinge im Lager befunden haben: Mindestens 1000 Männer und Frauen müssen der Epidemie somit zum Opfer gefallen sein. Viele von ihnen sind nirgends namentlich erfaßt worden. Da sich aber auf dem Standesamt Schwientochlowitz 1600 Original-Sterbeurkunden von namentlich identifizierten Toten fanden (meist von Morel unterzeichnet), dürften – vorsichtig geschätzt – etwa 2500 Menschen in nur gut sieben Monaten im Lager Schwientochlowitz umgekommen sein. Diese Rechnung deckt sich weitgehend mit den Zahlenangaben von Franz Brachmann, der aufgrund einer zeitweiligen Tätigkeit als Buchhalter einen guten Überblick über die Lagerbelegschaft besaß: Brachmann geht von 2500 Lagerinsassen aus, von denen 2200 starben.

Dorota aber lebte. Und die Mutter auch, obwohl sie nur noch auf allen vieren kroch.

Nachdem die Typhusepidemie abgeebbt war, wurden sämtliche Wohnbaracken desinfiziert. Ein ehemaliger Wasserbunker diente nun als primitive Entlausungsanstalt. Sogar Seife wurde ausgeteilt, und während die Internierten einmal in der Woche badeten, kam die Kleidung zur Entlausung. Die Jauche, die bis dahin in den Klosetts übergelaufen war, wurde in die Ziegeleibrüche abgeleitet. Überall herrschte Sauberkeit. Für die meisten Lagerinsassen kam sie jedoch zu spät. «Wir waren ein kleines Häuflein mit blassen und abgemagerten Gesichtern und hatten die qualvollsten seelischen

Erschütterungen durchlebt», notierte Franz Brachmann in seinen Erinnerungen. «Von den früheren Kapos sah man keinen mehr. Bis auf Moral und Skutela starben alle an der Epidemie.»

Ein derartiges Massensterben wurde selbst vom Sicherheitsdienst nicht mehr geduldet. Weil er die Ordnung nicht aufrechterhalten, die Wirtschaftsverwaltung paralysiert und zugelassen hätte, daß sich der Typhus verbreitete, ohne darüber den Geheimdienst zu informieren, verurteilte der Leiter der Abteilung Gefängnisse und Lager, Oberstleiter T. Duda, Solomon Morel mit Schreiben vom 24. September 1945 zu drei Tagen Hausarrest und Abzug von 50 Prozent seines Gehalts.

Nie mehr ein einziges Wort

Im Oktober 1945 erschien eine Kommission unter Leitung des Staatsanwalts Jerzy Rybakiewicz in Schwientochlowitz und befragte alle Lagerinsassen nach Zeitpunkt und Grund ihrer Verhaftung. Die meisten Männer und Frauen kamen innerhalb weniger Tage frei, der kleinere Teil wurde in andere Lager oder ins Gefängnis von Krakau geschafft.

Vor dem Lager traf Dorota auf Frauen mit Bildern von ihren Söhnen und Männern, die fragten, ob ihr bekannt sei, wer überlebt hätte. Aber Dorota «sah nur wie hypnotisiert auf das Tor. Ob die Mama käme. Und plötzlich stand sie da. Plötzlich konnte sie laufen. Sie kam durch das Tor. Und als sie draußen war, brach sie wieder zusammen.» Dorotas Mutter wog 32 Kilo und hatte einen gebrochenen Schädel. Erst nach einem halben Jahr konnte sie wieder gehen.

Vor der Entlassung hatten Mutter und Tochter der Lagerleitung wie alle anderen schriftlich zusichern müssen, niemals und niemandem zu erzählen, was ihnen widerfahren war. Wem auch erzählen? Das Thema fiel im kommunistischen Polen unter die Zensur, und Dorotas Familie war ins Abseits gedrängt. Der Vater endete in der Psychiatrie, aus der Mutter war ein Pflegefall geworden. Und 25 Jahre lang erhielt Dorota nicht einmal die Ausreisegenehmigung. Als sie dann schließlich 1970 in die Wahlheimat Bundesrepublik übersiedelte, kam die zweite bittere Erfahrung: Auch hier konnte sie nicht erzählen. Niemand wollte ihre Geschichte hören. Mit den Kollegen am Arbeitsplatz, mit den Nachbarn fand sie keine gemeinsame Sprache – und verschloß die Erfahrungen weiter tief in ihrem Innern. Denn auch die Tochter wollte nicht mit der Vergangenheit belastet werden. Und die Mutter sprach bis zu ihrem Tod über Schwientochlowitz nie mehr ein einziges Wort.

Erst die Ermittlungen der «Kommission» ließen Frau Boreczek Hoffnung schöpfen. Mit unglaublicher Energie suchte sie seitdem selbst nach weiteren Zeugen, traf sich in Polen und Deutschland mit Frauen aus ihrer Baracke, kämpfte vor Gericht um die Rehabilitierung der Eltern und hat, fast wider Erwarten, schon einen ersten Erfolg erzielt. Am 19. Januar 1994 sprach der Oberste Gerichtshof in Warschau unter dem Vorsitzenden Leszek Kubicki ihren Vater Karol Ambrozy Niesporek, angeklagt der «Abweichung» von der polnischen Nationalität in der Zeit des Krieges 1939 bis 1945, von der ihm zur Last gelegten Tat frei.

Das Gericht fand keine Beweise dafür, daß Karol Niesporek eine Volksliste unterschrieben hat oder auf andere Weise in den Genuß von Privilegien der Besatzungsmacht gekommen ist. Die Tatsache, daß er seine Firma im Jahre 1943 der (deutschstämmigen) Tochter aus erster Ehe überschrieb, sprach nach Meinung der Richter umgekehrt dafür, daß sich Niesporek die ganze Zeit als Pole gefühlt hat und auch nach außen so aufgetreten ist: Warum hätte er sein Eigentum einer Person mit deutscher Staatsbürgerschaft überschreiben sollen, wenn er selbst – als Pole – nicht um den Verlust hätte fürchten müssen? Die Kontakte mit der deutschen Besatzungsmacht waren als solche für das Gericht noch kein Beweis für Landesverrat oder Kollaboration: Sie seien aus beruflichen Gründen sogar erforderlich gewesen. Für eine loyale Haltung zum Vaterland spräche außerdem die Hilfe, die Niesporek nach mehreren Zeugenaussagen Polen und Juden während des Krieges gewährte.

Die Rehabilitierung des Vaters ist der Tochter gelungen. Aber um die Rückgabe seines Eigentums kämpft sie noch immer.

Ilse Hoffmann erlebte bei der Liquidierung des Lagers am 16. November die «schrecklichsten Stunden» ihres Lebens. Alle anderen Insassen ihrer Baracke waren bereits in die Freiheit oder in ein anderes Lager entlassen worden. Sie aber lag, völlig bewegungsunfähig, als einzige in dem verdreckten leeren Raum. «Ich habe gedacht: Wenn sie mich vergessen, sterbe ich. Lieber schnell sterben, aber nicht langsam krepieren.»

Kaum vom Typhus genesen, war Ilse Hoffmann am Guillain-Barres-Syndrom erkrankt, einer Nervenentzündung des ganzen Körpers. Erst waren nur Fingerspitzen und Zehen gelähmt, schließlich der ganze Körper. Ilse wurde völlig bewegungsunfähig. Von insgesamt sieben Internierten mit dieser seltenen Krankheit überlebte sie als einzige dank der Fürsorge ihrer Mitgefangenen. Sogar in der Nacht waren sie aufgestanden, um Ilse zu kratzen, weil sie zusätzlich Krätze hatte und Hungerödeme und Läuse. Während dieser aufopferungsvollen Pflege erfuhr Ilse auch von einem gescheiterten Fluchtversuch: Zwanzig Männer und zwei Frauen hatten, die gelockerte Disziplin während der Typhusepidemie nutzend, bei jedem Gang in die Küchenbaracke Erde in den Taschen herausgetragen und hinter den Baracken entleert. Ein zehn Meter langer Stollen zu einem Steinbruch jenseits des Stacheldrahts sollte sie in die Freiheit bringen. Kurz vor dem Ziel wurde die Gruppe verraten. Die Männer wurden sofort liquidiert, die beiden Frauen erst verhört. Frau Roth wollte sich mit Schweizer Franken freikaufen. Nachdem sie das Geld ausgehändigt hatte, wurde sie jedoch so geschlagen, daß sie nach drei Tagen in der Krankenbaracke starb. Bei Frau Komander mußte die Vernehmung verschoben werden, da sie mit 40 Grad Fieber in der Krankenbaracke lag. So rettete ihr der Typhus das Leben. Der Milizionär nämlich, der sie verhören sollte, kam kurz darauf bei einem Motorradunfall ums Leben.

Nach endlosen Stunden wurde Ilse Hoffmann doch noch aus der Baracke geholt. Zusammen mit etwa 200 weiteren Internierten, die der Gerichtskommission nach den Verhören weiter verdächtig erschienen, wurde sie nach Jaworzno überstellt. Man warf die Bewegungsunfähige zum Transport einfach auf einen Lastwagen.

Vor dem Tor

Jaworzno – wie Schwientochlowitz und Potulitz als ehemaliges Arbeitslager der Nationalsozialisten im Februar 1945 vom polnischen Geheimdienst übernommen – war das zentrale Sammellager für Volksdeutsche im Raum Kattowitz/Krakau. Das Gelände war mit einem dreifachen, teilweise elektrisch geladenen Drahtzaun gesichert und von vier großen Beobachtungstürmen ausgeleuchtet. Neben etwa 3000 volks- und reichsdeutschen Zivilisten saßen hier auch deutsche Kriegsgefangene, so daß bis zu 10000 Personen die Baracken füllten.

Im Vergleich zu Schwientochlowitz «herrschte strenge Disziplin, Sauberkeit und Ordnung», notierte Brachmann, der ebenfalls nach Jaworzno überstellt worden war, nachdem er mit einigen anderen Männern die restlichen schriftlichen Arbeiten in Schwientochlowitz abgewickelt hatte. Die Baracken waren geheizt, jeder verfügte über eine eigene Pritsche, einen Strohsack und eine Decke. Übergriffe der Wachmannschaft waren äußerst selten, seitdem der erste Kommandant des Lagers, Włodzimierz Staniszewski, im Oktober 1945 wegen finanzieller Veruntreuung und allzu brutaler Behandlung der Gefangenen festgenommen worden war. Die Gesunden unter den Gefangenen kamen tagsüber außerhalb des Lagers zum Arbeitseinsatz, die Invaliden reinigten die Wohnbaracken, Klosetts und Waschräume auf dem Gelände. Jeder durfte zweimal in der Woche ein Paket erhalten. Bis auf Spirituosen wurden alle Geschenke ausgehändigt – und nicht von der Wachmannschaft gestohlen –, so daß viele Internierte ihre kargen Mahlzeiten mit Brot und Konserven von den Angehörigen aufbessern konnten. Beim Morgenappell wurde auf polnisch angestimmt: «Wenn die Morgenrötestrahlen / Berg und Hügel purpur malen»; vor dem Abendappell hieß es: «Unter deinem Schutz, o Herr ...»

Für Ilse Hoffmann begann in Jaworzno die Genesung. Eine dicke, gutmütige Polin namens Pancergrau kümmerte sich in der Krankenbaracke um die immer noch völlig Bewegungsunfähige, wusch sie, trug sie aufs Klo und hielt sie fest, wenn sie herunterzufallen drohte. Außerdem verschaffte ihr der volksdeutsche Arzt Dr. Rutkowski endlich die unerläßlichen Medikamente, indem er Rezepte an ihre Schwester und Tante schickte.

Schließlich war Ilse Hoffmann so weit wiederhergestellt, daß sie sich selbst ein wenig nützlich machen konnte. Sie erledigte Schreibarbeiten für die Krankenbaracke und half beim Verbinden, zweimal spendete sie auch Trost bei einer Operation. «Es war unbeschreiblich», erinnert sie sich noch heute mit Grauen. «Wie im Mittelalter.» Pro Monat standen nur zehn Narkosen zur Verfügung. War der Vorrat ausgegangen, wurde ohne Betäubung operiert. Die Ärzte hatten weder Nadel noch Faden, auch keinen Verbandsstoff. Verbunden wurde mit Klopapier. Das alles war so grausam, daß die Milizionäre vom Zuschauen umkippten. «Aber die Patienten waren tapfer: Ihnen liefen die Tränen herunter, aber sie haben nicht geschrien.»

Als Ilse Hoffmann die Krankenbaracke schließlich im Februar 1946 verlassen konnte, gestand ihr Dr. Rutkowski, daß er überzeugt gewesen sei, sie würde sterben oder aber ein Krüppel bleiben. Sie selbst, die mit 75 Jahren immer noch äußerst rüstig und beweglich ist, hatte nie den Mut verloren: «Ich wollte raus und fertig.»

Im Mai 1946 wurde Ilse als Schreibkraft eingesetzt. Etwa zehn zweisprachige Frauen wie sie verhörten jene hauptsächlich «eingedeutschten» Kriegsgefangenen, die täglich zu Tausenden aus der Sowjetunion zurückkehrten, die Baracken füllten und noch unter freiem Himmel kampierten. Zwanzig Stunden pro Tag war Ilse damit beschäftigt, Protokolle zur Entscheidungsgrundlage für polnische Richter zu verfassen. «Wir haben gefragt, wo sie herkommen, wie sie heißen, ob sie Deutsche sind. Jeder Soldat unterschrieb dann sein Formular und ging damit zu einem Richter.» Wer beispielsweise mit Volksliste 3 nur Wehrmachtssoldat gewesen war und sich nichts hatte zuschulden kommen lassen, wurde freigelassen. Wer der SA angehört hatte – und sei es aus taktischen Gründen, um der Zwangsarbeit in Deutschland zu entgehen –, brauchte Leumundszeugnisse. Wer kollaboriert hatte, wurde angeklagt und kam ins Gefängnis.

Bei dieser Tätigkeit lernte Ilse einen Richter kennen, der bei der Überprüfung ihrer Akte feststellte, daß gar nichts gegen sie vorlag. Schon am Nachmittag desselben Tages erhielt sie den Bescheid, sie würde entlassen. «Ich habe fast einen Herzanfall bekommen. Mir war hundsmiserabel.» Nach Monaten des Stillstands ging alles blitzschnell. Am nächsten Tag stand sie mit weiteren zehn Leuten vor dem Tor. Ein mitleidiger Lkw-Fahrer nahm sie mit nach Kattowitz, dort setzte sie sich in den Zug in die Heimatstadt Bielitz. Man schrieb den 8. Juni 1946. Genau ein Jahr nach ihrer Einweisung in Schwientochlowitz war Ilse Hoffmann frei.

Weder Franz Brachmann noch Ilse Hoffmann erlebten mehr, wie von Mai 1947 bis März 1949 mindestens 3870 Ukrainer in Jaworzno eingeliefert wurden, die aus ihrem geschlossenen Siedlungsgebiet im polnischen Südosten ausgesiedelt und über das ganze Land verstreut werden sollten. Sie wurden verdächtigt, mit nationalen ukrainischen Untergrundgruppen zusammengearbeitet zu haben. Weder Franz Brachmann noch Ilse Hoffmann trafen in Jaworzno mehr mit Solomon Morel zusammen. Denn Morel wurde als Lagerleiter erst am 1. Februar 1949 eingesetzt, als man alle Deutschen und Ukrainer entlassen und das Gelände zu einem Zwangsarbeitslager für straffällige polnische Jugendliche umgewandelt hatte. Morel blieb in Jaworzno bis zum 20. November 1951.

«Man muß die Wahrheit sagen»

Angesichts der öffentlichen Beschuldigungen Anfang der neunziger Jahre verhärtete Morel immer mehr. Nicht nur die Kattowitzer Lokalpresse und die polnischen Wochenzeitungen *Wieści* und *Tygodnik Powszechny* hatten ihn angegriffen. Im März 1993 war auch in der New Yorker *The Village Voice* ein Artikel des amerikanischen Journalisten John Sack erschienen – eines Juden wie Morel, dem dieser vertraut und monatelang vieles ungeschützt erzählt hatte. Nun fühlte er sich umstellt und betrogen – und leugnete jede Schuld: Es habe keinen Todesbunker gegeben, keinen einzigen Selbstmord in dem unter Hochspannung stehenden Stacheldraht, die Läuse seien von den Häftlingen mit dem Typhus eingeschleppt worden und: «Ich erkläre mit Nachdruck, daß es neben den an Typhus Gestorbenen keine anderen Todesfälle gegeben hat.»

1948 – Morel war Leiter des Gefängnisses in Ratibor – hatte sein Vorgesetzter am Schluß einer überwiegend positiven Einschätzung immerhin zu bedenken gegeben: «Manchmal vergißt er sich, und dann brechen ‹Partisanenangewohnheiten› durch, was nicht positiv und eines Parteimitglieds unwürdig ist.» Ende 1946 hatte er in Oppeln wegen ebendieser «Partisanenangewohnheiten» bereits eine «schwere Rüge» erhalten.

Morel erschien weder zu der Zeugenbefragung der «Kommission zur Untersuchung der Verbrechen gegen das polnische Volk» im Juni noch im November 1993. Einmal entschuldigte ihn seine Ehefrau Wiesława, die er 1945 im Lager kennengelernt hatte, wo sie ebenfalls zur Wachmannschaft gehörte: Er sei auf Urlaub in Israel. Das andere Mal meldete sich Morel selbst in einem kurzen förmlichen Schreiben aus Tel Aviv: Er habe seinen zwei früheren Aussagen nichts mehr hinzuzufügen.

Statt dessen suchte er Verbündete für eine offensive Verteidigungsstrategie. «Seit dreieinhalb Jahren klagen mich die Deutschen (!) wegen Rechtsbruch an, daß ich geschlagen und erschlagen hätte», beschwerte er sich Ende 1993 von Tel Aviv aus beim polnischen Justizminister: über Zeugen, die vier Jahrzehnte seine Mitbürger in Kattowitz und Umgebung waren und die die *polnische* Staatsbürgerschaft besitzen wie er.

Nur weil sie gegen ihn aussagen, sollen sie nun Deutsche sein, Fremde, Feinde. Dabei fühlten sich viele von ihnen in erster Linie als Oberschlesier, Kinder einer Grenzkultur mit deutschen, polnischen, böhmischen Anteilen, und sie haben – zweisprachig, wie sie waren – im Unterschied zu einigen Reichsdeutschen in der «braunen» Baracke 7 auch im Lager überwiegend ihr breites Oberschlesisch gesprochen – einen polnischen Dialekt mit deutschen Einsprengseln.

Aber Morel braucht das denunziatorische Stereotyp für seine Entlastung: «Ich denke, daß die Deutschen attackieren, um zu zeigen, daß nicht sie (die Polen und Juden), sondern Polen und polnische Juden die Deutschen ermordet haben. Gegen mich sagen einige Dutzend Revanchisten aus, mit denen John Sack zusammenarbeitet. Ich bitte Sie», wandte er sich an den Minister, auf sein Verständnis aufgrund der gemeinsamen kommunistischen Vergangenheit hoffend, «sich mit dieser schändlichen Provokation, die internationalen Charakter annimmt, eingehend vertraut zu machen. Die Deutschen machen das aus Rache und John Sack, der amerikanische Jude, gegen Geld.» Der exkommunistische Justizminister Włodzimierz Cimoszewicz jedoch, der es drei Jahre später sogar bis zum Ministerpräsidenten bringen sollte, hatte offensichtlich kein Verständnis, denn er leitete den Brief weiter an die «Kommission», die Morel doch gerade zu umgehen trachtete.

Ohne Fürsprecher im heimatlichen Polen, vereinsamt im fremden Israel, muß sich Morel das zweite Mal im Stich gelassen fühlen. Schon 1968 nämlich, als er die Karriereleiter bis zur Stufe des Gefängnisdirektors von Kattowitz im Range eines Oberst erklommen

hatte, hatte ihn die Partei von einem Tag auf den anderen fallenge-
lassen. Zwar konnte ihn die antisemitische Kampagne der nationalistischen Genossen nicht wie 20 000 anderer Polen jüdischer Herkunft aus dem Land treiben. Aber ein ärztliches Attest stellte ihn
mit der Diagnose einer «dauerhaften Berufsunfähigkeit» dauerhaft
kalt. Er war 48 Jahre jung.

Kann er es noch wagen, aus dem fremden Israel, dessen Klima
ihm zusetzt, heimzukehren, ohne das Risiko einer Verhaftung ein-
zugehen? Die «Kommission» in Kattowitz jedenfalls hielt die Be-
weislage Ende 1993 für ausreichend, um die Unterlagen der Staatsanwaltschaft zu übergeben. Nur die Zentrale in Warschau bremste
noch: Es sei «verfrüht», gab sie zu bedenken und forderte die Vernehmung von weiteren Zeugen aus dem Block 7. Doch Gerhard
Gruschka wurde nie geladen und Eric van Calsteren ist tot. «Unter
Berufung auf die sogenannte Staatsräson wird alles getan», schrieb
Dorota Boreczek enttäuscht und bitter im Januar 1994 an die Zentrale in Warschau, «um das Problem der juristischen wie mora-
lischen Verantwortung zu umgehen.»

«Man muß die Wahrheit sagen», urteilt hingegen Feliks Lipman,
der Vorsitzende der jüdischen Gemeinde in Kattowitz, obwohl Solomon Morel ihn aus Tel Aviv zu erpressen versuchte: Wenn er ihn
nicht verteidige, sei er kein Jude mehr. Doch für Lipman, der den
Krieg mit falschen Papieren in schlesischen Arbeitslagern überlebte und seit 1983 die kleine jüdische Gemeinde in den kärglich
ausgestatteten Räumen unweit des Bahnhofs leitet, kann es Loyalität unter diesen Umständen nicht geben. «Nicht alle Deutschen
sind Hitleristen und nicht alle Polen und Juden unschuldig», befindet er. «Wer Verbrechen begangen hat, soll dafür bestraft werden.»

Der Holocaust, sagt John Sack zur Verteidigung seines Buches
«Auge um Auge», werde durch Geschichten wie die von Solomon
Morel nicht relativiert. Im Gegenteil. «Der Holocaust war schlim-
mer, als wir dachten. Wir wußten, daß die Deutschen sechs Millio-
nen Juden töteten. Jetzt wissen wir auch, daß sie einige hundert
Juden so stark brutalisierten, daß sie wie Deutsche wurden. Was in

den Lagern nach 1945, was mit Morel passierte, ist eine weitere Folge des Holocaust.»

Unter diesem Aspekt waren die internierten Deutschen Opfer desselben Systems wie die vergasten Juden. «Die Toten von Auschwitz, Treblinka, Majdanek, Buchenwald, Ravensbrück dürfen nicht vergessen werden», ist Gerhard Gruschka überzeugt. «Unsere Zukunft kann nicht vor Radikalismus bewahrt bleiben, wenn wir uns der Vergangenheit nicht stetig erinnern. Aber», fügt er hinzu – nicht um gleichzusetzen, nicht um zu relativieren, sondern um das Leid im ganzen Ausmaß anzuerkennen –, «die Aufarbeitung darf nicht 1945 enden. Die Toten von Auschwitz, denke ich, werden nichts dagegen haben, wenn ich die Toten von Schwientochlowitz in der Erinnerung neben sie lege.»

Gerhard Gruschka, der ehemalige Reichsdeutsche, der sein ganzes Erwachsenenleben in der Bundesrepublik verbrachte, hat Mitte Oktober 1994 in den ziegelroten Pfosten des Tors von Schwientochlowitz einen kleinen Gedenkstein eingemauert. Józef Malik, der Volksdeutsche aus Rybnik, der zeit seines Lebens in Polen blieb, stellte fast zur gleichen Zeit ein 2,70 Meter großes Holzkreuz auf dem Friedhof neben dem Lager auf. Viele Unbekannte legen zu Allerseelen hier und dort Blumen nieder und zünden Kerzen an. Niemals, so die stille Botschaft, dürfen Menschen wieder aus rassistischen Motiven gequält und getötet werden.

Franz Brachmann hat das nicht mehr erlebt. Anfang der achtziger Jahre ist er in seinem oberschlesischen Heimatort verstorben. Im kommunistischen Polen hatte er keine Chance erhalten, sein eigenes Leid als Folge desselben mörderischen Systems zu begreifen, das den Genozid der Juden und die Versklavung der Polen betrieben hatte. In seinen viele Schulhefte umfassenden handschriftlichen Erinnerungen, die er in den fünfziger Jahren an die Zeit zwischen 1945 und 1956 niederschrieb, finden sich weder Reflexionen über sein Verhältnis zum Nationalsozialismus, dem er sich durch Mitgliedschaft in der Partei und in der Nationalsozialistischen Volkswohlfahrt zumindest anpaßte, noch über die Schuld, die Deutsche während des Krieges auf verschiedene Weise auf sich geladen haben. Sein ganzes Verhalten zeugt jedoch von der Angst vor Bestrafung.

Zwar kehrte er im August 1947 aus der DDR nach Oberschlesien zurück, weil Frau und Kinder weiterhin dort lebten. Aber aus Angst vor erneuter Verhaftung versteckte er sich. Wochenlang, monatelang, jahrelang. Von August 1947 bis Januar 1956. Im Schrank des einzigen Zimmers seiner Frau, auf dem Dachboden im Haus seines ältesten Bruders, in der Wohnung seiner verheirateten Tochter, auf dem Boden des neuerbauten Hauses seiner Schwester. In kalten Wintermonaten, wo er es in den zugigen Giebeln nur im Bett aushielt; in heißen Sommermonaten, in denen er in der Hitze nur noch vor sich hin döste. Er verfiel in Depressionen, wurde unausgeglichen, aufbrausend – eine Belastung auch für die wohlwollende Familie.

Hätte sie ihn schließlich nicht gezwungen, hätte sich Brachmann vielleicht nie gestellt. Nach einer allgemeinen politischen Amnestie ging er am 13. Januar 1956 mit schriftlichen Ausführungen über seine ehemalige politische Tätigkeit im NS-Regime zum Staatsanwalt. «Während ich vor dem Prokurator saß, las dieser Zeile für Zeile meines Schreibens und nickte fortwährend mit dem Kopf. Meine Frau saß neben mir und wartete ebenfalls mit klopfendem Herzen.» Der Staatsanwalt war genauso höflich und zuvorkommend wie der Loslauer Leiter des Geheimdienstes drei Tage später. Und beide stellten voller Unverständnis dieselbe Frage: «Warum haben Sie so lange gewartet?»

Bereits Ende Januar 1956 besaß Franz Brachmann die polnische Staatsangehörigkeit, ohne einen Antrag gestellt zu haben.

Deutsche und Polen: Eine historische Rekapitulation

Vertreibung und Internierung

Flucht und Vertreibung der Deutschen aus den Gebieten östlich der Oder und Neiße sind gut dokumentiert. Über 10 000 individuelle und 18 000 sogenannte Gemeindeschicksalsberichte, in denen das Geschehen ganzer Ortschaften festgehalten wurde, sind im Bundesarchiv Koblenz seit Beginn der fünfziger Jahre gesammelt worden. Gemeinden, die im ehemaligen Reichsgebiet östlich von Oder und Neiße lagen, wurden zu 85 Prozent erfaßt; Gemeinden, die dem Reich erst nach Hitlers Überfall auf Polen 1939 eingegliedert wurden, immerhin in ihrer Mehrheit, soweit sie von Deutschen bewohnt waren.[1]

Wir wissen also viel, aber dennoch nicht alles. Solange Polen sich nicht entschließt, seine Archive nach nunmehr über fünfzig Jahren ohne Einschränkung zu öffnen, bleiben Lücken, die durch Mutmaßungen ausgefüllt werden müssen. Zum Beispiel über die Lager, die der polnische Sicherheitsdienst zwischen 1944 und 1950 für die deutsche Zivilbevölkerung errichtete.

Die Vertreibung der deutschen Bevölkerung erfolgte zunächst vor allem aus den reichsdeutschen Gebieten, die Polen mit dem Potsdamer Abkommen im August 1945 zugesprochen worden waren: aus Ostpreußen, dem östlichen Pommern, aus Ostbrandenburg, Niederschlesien und dem Oppelner Oberschlesien. Jene Deutschen hingegen, die vor 1939 als Minderheit im polnischen Staat ansässig waren, wurden bei Kriegsende nicht vertrieben, sondern interniert und zur Zwangsarbeit verpflichtet. Über das Schicksal dieser polnischen Staatsbürger deutscher Nationalität, die nach 1939 zum kleineren Teil im sogenannten Generalgouvernement und zum größeren in den «eingegliederten Gebieten» lebten, ist wenig bekannt. Zum einen, weil sie nur eine verhältnismäßig kleine Gruppe bildeten[2]; zum anderen, weil nicht alle Deutschen den polnischen Staat später verließen. Nach Hitlers Überfall auf Polen war das Land dreigeteilt worden. Die Gebiete, die östlich einer grob durch die Flüsse San, Bug und Narew gebildeten Linie lagen, wurden aufgrund des geheimen Ribbentrop-Molotow-Abkommens am 17. September 1939 von der Sowjetunion besetzt.[3] Das deutsch besetzte Polen hingegen fiel in etwa zu gleichen Teilen in eine Zone der «Eindeutschung» (die Reichsgaue Wartheland und Danzig-Westpreußen, Südostpreußen, Regierungsbezirk Kattowitz und teilweise Oppeln) und eine Zone der «Abkapselung» (das sogenannte Generalgouvernement mit den Distrikten Warschau, Radom, Lublin und Krakau).

Das Generalgouvernement war bestimmt als «Heimstätte» des polnischen Volkes, wie die NS-Sprache das Reservat für Landarbeiter und Ressourcen anfangs euphemistisch umschrieb. Ihm wurde nicht einmal der völkerrechtliche Status eines besetzten Gebietes zuerkannt. In dieses «reichs-exterritoriale deutsche ‹Nebenland› ohne Staatseigenschaft mit staatenlosen Einwohnern polnischer Volkszugehörigkeit»[4] wurden von 1939 bis 1941 zusätzlich zu der eingesessenen Bevölkerung Hunderttausende weiterer Polen und Juden aus den eingedeutschten westpolnischen Gebieten zwangsumgesiedelt bzw. dort in Konzentrations- und Arbeitslagern zusammengetrieben. Gleichzeitig führte man etwa 30 000 Cholmer Deutsche aus dem östlichen Generalgouvernement «heim» Richtung Westen in die neuen Reichsgebiete.

Als die Rote Armee und in ihrem Gefolge das moskautreue «Polnische Komitee der Nationalen Befreiung» (PKWN) im Sommer 1944 die Grenze zum Generalgouvernement überschritten, kam der Auseinandersetzung mit dem Volk der «Hitleristen» noch keine vorrangige Bedeutung zu. Vielmehr war das von Moskau eingesetzte Komitee zunächst voll und ganz mit der Bekämpfung der zahlenmäßig weit überlegenen Konkurrenz, der als reaktionär verschrienen «Heimatarmee» (AK), beschäftigt. Denn die Niederschlagung dieses «Auswurfs der Reaktion» bildete die Voraussetzung zum Aufbau einer prokommunistischen Staatsmacht.

Das «Polnische Komitee der Nationalen Befreiung» war mit seinem Gründungsmanifest am 21. Juli 1944 in Moskau an die Öffentlichkeit getreten – genau einen Tag später nachdem die Rote Armee den Bug und damit jene Linie überschritten hatte, die nach dem Willen Stalins die künftige polnisch-sowjetische Staatsgrenze bilden sollte. Daß er dem Nachbarn ein Drittel seines Landes nehmen wollte, hielt Stalin vor der polnischen Öffentlichkeit allerdings damals noch geheim. Das eingeweihte «Polnische Komitee der Nationalen Befreiung» hingegen, in dem Stalin den Kern der künftigen polnischen Regierung sah, erkaufte sich sein Wohlwollen dadurch, daß es sich noch am 27. Juli 1944 schriftlich mit der sogenannten Curzon-Linie[5] als zukünftiger polnischer Ostgrenze einverstanden erklärte. Unmittelbar danach verlegte es seinen Amtssitz aus dem Moskauer Exil auf polnischen Boden: zunächst nach Cholm, der ersten Stadt, die die Rote Armee westlich der Curzon-Linie erobert hatte, dann nach Lublin.

Die Sowjetunion erkannte das «Lubliner Komitee» als einzige rechtmäßige polnische Vertretung an. Und obwohl die westlichen Alliierten noch an der polnischen Exilregierung in London als legitimer Interessenvertretung des besetzten Polen festhielten, entschieden die Machtverhältnisse zugunsten der Stalinschen Konzeption. Im Rücken der Roten Armee, vom Bug bis zur Weichsel, begann das «Lubliner Komitee» seit Sommer 1944 eine neue polnische Zivilverwaltung, ein neues polnisches Heer und einen neuen polnischen Sicherheitsdienst aufzubauen. Die oberste Macht blieb zwar bei der sowjetischen Militärführung, aber sie war eingegrenzt auf «militärische Belange».[6]

Aus taktischen Gründen bildeten die Kommunisten im PKWN nicht die Mehrheit. Im Repressionsapparat allerdings – dem Sicherheitsdienst, der neugegründeten «Bürgermiliz» und dem Inneren Militär – wurden die führenden Stellen ausschließlich mit Genossen besetzt, die sich während der Kriegszeit in der Sowjetunion bewährt hatten. Zum Chef des Ressorts für Öffentliche Sicherheit wurde Stanisław Radkiewicz ernannt. Da er in den eigenen Reihen kaum auf Fachkompetenz zurückgreifen konnte, zählte die Schulung polnischer Anwärter durch den sowjetischen Geheimdienst NKWD zu den dringlichsten Aufgaben seiner Behörde. Im Dezember 1944 waren etwa 2500 Personen im Sicherheitsdienst beschäftigt, im Mai 1945 waren es bereits über 11000.

In der Abwehr kam es bis Ende 1944 zur Gründung einer Sektion «Kampf mit der deutschen Spionage», aber mit den Volksdeutschen beschäftigte sich der Dienst mit einer gesonderten Abteilung erst nach mehreren Umstrukturierungen im Laufe des Jahres 1945.[7]

So war das Dekret vom 31. August 1944 über die «Strafzumessung für faschistisch-hitleristische Verbrecher» nicht speziell gegen Deutsche, sondern allgemein gegen alle gerichtet, die mit der deutschen Besatzungsmacht kollaboriert hatten. Danach sollte mit hohen Gefängnisstrafen oder dem Tode bestraft werden, wer an der Tötung, Mißhandlung oder Verfolgung von polnischen Zivilpersonen und Kriegsgefangenen teilgenommen sowie Personen ausgeliefert oder festgenommen hatte: beispielsweise die Mitglieder der sogenannten blauen Polizei – Polen, die während des Krieges mit der Gestapo bei der Verfolgung von Partisanen, Juden und geflüchteten Kriegsgefangenen zusammengearbeitet hatten. In späteren Jahren, besonders nach 1948, wurde das Dekret in Prozessen gegen Mitglieder der «Heimatarmee» auch zur Ausschaltung des politischen Gegners genutzt.[8]

Am 4. November 1944 beschloß das «Polnische Komitee der Nationalen Befreiung» «Sicherungsmaßnahmen gegenüber Volksverrätern». Von nun an sollten alle polnischen Staatsbürger, die sich während der Besatzungszeit zur deutschen Nationalität bekannt oder ihre deutsche Abstammung erklärt hatten, für unbegrenzte Zeit in Lagern interniert und zur Zwangsarbeit eingesetzt werden. Den Betroffenen und ihren Familienmitgliedern wurden alle öffentlichen und bürgerlichen Rechte entzogen, ihr Vermögen wurde beschlagnahmt. Mildernde Umstände, die die Einweisung ins Lager hätten verhindern können, waren nicht vorgesehen, da – so die Annahme – die Betroffenen nicht unter dem Druck des NS-Regimes, sondern freiwillig gehandelt hätten. «Diese Mittel», so formulierte eine Instruktion des Sicherheitsministeriums vom 30. Oktober 1944, «haben die schnelle und massenhafte Isolierung der Volksdeutschen vom Rest der Gesellschaft sowie ihre Enteignung und Entrechtung zum Ziel.»

Zwischen November 1944 und März 1945 wurden im Raum Lublin vom polnischen Inneren Militär offensichtlich aber nur 1084 Reichsdeutsche und Volksdeutsche inhaftiert, vor allem Frauen, Kinder und Alte. Sie saßen in den Internierungslagern in Majdanek, Poniatowa, Nowiny (bei Tomaszów) und in Krzesimow (bei Lublin) gemeinsam mit den verhafteten Soldaten der «Heimatarmee».[9]

Die nachgeordnete Bedeutung des Umgangs mit den «Volksverrätern» änderte sich schlagartig ab Januar 1945, als die Rote Armee im Zuge einer neuen Offensive in Zentralpolen über Warschau nach Posen marschierte und im Norden nach Ost- und Westpreußen, im Süden nach Oberschlesien vordrang – in jene eingedeutschten Gebiete also, die vor 1939 zum polnischen Staatsgebiet gehört hatten.

Zwar waren diese Landstriche aufgrund ihres hohen Anteils an polnischer Bevölkerung weder verwaltungsmäßig noch rechtlich dem Deutschen Reich voll gleichgestellt worden, und niemand hatte sie ohne behördliche Genehmigung betreten oder verlassen dürfen. Aber die Währung war beispielsweise angeglichen und auch die Zollgrenze bis an das Generalgouvernement vorverlegt worden. Außerdem war im Unterschied zum Generalgouvernement ein großer Teil der eingesessenen Bevölkerung für «eindeutschungsfähig» befunden und gegenüber den Nationalpolen privilegiert worden.

Ursprünglich war das Reichsinnenministerium davon ausgegangen, daß der als nicht assimilierbar geltende nationalpolnische Bevölkerungsanteil aus den eingegliederten Gebieten ins Generalgouvernement ausgesiedelt, dem Rest hingegen generell die deutsche Staatsbürgerschaft zuerkannt werden sollte. Volksdeutsche sollten sich von den «Fremdvölkischen» nicht durch den Besitz der Staatsangehörigkeit, sondern durch den Besitz des mit mehr Privilegien verbundenen Reichsbürgerrechts unterscheiden.[10] Doch noch bevor das Innenministerium entsprechende Kriterien erlassen hatte, waren NSDAP, Sicherheitsdienst der SS und die Organisationen des deutschen Volkstums in jenen Gebieten eigene Wege gegangen. In Danzig-Westpreußen hatten 1939/40 aufgestiegene Aktivisten lokaler deutscher Vereinigungen den Deutschtumsausweis aus egozentrischen Motiven zunächst nur einem relativ kleinen Kreis ausgestellt. In Posen und dem Warthegau, wo die Erfassung der Volksdeutschen schließlich vom Sicherheitsdienst der SS vorgenommen wurde, hatte sich eine nach rassepolitischen Gesichtspunkten noch rigidere Kategorisierung in vier Gruppen durchgesetzt. Nur in Oberschlesien wollte man möglichst große Teile der alteingesessenen Bevölkerung «eindeutschen».

Da eine derart unterschiedliche Praxis nicht tragbar war, erklärte das Reichsinnenministerium schließlich trotz eigener Bedenken die rigorosen rassepolitischen Richtlinien aus dem Warthegau allgemein für verbindlich und schlug mit der Verordnung vom 4. März 1941 vier Volkslistengruppen vor. Danach war die Bevölkerung nach folgenden Kriterien aufzuteilen:

Gruppe 1:
Personen, die sich vor dem 1. 9. 1939 aktiv im Volkstumskampf hervorgetan hatten – sogenannte Bekenntnisdeutsche, die ihr Deutschtum durch Zugehörigkeit zu deutschen politischen, kulturellen oder sportlichen Organisationen offen bekundet hatten.

Gruppe 2:
Personen, die zwar eine deutsche Abstammung besaßen, aber öffentlich nicht als Deutsche hervorgetreten waren.
(Die Angehörigen beider Gruppen erwarben mit Wirkung vom 26. Oktober 1939 die deutsche Staatsangehörigkeit, erkennbar an blauen Deutsche-Volkslisten-Ausweisen.)

Gruppe 3:

Personen überwiegend deutscher Herkunft und prodeutscher Gesinnung, die «Bindungen zum Polentum» eingegangen, «polnisch versippt» waren, ferner die Angehörigen der sogenannten Zwischenschichten (Kaschuben, Masuren, Oberschlesier, Slonzaken), die als «eindeutschungsfähig» galten. Diese Gruppe erhielt im Januar 1941 die «Staatsangehörigkeit auf Widerruf» (grüner Ausweis).

Gruppe 4:

Der kleine Kreis «aktiv verpolter Deutschstämmiger», sogenannter Renegaten, die in Mischehen lebten oder durch die katholische Kirche «polonisiert» waren. Sie erwarben mit der Aufnahme in die Deutsche Volksliste (roter Ausweis) nur die Anwartschaft auf die deutsche Staatsangehörigkeit.

Damit war die Eindeutschungspolitik zwar formal vereinheitlicht, in der Praxis wirkten die Unterschiede jedoch weiter fort. Die Statistik zeigt große zahlenmäßige Abweichungen in der Gruppe 3 zwischen dem Reichsgau Wartheland einerseits und dem Reichsgau Danzig-Westpreußen und Oberschlesien andererseits. Waren im Posener Raum nur 65 000 Menschen in die Volksliste 3 aufgenommen worden, so hatten in Westpreußen und Oberschlesien zusammen 1,67 Millionen Personen den grünen Ausweis erhalten.[11]

1,6 Millionen Menschen, die sich zum Deutschtum bekannt hatten: Sollte das «Polnische Komitee der Nationalen Befreiung», das sich am 31. Dezember 1944 in eine Provisorische Regierung umgebildet hatte, wie bisher auf dem ehemaligen Gebiet des Generalgouvernements verfahren und alle «Volksverräter» in Internierungslager einweisen, so wie es das Dekret vom 4. November 1944 vorsah? Oder gab es spezifische Bedingungen in den eingegliederten Gebieten, die ein neues Verfahren gegenüber den Volksdeutschen nicht nur rechtfertigten, sondern erforderlich machten? Konnte es sich die Provisorische Regierung überhaupt leisten, in einer so dezimierten Nation wie der polnischen ganze ethnische Gruppen aus dem Aufbauprozeß auszuschließen?

Mit einem Dekret vom 28. Februar 1945 (das allerdings nicht in Kraft trat) und einem Gesetz vom 6. Mai 1945 trug die Regierung der neuen Situation Rechnung. Mit dem Dekret «über den Ausschluß feindlicher Elemente aus der polnischen Volksgemeinschaft» wurden den Angehörigen der Volkslistengruppen 3 und 4 in den ehemals eingegliederten Gebieten und der Freien Stadt Danzig die vollen staatsbürgerlichen Rechte gewährt, sofern sie eine Treueerklärung gegenüber dem polnischen Staat abgaben. Angehörige der Volksliste 2 erhielten die Möglichkeit einer Rehabilitierung vor Gericht: Dort mußten sie nachweisen, daß sie gegen ihren Willen in die Volksliste aufgenommen worden waren und ihre «polnische nationale Besonderheit» bewahrt hatten.

Obwohl das Gesetz über die «feindlichen Elemente» gegenüber dem Dekret über die «Volksverräter» schon wesentliche Zugeständnisse enthielt, rief es in den betroffenen Regionen starken Widerspruch hervor. Das Schlesische Institut in Kattowitz beispielsweise wies in einem Brief an den Justizminister im Februar 1946 darauf hin, daß die Unterzeichnung der Treueerklärung und ihre anschließende öffentliche Bekanntgabe (zum Zweck eventueller Einwände) eine Zumutung sei: «Die gesamte Bevölkerung, die bei der Deutschen Volksliste eingetragen war, befand sich aufgrund des Rechts im Zustand einer strafrechtlichen Verdächtigung.» Aus dieser Stigmatisierung sei unter den Angehörigen der Volkslisten 3 und 4 als Trotzreaktion eine «spezifische Solidarität» erwachsen. Auch unter den Angehörigen der Volksliste 2 seien negative psychologische Wirkungen zu konstatieren. So moderat die Richter und Schöffen bei den Rehabilitierungsverfahren aufgrund der großen Zahl der Antragsteller in der Regel auch entschieden hätten, so unverständlich hart sei die Strafe (auf unbegrenzte Zeit Einweisung in ein Internierungslager) im Fall der Ablehnung geblieben. Dies müsse ein «unvorhersehbares Echo hervorrufen und das, was Fachleute einen psychologischen Schock nennen».[12] Da auch Juristen Kritik daran vortrugen, daß die bisherige Regelung die Grenze zwischen strafrechtlichen und administrativen Maßnahmen verwische und ein Rehabilitierungsverfahren zumindest in jenen Regionen inadäquat sei, in denen die Bevölkerung die Deutsche Volksliste unter Druck unterschrieben habe[13], korrigierte die polnische Regierung die Verfahrensweise noch einmal und schaffte Treueerklärung wie Rehabilitierungsverfahren ab.

Statt dessen ahndete das Dekret vom 28. Juni 1946 «den Abfall von der Nationalität während des Krieges 1939–1945» mit Gefängnis bis zu zehn Jahren. Es ließ allerdings all jene straffrei ausgehen, die das Bekenntnis zur deutschen Nationalität oder Herkunft (wie in Schlesien und Pommerellen) unter Druck abgelegt hatten; die sich trotz ihres Bekenntnisses zur deutschen Nationalität an den Kämpfen gegen die Deutschen beteiligt hatten (beispielsweise in den polnischen Verbänden, die an der Seite der englischen Alliierten gekämpft hatten, oder in den Reihen des neugegründeten polnischen Heeres, das an der Eroberung von Berlin teilnahm); die sich schon vor Kriegsausbruch 1939 zur deutschen Nationalität bekannt, also der Minderheit angehört hatten.

Die Angehörigen der letzten Gruppe wurden zwar nicht strafrechtlich belangt, aber sie verloren aufgrund eines ergänzenden Gesetzes vom 13. September 1946 – nun schon auf dem Verwaltungsweg – ihre polnische Staatsbürgerschaft, ihr Vermögen und wurden des Landes verwiesen: Wer Deutscher bleiben wollte, mußte gehen oder in der polnischen Heimat seine deutsche Nationalität verleugnen.

Am 20. Juli 1950 hob die polnische Regierung schließlich alle «Sanktionen und Beschränkungen gegenüber Staatsbürgern (auf), die ihre Zugehörigkeit zur deutschen Nationalität erklärt hatten». Bereits laufende Verfahren wurden niedergeschlagen, neue Verfahren nicht mehr eröffnet. Bereits verhängte Strafen wurden erlassen, der Verlust öffentlicher und bürgerlicher Ehrenrechte rückgängig gemacht. Die Kampagne war erfolgreich beendet: Die Mehrheit der ehemaligen Angehörigen der Volkslisten 3 und 4 hatte sich – so

190

hieß es – beim Aufbau und der «Festigung der Volksmacht» verdient gemacht, die nicht assimilierbaren Deutschen waren ausgewiesen, die Verbliebenen zur Anpassung gezwungen worden. Die polnische Volksmacht hatte nach eben denselben Prinzipien «polonisiert» wie Hitler «eingedeutscht» hatte – nur unter umgekehrten Vorzeichen. Und mit dem gleichen Mißerfolg. Nach 1989 stellte sich heraus, daß in Polen immer noch eine deutsche Minderheit existierte, der sich etwa eine halbe Million Menschen zugehörig fühlten.

«Es gibt keine guten Deutschen»

Das Polen des «Lubliner Komitees» war kein souveränes Polen. Zwar sollten nach einem Abkommen vom 26. Juli 1944 nur Straftaten «in der Zone der Kriegshandlungen» der Rechtsprechung der obersten sowjetischen Militärführung unterliegen und die zivile Verwaltung nach dem Vormarsch der Front in polnische Hände übergehen. Aber die Sowjets mischten sich von Anfang an in die innenpolitische Auseinandersetzung ein. In der zweiten Jahreshälfte 1944 wurden Tausende von Soldaten und Offizieren der «Heimatarmee», polnische Oppositionspolitiker und Zivilisten aus Ostpolen ins Innere Rußlands deportiert.[14] Nach der Offensive Anfang 1945 wiederholten sich dieselben Methoden im westlichen Polen. Sogar in Oberschlesien, im südlichen Ostpreußen und in Danzig, wo die neue polnische Verwaltung – im Unterschied etwa zu Niederschlesien – der Roten Armee auf dem Fuße gefolgt war, bestand die sowjetische Militärführung auf ihrer übergeordneten Rolle, obwohl das Abkommen über die Zusammenarbeit im Februar 1945 dahingehend präzisiert worden war, daß zur «Zone der Kriegshandlungen» nur die Gebiete im Umkreis von 60 bis 100 Kilometer Entfernung zählen sollten. Praktisch blieb diese Regelung in den ersten Monaten nach dem Durchzug der Roten Armee ohne Bedeutung.

Hinzu kam, daß zwischen polnischen und sowjetischen Kommunisten zwar ein Einvernehmen über die polnische Ostgrenze erzielt worden war. Was hingegen als polnische Westgrenze betrachtet werden sollte, blieb monatelang ungeklärt. Nachweislich orientierte sich die sowjetische Militärführung nicht an der politischen Geographie, geschweige denn an der komplizierten Nationalitätenfrage. Als die Front aus dem Generalgouvernement in die Gebiete vorrückte, die dem Deutschen Reich eingegliedert worden waren, benahmen sich die Sowjets teilweise so, als wären sie bereits in Deutschland: Sie demontierten Maschinenanlagen, konfiszierten Ersatzteile, Rohmaterialien, Tausende Tonnen von Zucker und Salz, und sie requirierten Getreide zur Versorgung ihrer Soldaten. Erst im Sommer 1945 wurde für den Raum Danzig-Westpreußen mit der sowjetischen Nordgruppe die Übergabe aller Fabriken einschließlich ihres Inventars in polnische Hände vereinbart. Den Morden, Vergewaltigungen, Körperverletzungen, Diebstählen, Raubüberfällen gegenüber der Bevölkerung setzte die formale Machtübergabe aber immer noch kein Ende. So enthielt beispielsweise der Situationsbericht des Kreises Bromberg vom 3. Juli 1945 noch die Klage, daß das «zu radikale Auftreten einiger (sowjetischer) Einheiten und Personen» die Dankbarkeit der Polen gegenüber dem «Befreier» stark mindere. «Es passiert doch sehr oft, daß die Soldaten der Bevölkerung Unrecht tun, ihnen bewegliche Güter entwenden, und ziemlich häufig kommt es zu Vergewaltigungen.»

Dem NKWD galten die Polen in den eingegliederten Gebieten allein schon wegen ihrer deutschen Ausweispapiere als Deutsche. Als der sowjetische Geheimdienstchef L. P. Berija Anfang Februar 1945 anordnete, alle deutschen Männer zwischen 17 und 50 zu registrieren und zu inhaftieren, traf es in Ost-Oberschlesien und einigen westpreußischen Teilen massenweise Angehörige der Volksliste 3, da doch 875000 Oberschlesier und 725000 Polen im westpreußischen Raum als «eindeutschungsfähig» erachtet worden waren. Im Kreis Tuchel beispielsweise stellten sie von den 801 Deportierten 93,4 Prozent, in Bromberg 80,5 Prozent.[15] Teils wurden die Männer von sowjetischen Offizieren registriert, bevor sie verhört und in Durchgangslager verbracht wurden. Teils wurde die Bevölkerung einfach von der Straße weggefangen oder von zu Hause abgeholt.

In Oberschlesien hatte die Aktion das zahlenmäßig größte Ausmaß, weil viele Bergleute und Industriearbeiter nicht zum Militär eingezogen worden waren. Die Region war übersät mit Durchgangslagern – in Kreuzburg, Heidebreck, Sosnowitz, Königshütte,

Myslowitz, Schwientochlowitz, Kattowitz-Ligota, Blechhammer oder in Laband bei Gleiwitz. Im westpreußischen Raum existierten die Lagerkomplexe von Graudenz, Zichenau und die Barackenlager in Matwy und Posen. Von vielen kleinen Auffangstellen aus wurden die Männer meist ohne Verpflegung und bei großer Kälte zu größeren Sammelpunkten geführt, wo jeweils etwa 1000 Personen zu Transporten in das Donezbecken, in den Ural, nach Kasachstan und Sibirien zusammengestellt wurden.

Wie viele Polen insgesamt deportiert wurden, weil sie der dritten Gruppe der Volksliste angehört hatten, ist noch unbekannt. Die polnische Botschaft in Moskau berichtete von mindestens 15 000 polnischen Bergarbeitern, «die von den Sowjets zu Unrecht als Deutsche» behandelt worden seien.[16] Quellen im Bromberger Staatsarchiv belegen allein aus der Wojewodschaft Pommern 15 000 Deportierte, von denen drei Viertel Volksdeutsche der dritten Kategorie und ein Viertel Polen gewesen seien. Als Gesamtzahl derer, die zwischen dem 11. Februar und dem 16. April 1945 tatsächlich in die Sowjetunion deportiert wurden und nicht in Sammellagern auf polnischem Territorium verblieben, nennen sowjetische Quellen 96 408 Personen.[16a]

Die Interessen der neuen polnischen Zivilverwaltung mußten zwangsläufig mit denen der Sowjets kollidieren. Während die polnische Regierung Angehörige der Volksliste 3 als Polen integrieren wollte, bestraften die Sowjets sie als Deutsche. Vom 28. März 1945 sind – übrigens erfolglose – Bemühungen um die Freilassung von 189 Bergarbeitern der Zeche «Beuthen» bekannt. Mitte April wandte sich der Graudenzer Starost (Leiter des Kreises) an den vorgesetzten Wojewoden in Bromberg mit der Bitte, für 537 bereits in die Sowjetunion deportierte Personen seines Kreises (387 Männer, 145 Frauen und 5 Kinder) die Freilassung «aus den Konzentrationslagern» durchzusetzen, damit sie «die Möglichkeit erhalten, ihre polnische Sonderheit zu beweisen»: Der Mehrheit stünden nämlich die vollen staatsbürgerlichen Rechte zu.[17] Ähnliche Beschwerdebriefe richteten die Bürgermeister anderer westpreußischer Orte an den Wojewoden in Thorn. In Schlesien fahndete ab Sommer 1945 eine eigens zu diesem Zweck gegründete Kommission in oberschlesischen NKWD-Lager nach polnischen Zivilisten und polnischen Kriegsgefangenen, untersuchte im Kreis Oppeln vom 6. bis 11. August 1945 vier Lager für Zivilbevölkerung und drei für Kriegsgefangene (insgesamt 13000 Personen) und wurde im ehemaligen Konzentrationslager Auschwitz vorstellig, nachdem dort einsitzende Polen über ihren Sprecher Wilhelm Polok am 12. August 1945 einen Brief an den Wojewoden Aleksander Zawadzki herausgeschmuggelt hatten: «Wir sind hier im Lager mit 1290 Personen – sowohl polnische Zivilisten wie polnische Kriegsgefangene, Soldaten aus der ehemaligen deutschen Armee. Ein Teil der Polen ist im Block 15 untergebracht, und zwar mit 665 Personen, eingeteilt in Kompanien. Der Rest sitzt verstreut in anderen Blocks in deutschen Kompanien, und es ist nicht möglich, sich mit ihnen zusammenzutun, weil es sich um Polen aus dem Oppelner Schlesien handelt, die die deutsche Staatsbürgerschaft besitzen. Das Schicksal aller Polen im Lager Auschwitz ist ungewiß. Vor kurzem wurden 700 Polen, die einer Arbeitsgruppe zugerechnet wurden, gemeinsam mit deutschen Kriegsgefangenen in unbekannte Richtung verschickt ...»[18]

Die Kommission konnte zwar noch Tausende von Polen aus den NKWD-Lagern auf polnischem Boden herausholen. Aber die Versuche, bereits deportierte Polen aus sowjetischen Lagern freizubekommen, scheiterten. Nach einer ersten Entlassungswelle gleich Ende 1945 zogen sich die Rücktransporte der Polen genau so wie die der Deutschen noch jahrelang hin.

Die meisten NKWD-Durchgangslager sind bereits nach wenigen Wochen im April/Mai 1945 wieder aufgelöst bzw. den Polen übergeben worden. Ein Teil der größeren Sammellager aber hat zumindest bis zur Jahreswende 1945/46 existiert und schwer Belastete oder Kranke aus aufgelösten Lagern aufgenommen. Nach Graudenz kamen beispielsweise Mitte April 1945 die Kranken aus Zichenau und Ende 1945 diejenigen Gefangenen aus dem oberschle-

sischen Tost, die der Mitgliedschaft in der NSDAP, SA und SS verdächtigt wurden. Erst Anfang 1946 scheint der NKWD seine Lager
auf polnischem Boden endgültig an den polnischen Geheimdienst
übergeben und den «harten Kern» der Gefangenen in seine Lager
in der sowjetisch besetzten Zone (u. a. Fünfeichen) auf deutschen
Boden überwiesen zu haben.

Während sich die polnische Regierung also einerseits beim sowjetischen Geheimdienst für die Freilassung «ihrer» Bürger einsetzte, organisierte sie andererseits eigenständig oder auch in Zusammenarbeit mit dem NKWD die Internierung der als «national
fremd» erachteten Volksdeutschen der zweiten Gruppe. Nicht selten fielen Deutsche, gerade vom Verhör beim NKWD entlassen, in
die Hände des polnischen Sicherheitsdienstes UB. Die Höhepunkte
der einen wie der anderen Verhaftungswelle waren die Monate Februar bis April 1945.

Die polnischen Internierungslager waren dem Sicherheitsministerium, Abteilung Gefängnisse und Lager, unterstellt; zu ihrem
Leiter wurde zunächst Major Tadeusz Duda berufen, im Januar
1946 löste ihn Oberstleutnant D. J. Łańcut ab. Ähnlich wie der
NKWD nutzte auch der polnische Geheimdienst unmittelbar nach
der Festnahme Kirchen, Schulen, die Keller von Gerichten oder
Polizeistationen, Gehöfte oder Luftschutzkeller als lokale Auf-
fangstellen, um die Verhafteten dann nach Verhören, die in ihrer
Brutalität denen des NKWD in nichts nachstanden, in Arbeitslager
oder aber – im Fall des Verdachts auf eine Straftat – in Gefäng-
nisse einzuweisen. Oft übernahmen die Kommunisten einfach die
Arbeitslager und Konzentrationslager der Nationalsozialisten:
Auschwitz, Birkenau, Jaworzno, Schwientochlowitz, Potulitz,
Kaltwasser, Langenau, Stuhm.

Nachdem in den ersten Wochen je nach regionalen Bedürfnissen
eine schwer überschaubare Anzahl kleinerer Lager entstanden war,
setzte T. Duda im Jahre 1945 mit der Schaffung von zunächst fünf,
dann drei sogenannten Zentrallagern eine stärkere Kontrolle
durch. Alle anderen Lager, soweit sie nicht aufgelöst wurden, un-

terstanden danach als Filialen den drei großen: Warschau in Zentralpolen, Potulitz in Nord- und Jaworzno in Südpolen.[19] «Die sogenannten Volksdeutschen (Gruppe 2 der Volksliste) befinden sich überwiegend in Arbeitslagern, ihr Eigentum unterliegt der Konfiskation», meldete der «Situationsbericht» der Stadt Bromberg im Juni 1945.

Eine Statistik des Sicherheitsdienstes vom September 1945 hält fest (VD = Volksdeutsche):

	VD 2	VD 3 u. 4	Leistungspolen	Privilegierte[20]
Thorn	59	61		15
Thorn-Rudak	716	180		
Schwientochlowitz	2060	526		68
Starogard	103	67		
Wronke	53	36		
Sosnowitz	387	378		22
Auschwitz	633	49		1
Rybnik	144	194		
Potulitz	2856	57		
Myslowitz	181	301		
Milęcin	446	74		
Kielce	59	174		
Jaworzno	3188	291	223	87
Gronowo	1459	603		
Langenau	975	43		141
Potulitz	2951	66		
Sikawa	864	70		3
insgesamt	17134	3170	223	337

Die ersten Monate in den Lagern waren am schwersten. Im Rundschreiben 34 vom 8. März 1945 («Streng geheim») beklagte sich sogar Major Tadeusz Duda darüber, daß Kontrollbesuche in Gefängnissen und Lagern ergeben hätten, daß einige Angestellte «die Gefangenen und Festgehaltenen quälen, indem sie sie mit Gummiknüppeln und anderen Geräten schlagen». Alle Formen von Mißhandlungen, schrieb Duda, seien «streng verboten»; im Fall eines eigenmächtigen Vorgehens, «von welchem Angestellten auch immer», sei unverzüglich eine Untersuchung anzuordnen und das Protokoll der Untersuchung an die Abteilung Lager und Gefängnisse zu schicken.

Zwar wurden in Einzelfällen tatsächlich Gefängniswärter zur Verantwortung gezogen[21], aber gerade in den ersten Nachkriegsmonaten mischten sich viele Randständige unter das Lager- und Gefängnispersonal. Im Warschauer Mokotów-Gefängnis wurden im Juli 1945 33 Wächter wegen Trunkenheit und Schlafen im Dienst bestraft. In Beuthen unterhielten Wärter sexuelle Beziehungen zu den weiblichen Gefangenen, ließen Päckchen verschwinden, gaben hinterlegtes Geld und andere Wertdepositen als ihr Eigentum aus. «Disziplinarüberschreitungen sind eine tägliche Erscheinung», meldete das Gefängnis aus dem oberschlesischen Ratibor: «Besonders nach dem Zahltag. Der Grund liegt in der Trunksucht.» Entsprechend berichteten Internierte aus Schwientochlowitz von besonders brutalen Mißhandlungen nach Saufgelagen der Wachmannschaft.

Die tägliche Willkür und Gewalt stachen auch noch den Vertretern des Internationalen Roten Kreuzes Ende 1947 ins Auge, als sie im Lager Jaworzno wenigstens die deutschen Kriegsgefangenen kurz besuchen durften. «Die Atmosphäre im Lager ist äußerst depressiv», stellte der Delegationsleiter F. Ehrenhold in seinem Abschlußbericht fest. «Die Kriegsgefangenen erwecken den Eindruck, als würden sie terrorisiert. Um die Angst zu beleuchten, von der sie beherrscht sind, genügt die Angabe einer Tatsache: alle Gefangenen, die es – und sei es äußerst lakonisch – wagten, auf Fragen der Vertreter des Internationalen Roten Kreuzes zu antworten, mußten dem Lagerpersonal ihre Namen nennen ...»

Bei einem Gespräch mit Kriegsgefangenen im Bergwerk «Grodziec», das der Sicherheitsdienst trotz vorbereitender Maßnahmen nicht hatte verhindern können, erfuhr die Delegation des IRK, daß die deutschen Soldaten unter Tage von polnischen Arbeitern geschlagen würden. «Das ist eine Folge dessen, wie die Deutschen mit ebendiesen Bergarbeitern während der Besetzung umgegangen sind», kommentierte der begleitende Sicherheitsbeamte später im Bericht an seinen Vorgesetzten. «Dieselben Bergleute wurden während der Okkupation in demselben Bergwerk mißhandelt, in dem sie heute arbeiten. Man hieß sie sich der Reihe nach auf die Erde legen und marschierte über sie hinüber. Es ist also nicht verwunderlich, daß sie heute eine Gelegenheit zur Revanche an den Gefangenen suchen, obwohl das Schlagen verboten ist.»

Vermutlich waren es gar nicht in erster Linie die einst Gequälten, die nun ihrerseits quälten, sondern Sadisten, gewalttätige Personen, die die rechtlose Situation der Deutschen und die ungeordneten, teilweise chaotischen Nachkriegsverhältnisse nutzten, um ihre durch den Nationalsozialismus noch verstärkten Gewaltneigungen auszuleben und sich zum Dienst im Sicherheitsdienst, in der Bürgermiliz und im Wachpersonal meldeten.[23] Als besonders grausam ist der Kommandant des Arbeitslagers Schwientochlowitz / Zgoda bei Kattowitz, Solomon Morel, beschrieben worden. Entgegen seinen eigenen Angaben gegenüber den Internierten waren weder er noch seine Eltern im Konzentrationslager Auschwitz gewesen. Die nächtlichen Übergriffe, bei denen er angeblichen NSDAP-, SA- und HJ-Mitgliedern mit bloßen Fäusten ins Gesicht schlug und sie mit Gummiknüppeln und Sitzschemeln malträtierte, sind also nicht aus persönlichen Rachemotiven zu erklären. Wegen dienstlicher Vergehen wurde Morel sogar von Warschau gerügt. Aber sein Fehlverhalten stand einem späteren Aufstieg im Sicherheitsdienst nicht im Wege.

Der Sadismus ihrer Leiter konnte sogar jene Lager zur Hölle werden lassen, die ursprünglich nur als Übergangssammelstellen für Reichsdeutsche bis zu ihrer Aussiedlung gedacht waren. Im Unterschied zu den Arbeitslagern für die Volksdeutschen waren sie nicht vom Sicherheitsdienst, sondern von den lokalen Zivilverwaltungen eingerichtet worden. Für die vertriebenen Polen aus Lemberg oder Wilna mußten in Schlesien die Häuser der Deutschen geräumt werden. Da sich die Transporte nach Deutschland jedoch hinzogen, harrte die Bevölkerung ganzer Dörfer oft Wochen, manchmal sogar Monate unter unzumutbaren Bedingungen in den Übergangslagern aus und stand der neuen polnischen Macht als billige Arbeitskraft zur Verfügung.

Im Lager Lamsdorf beispielsweise, das offiziell von der gesellschaftspolitischen Abteilung des Kreises Falkenberg geführt wurde, herrschten unter dem Offizier der Kattowitzer Bürgermiliz Czesław Gęborski nicht nur Hunger und Krankheiten unter den durchschnittlich 1000 bis 2000 Insassen. Mindestens 71 Fälle von Mord sind ihm und dem Wärter Ignacy Szypula angelastet worden: Kinder wurden erschossen, als sie Milch abholen sollten; Männer so geschlagen, daß sie starben; eine hochschwangere Frau tödlich verletzt, anschließend ihre junge Tochter erschossen, als sie Blumen am Grab niederlegte; schließlich wurden 48 Menschen erschossen, als sie einen Brand im Lager löschen wollten (aber angeblich einen Aufstand probten). Im Prozeß vor dem Wojewodschaftsgericht in Oppeln 1948, dem einzigen dieser Art in ganz Polen, hielt das Gericht dem nicht geständigen zwanzigjährigen Gęborski seine Unerfahrenheit zugute sowie seine zwangsläufige Orientierung an jenen Regeln, die er im nationalsozialistischen Gefängnis kennengelernt hatte. Gęborski wurde freigesprochen.[24]

Alle Deutschen – und als solche wurden Reichsdeutsche, Umsiedler aus dem Baltischen Staaten sowie Angehörige der Volksliste 1 und 2 unabhängig davon geführt, ob sie im Lager interniert waren oder sich auf freiem Fuß befanden – wurden bei entsprechender körperlicher Verfassung zur Arbeit in der Landwirtschaft, in Fabriken und beim Beseitigen von Schuttbergen in den Städten eingesetzt. Auch wenn es aufgrund des Dekrets vom 4. 11. 1944 verboten war, Kinder unter 13 Jahren internieren und arbeiten zu lassen, ihre Arbeitskraft privat oder behördlich (Sicherheitsdienst) zu nutzen oder sie unter Umgehung der entsprechenden Lagerleitungen oder Arbeitsämter ohne jede Entlohnung zu beschäftigen, wurde überall gegen diese Regeln verstoßen. Wer zehn- oder sogar achtjährige Jungen illegal in der Landwirtschaft einsetzte, sparte selbst noch die eher symbolische Summe an die Lagerleitung für legal gemietete Internierte. Nichtinternierte Deutsche erhielten die niedrigsten Löhne, abzüglich verschiedener Steuern für den Wiederaufbau des Landes, die Opfer des Hitler-Regimes, die Witwen von Gefallenen, für Invaliden und Waisen, so daß ihnen weniger als die Hälfte dessen blieb, was Polen für die gleiche Arbeit erhielten.

Anfänglich wurden auch ehemalige Angehörige der Volksliste 3 wie Bürger zweiter Klasse behandelt. Ähnlich massenhaft, wie sie unter der deutschen Besetzung die Volksliste unterzeichnet hatten bzw. unterzeichnen mußten, gaben sie von Juli 1945 bis Juli 1946 Treueerklärungen gegenüber der polnischen Nation und dem polnischen Staat ab. Allein in der Stadt Bromberg meldeten sich etwa 47 000 Bürger.[25] In der Gesellschaft entstand eine deutliche Spaltung zwischen den «Eingedeutschten» und den nicht «Eingedeutschten»: den Zugezogenen aus dem Generalgouvernement, Einheimischen, deren Anträge von den NS-Behörden zurückgewiesen worden waren, und Einheimischen, die niemals einen Antrag gestellt hatten. «Aus egoistischen Motiven», so hieß es, hätten Angehörige der Volkslisten 3 und 4 die deutsche Staatsbürgerschaft angenommen und damit «das polnische Gefühl und die nationale Würde verloren». In der Stadt Graudenz kam es im August 1945 sogar zu Zusammenstößen zwischen «rein» polnischer Bevölkerung und den Eingedeutschten.[26] Bis zum Sommer 1945, als Premier Edward Osobka-Morawski gegen die Ungerechtigkeiten einschritt, wurden die Angehörigen der Volkslisten 3 und 4 in der Wojedwodschaft Pommern für ihren angeblichen Opportunismus auf verschiedenen Ebenen bestraft: Sie wurden nicht in die kommunistische Partei aufgenommen, erhielten im Beruf keine führenden Positionen und mußten sich mit den Lebensmittelmarken der schlechtesten Kategorie begnügen.

Auf noch weniger Verständnis bei der Bevölkerung stieß die Rehabilitierung von Angehörigen der Volksliste 2 (ebenfalls von Juli 1945 bis Juli 1946). Sie galten allgemein als Verräter. So verzögerte die Lagerleitung von Potulitz teilweise die Abgabe der Rehabilitierungsanträge – für sie hatten die Internierten beim Aufbau des Landes noch längst nicht wiedergutgemacht, was die Deutschen während des Krieges zerstört hatten –, und nationalbewußte Polen aus dem Westverband[27] sammelten belastendes Material für die Rehabilitierungsprozesse. Hauptsächlich aber trug das umständliche juristische Verfahren zum Scheitern der Rehabilitierungsmaßnahme bei. Von 22507 Personen, die in den Kreisen Bromberg, Thorn, Graudenz und Konitz um den Verbleib in Polen nachsuchten, erhielten bis Ende 1945 nur 2744 einen positiven Bescheid, in Bromberg waren es nur gut 700 von 3155 Antragstellern.[28]

Als sich auch auf neuer juristischer Grundlage (nach dem Dekret vom 13. September 1946) die Verfahren über die Aberkennung der polnischen Staatsbürgerschaft und die Aussiedlung aus Polen in einem Kompetenzstreit zwischen Sicherheitsdienst, Gerichten und der Zivilverwaltung in die Länge zogen, beschleunigte die Regierung die Auflösung der Lager durch die Einrichtung einer «Interministeriellen Kommission». Dieses Gremium mit Vertretern des Ministeriums für öffentliche Ordnung, des Sicherheits- und Justizministeriums zog die Überprüfung der Verfahren im Frühjahr 1948 an sich. Als sie im Juni/Juli 1948 das Zentrallager Jaworzno und das Übergangslager Gleiwitz besuchte, verhörte sie insgesamt noch 2502 Personen. In 976 Fällen entschied sie, das Verfahren zur Aberkennung der polnischen Staatsbürgerschaft und die Ausweisung zu beschleunigen, da es sich bei den Betroffenen um Personen aus der Gegend von Lodz und Płońsk handele, die vor dem Krieg zur deutschen Minderheit gehört hätten: «Im allgemeinen kann gesagt werden, daß sie dem Polentum gegenüber feindlich eingestellt sind.» Auch bei 385 Kindern plädierte die Kommission für Aussiedlung, da sich alle Kinder für Deutsche hielten – zweifellos seien sie «erzogen im Geist Hitlers, also feindlich zu Polen». Bei 321 von

1291 bereits laufenden Verfahren sprach sie sich hingegen umgekehrt dafür aus, die polnische Staatsbürgerschaft zu belassen: entweder hätten diese Internierten polnische Verwandte, oder es handele sich um Facharbeiter und gute Handwerker.

Im Zentrallager Potulitz und den angegliederten Staatsgütern verhörte die Kommission zwischen Anfang Oktober und Mitte November 1948 insgesamt 12 212 Personen – darunter auch 2673 Reichsdeutsche. Bei den Volksdeutschen entschied sie in 7764 Fällen für Aussiedlung, die restlichen Fälle überwies sie zur erneuten Untersuchung an den Sicherheitsdienst, die Staatsanwaltschaft oder an Gerichte. Bei späteren Verhören wurden weitere 3995 Kinder und 3790 Erwachsene erfaßt, die außerhalb des Lagers auf kleineren Bauernhöfen arbeiteten.

Nach weiteren Untersuchungen im Lager Sikawa-Lodz und Lissa-Gronowo hatte die Kommission insgesamt 27 414 Personen verhört. Nicht überprüft wurde das Arbeitslager Warschau mit etwa 5000 Insassen. Die Gesamtzahl aller Internierten betrug demnach Anfang 1949 noch 32 414 Personen: davon sollten 3953 Personen in Polen bleiben, die übrigen ausgewiesen werden.[29]

Die Gesamtzahl der nach dem Krieg internierten Deutschen auf dem polnischen Staatsgebiet vor 1939 beträgt nach den bisher bekannten Zahlen:

Internierte Ende 1948:	32 414
Ausgesiedelt bis Ende 1947:	31 234[30]
Ausgesiedelt im Jahr 1948:	9 000[31]
Rehabilitierte VL 3 und 4 und	
Leistungspolen 1945/46:	7 337[32]
Rehabilitierte VL 2 1945/46:	10 000 (geschätzt)
Deutsche in Gefängnissen:	4 204[33]
Verstorben 1945–1949:	15 000[34]
Insgesamt	109 189 Personen

Verschoben bis zu Oder und Neiße

Die Erfahrungen im Zweiten Weltkrieg allein bilden keine ausreichende Erklärung für den Umgang mit den Deutschen in Polen nach 1945. Die Schwierigkeiten mit der deutschen Minderheit lassen sich vielmehr bis zur Neugründung des polnischen Staates 1918/20 zurückverfolgen.

Am Ende des Ersten Weltkriegs hatten polnisch-konservative Exilpolitiker gehofft, in den Alliierten auf der Pariser Friedenskonferenz Fürsprecher für ein neues Groß-Polen zu finden. So hatte beispielsweise der amerikanische Präsident Thomas Woodrow Wilson die Errichtung eines polnischen Staates gefordert, der die «Gebiete mit unzweifelhaft polnischer Bevölkerung» umfassen und einen «freien und sicheren Zugang zur See» haben sollte. Roman Dmowski, Vorsitzender des Polnischen Nationalkomitees in Lausanne bzw. Paris (der offiziellen politischen Vertretung der Polen), hatte ihm sogar ein Polen bis zur Oder zu suggerieren: mit den ehemaligen Provinzen Posen und Westpreußen, dem ganzen Oberschlesien, mit drei Kreisen Niederschlesiens und einem Ostpreußen, das mit Polen als autonome Provinz oder selbständiger Kleinstaat verbunden sein sollte.

Als der Versailler Vertrag vom 28. Juni 1919 den Polen schließlich 90 Prozent der alten Provinz Posen und 66 Prozent der alten Provinz Westpreußen überließ, empfand Dmowski dies als Niederlage. Denn Danzig erhielt nur den Status einer Freien Stadt, Ostpreußen blieb Bestandteil des Deutschen Reichs, und in Oberschlesien und einigen Kreisen Südost- und Westpreußens sollten die Bewohner selbst über ihre staatliche Zuordnung entscheiden. Tatsächlich sprachen sich am 11. Juli 1929 nur zwei Prozent im südostpreußischen und 7,5 Prozent im westpreußischen Abstimmungsgebiet für Polen aus – also blieben diese Gebiete bei

Deutschland. Und nur 25 Prozent des Gebiets von Oberschlesien (mit immerhin 42,5 Prozent der Bevölkerung) wurden nach der Volksabstimmung am 20. März 1921 dem polnischen Staat übergeben.[35]

Für Deutschland war der Versailler Vertrag allerdings auch inakzeptabel, erschien er doch als Vergewaltigung des Selbstbestimmungsrechts – ein Schandvertrag im nationalen Bewußtsein, eine Katastrophe für die Deutschen in den abgetretenen Gebieten. Aus Angehörigen einer staatlich privilegierten Mehrheitsnation waren Angehörige einer nationalen Minderheit geworden – noch zudem in einem Land, das kulturell nicht als ebenbürtig akzeptiert wurde. Hunderttausende wanderten schon im Übergangszeitraum zwischen 1918 und 1921 ab, viele folgten noch in den zwanziger Jahren. Wurden bei der Volkszählung im Jahre 1921 immerhin noch 1,1 Millionen Deutsche in ganz Polen registriert (bei insgesamt 25,7 Millionen Einwohnern), so meldete die Statistik 1931 nur noch 780 000 Deutsche – die übergroße Mehrheit in den von Deutschland zwangsweise abgetretenen Gebieten im Raum Posen, Pommerellen und Ost-Oberschlesien.[36]

Schon vor dem Ersten Weltkrieg hatte der preußische Staat das Deutschtum im Osten im Rahmen seiner «Ostmarkenpolitik» gepflegt, um neben dem wirtschaftlichen auch das zahlenmäßige Übergewicht gegenüber der polnischen Bevölkerung zu erreichen. Nach dem Ersten Weltkrieg blieb der Erhalt einer starken Volksgruppe in Posen und Pommerellen eine unerläßliche Voraussetzung für die Forderung nach Revision der von Versailles gesteckten Grenzen. So entstanden zwei Organisationen, über die – um außenpolitische Komplikationen zu vermeiden – staatliche Gelder auf privaten Wegen nach Polen geleitet wurden. Die 1920 gegründete «Deutsche Stiftung» mit ihrem Geschäftsführer Erich Krahmer-Möllenberg betreute neben Schulen auch Wirtschaftsunternehmen; die «Konkordia Literarische Gesellschaft GmbH» mit dem Geschäftsführer Max Winkler kaufte heimlich fast die gesamte deutschsprachige Auslandspresse auf.

Bis 1924 konzentrierten sich die Bemühungen der deutschen Außenpolitik darauf, möglichst viele Deutsche im Rahmen einer «vorbeugenden Flüchtlingsfürsorge» in Polen zu halten. Später kam die Sicherung des «deutschen Besitzstandes» hinzu. Und da die größte Abwanderung aus den Städten erfolgt war, sich das Deutschtum also vor allem in ländlichen Gebieten gehalten hatte, wurden Gelder des Auswärtigen Amtes über Holland und Danzig zu Darlehns-, Sparkassen-, Banken- und Vorschußgenossenschaften nach Posen und Pommerellen gepumpt, wo sie als Agrarkredite zur Erhaltung deutschen Bodens, vor allem des Großgrundbesitzes dienten.[37] Die Zuwendungen der Weimarer Republik und später des Dritten Reichs vermittelten der deutschen Minderheit die Sicherheit der ökonomischen Existenz: Im Notfall gewährten die Danziger Raiffeisenbank oder die Landwirtschaftliche Bank einen Zusatzkredit, stundeten den alten und schrieben ihn irgendwann zu den Verlusten.

Die restriktive polnische Politik gegenüber der deutschen Minderheit bediente sich im wesentlichen derselben Mittel wie zuvor die preußische «Ostmarkenpolitik» gegenüber der polnischen Minderheit. Das polnische Ministerium für das ehemals preußische Teilgebiet erließ 1920 beispielsweise eine Anordnung, die mit einem alten preußischen Dekret bis auf eine entscheidende Kleinigkeit identisch war; lediglich das Adjektiv «deutsch» wurde durch «polnisch» ersetzt: So wie vorher die deutsche Sprache vorgeschrieben und das Polnische diskriminiert worden war, wurde jetzt das Polnische vorgeschrieben und die deutsche Sprache diskriminiert.

Nach dem Versailler Vertrag konnten Deutsche zwei Jahre lang für die deutsche Staatsbürgerschaft optieren, sofern sie vor 1908 ihren Wohnsitz in den abgetretenen Gebieten hatten. Den 150 000 bis 175 000 Personen, die davon Gebrauch machten, verweigerte der polnische Staat anschließend oft die Aufenthaltsgenehmigung, so daß sie als Ausländer das Land verlassen mußten. Ähnlich erging es Deutschen, die erst nach 1908 in die Provinzen Posen und

Westpreußen gezogen waren: wurden ihre Anträge auf polnische Staatsbürgerschaft abgelehnt, wurden sie sogar staatenlos, da sie mit der Option für Polen auch den Anspruch auf deutsche Staatsbürgerschaft verwirkt hatten.

Bei der Verdrängung der Deutschen stützte sich die polnische Regierung nur selten auf Ausnahmegesetze; in der Regel wandte sie allgemeine Bestimmungen einseitig auf die deutsche Minderheit an. So enteignete und parzellierte sie bei der Agrarreform nach 1925 im Posener Gebiet den deutschen Großgrundbesitz wesentlich häufiger als den polnischen (wogegen die deutschen Großgrundbesitzer 1931 mit Hilfe des Völkerbunds zumindest einen Teilerfolg errangen), bevorzugte polnische Bürger bei der Vergabe von Erbpacht (so wie vorher der preußische Staat die Deutschen bevorzugt hatte), annullierte Ansiedlungsverträge, liquidierte das Eigentum deutscher Staatsangehöriger, nutzte Steueraußenstände zur Pfändung aus – und verringerte den deutschen Grundbesitz im Posener Gebiet schließlich von 966 053 Hektar im Jahre 1914 auf 298 796 Hektar im Jahre 1926. Polnische Organisationen wie der Westverband, die beispielsweise zum Boykott deutscher Geschäfte aufriefen, taten noch das ihre zur Schwächung deutscher Wirtschaftskraft dazu.[38]

Auch das Schulwesen diente einer möglichst raschen «Entdeutschung» des Landes. Da im ehemals preußischen Teilgebiet eine deutschsprachige Schule oder eine deutschsprachige Klasse an einer polnischen Schule nur bei mindestens 40 schulpflichtigen Kindern errichtet werden durften, mußte 1933 bereits über die Hälfte der deutschen Schüler polnische Schulen besuchen. Die Zahl der öffentlichen deutschen Schulen sank von 84 im Schuljahr 1933/34 auf 60 im Jahr 1938; die Zahl der deutschen Klassen an polnischen Schulen von 118 (1933) auf 92 (1938). «Das dichte Netz aus nationalistischen deutschen Lehrern», hieß es trotzdem immer noch in Anweisungen des polnischen Innenministeriums aus dem Mai 1939 an die Wojewodschaften, «führt zur Erziehung künftiger Staatsbürger mit zweifelhafter Loyalität.» Das Innenministerium drängte auf weitere Begrenzungen im öffentlichen deutschen Schulwesen, obwohl sich Restriktionen längst als kontraproduktiv erwiesen hatten.

Einerseits floh die deutsche Elternschaft mit den Zuschüssen aus dem Reich in das private Schulwesen. Alle drei Gymnasien in Posen-Pommerellen wurden beispielsweise privat geführt: das Schiller-Gymnasium in Posen, die Dürer-Schule in Bromberg und das Kant-Gymnasium in Lissa. Andererseits trieben die Restriktionen immer mehr Deutsche, weil sie sich in ihren staatsbürgerlichen Rechten beschnitten sahen, in die Arme nationalistischer Kräfte, die den unbefriedigenden Status quo auf zunehmend radikale Weise durch einen Anschluß an das Reich zu verändern wünschten. In der Deutschen Vereinigung, gegründet 1934, fanden sich noch viele konservative, von Vorkriegstraditionen geprägte Mitglieder, die der Nationalsozialismus wegen seiner siegreichen nationalen Rhetorik einerseits faszinierte, andererseits wegen seiner Methoden aber auch abschreckte. Die 1931 gegründete, aus einer nationalsozialistischen Splittergruppe hervorgegangene Jungdeutsche Partei hingegen war in ihrem Führerkult ungebrochen. Beide Organisationen übernahmen in den dreißiger Jahren, teils kooperierend, teils rivalisierend, die politische Führung in der deutschen Minderheit, während linke, antifaschistische Gruppen zur Bedeutungslosigkeit herabsanken.

So entstand eine Situation der gegenseitigen Anklage: Die Polen sahen sich als potentielle Opfer deutscher Revisionspolitik; die deutsche Minderheit erlebte sich als Opfer diskreditierender polnischer Maßnahmen. Ein Teufelskreis ohne Ausweg, der von der kurzen Phase einer deutsch-polnischen Kooperation zwischen 1934 und 1938, als Hitler die polnische Regierung als Juniorpartner bei der Aufteilung der Sowjetunion zu gewinnen hoffte, nur kurz und unwesentlich unterbrochen wurde.

Bereits unmittelbar nach Hitlers Überfall auf Polen vertrat die polnische Exilregierung die Auffassung, Deutschland könne nach dem verlorenen Krieg nur durch weitere Gebietsverluste geschwächt und Polen nur durch weitere Annexionen gestärkt werden. Zunächst erhob sie Anspruch auf Ostpreußen, dann verlangte sie neben einem Zugang zum Meer eine Grenze, die dauerhafte Sicherheit gewähre – also begradigt und damit nach Westen verschoben. Schon im Februar 1940 zählte Außenminister August Zaleski die Aussiedlung der Deutschen aus Vorkriegspolen und Ostpreußen zu den polnischen Kriegszielen.

Im Memorandum für die amerikanische und englische Regierung vom Dezember 1942 wurde zur Entwaffnung Deutschlands auch die Abtrennung seiner Offensivbasen gezählt: Gemeint waren Ostpreußen-Pommern ohne Stettin und Schlesien ohne Breslau bis zur Glatzer Neiße. Diese Gebiete mit den nur oberflächlich germanisierten Slawen sollten an Polen zurückfallen, die deutsche Bevölkerung das Land entweder freiwillig verlassen oder gegen in Deutschland lebende Polen ausgetauscht werden.[38]

Relativ früh signalisierten die amerikanische und englische Regierung ihr Einverständnis mit den polnischen Annexionswünschen. London akzeptierte den «Transfer» deutscher Bevölkerungen aus Mittel- und Südosteuropa, wo dies «notwendig und wünschenswert» erscheine – für Präsident Franklin D. Roosevelt schien dies bei Danzig und Ostpreußen bereits im Dezember 1942 zuzutreffen. Auf der Konferenz von Teheran (28. 11. bis 1. 12. 1943) waren sich die großen Drei – Roosevelt, Churchill und Stalin – bereits über eine Westverschiebung Polens bis an die Oder einig, auf der Konferenz von Jalta im Februar 1945 gab es keinen wesentlichen Widerstand mehr gegen eine Grenzziehung von der Oder bis zur Lausitzer Neiße. Damit waren die radikalsten Forderungen aus dem nationaldemokratischen polnischen Untergrund vom Oktober 1939 Wirklichkeit geworden.

«Die urslawischen, von Polen durch den germanischen, imperialistischen Drang abgerissenen Gebiete sind dank des siegreichen Vordringens der verbündeten Roten Armee sowie der heldenhaften polnischen Armee für die Heimat zurückgewonnen», verkündete Stanisław Piaskowski als Beauftragter der Republik für das Verwaltungsgebiet Niederschlesien mit fetten Lettern auf Plakaten im April 1945, noch bevor das Potsdamer Abkommen die Oder-Neiße-Grenze offiziell gutgeheißen hatte. «Aufgrund einer Bestimmung des Ministerrats der Republik Polen übernehme ich die Staatsverwaltung dieser rein slawischen, zurückeroberten Gebiete.» Selbst die kommunistische Staatsmacht bediente sich also einer nationalistischen Argumentation und griff 600 Jahre bis zur Geschichte des Piastengeschlechts zurück, um die Bindung Schlesiens an ein Polen zu preisen, das noch gar nicht in nationalen Kategorien dachte.

Ohne Hitlers Vernichtungsfeldzug hätte die internationale Staatengemeinschaft einer Vertreibung der Deutschen und einer Abtretung der ostdeutschen Gebiete sicher nicht zugestimmt. Insofern bedeutet die neue Grenzziehung an Oder und Neiße auch eine Strafe für die Verbrechen des NS-Regimes. Gleichzeitig erfüllten sich mit einem polnischen Stettin und Breslau aber auch alte Hoffnungen der polnischen Nationaldemokraten, die der liberale Literaturwissenschaftler und Regimekritiker Jan Józef Lipski schon 1981 als Eroberungspläne kritisierte. Für ihn war die Grenzverschiebung weder aus der Geschichte noch aus der ethnischen Besiedlung, sondern allein aus der Notwendigkeit zu erklären, «das Leben für Millionen Polen einzurichten, die zwangsweise ihre Heimat in den Ostgebieten verlassen hatten». Sein Verweis auf die Realpolitik vermochte zwar den Schmerz der vertriebenen Deutschen nicht aufzuheben, doch er durchbrach den Teufelskreis, in dem die nationalistische Haltung der einen Seite die nationalistische Reaktion der anderen nur immer wieder entfacht hatte.

Anmerkungen

1 Bundesministerium für Vertriebene, Flüchtlinge und Kriegsgeschädigte, *Die Vertreibung der deutschen Bevölkerung aus den Gebieten östlich der Oder-Neiße*. Bd. 1–3, Augsburg 1993.
Vertreibung und Vertreibungsverbrechen 1945–1948. Bericht des Bundesarchivs. Hrsg. von der Kulturstiftung der deutschen Vertriebenen, Bonn 1989.

2 Die Angaben sind entnommen: Martin Broszat, *Nationalsozialistische Polenpolitik 1939–1945*. Stuttgart 1961, S. 125.

3 Das geheime Zusatzabkommen des von den beiden Außenministern Joachim von Ribbentrop und W. M. Molotow ausgehandelten Hitler-Stalin-Pakts sah die Aufteilung Polens zwischen Deutschland und der Sowjetunion vor. Dieser Zustand dauerte allerdings nur bis zum 22. Juni 1941, da Hitler mit dem Überfall auf die Sowjetunion auch Ostpolen besetzte.

4 So Martin Broszat.

5 So benannt nach dem britischen Außenminister G. Curzon, der diese Demarkationslinie zwischen Polen und der Sowjetunion 1920 zur Beilegung des polnisch-sowjetischen Krieges vorgeschlagen hatte.

6 Krystyna Kersten, *Rok pierwszy*. Warschau 1993.
Andrzej Albert, *Najnowsza historia Polski 1914–1993*. London 1994.

7 Andrzej Paczkowski (Hrsg.), *Aparat Bezpieczeństwa w latach 1944–1956, Część I*. Warschau 1994.

8 Maria Turlejska, *Te pokolenia żałobami czarne*... London 1989, S. 37.

9 Maria Turlejska, a. a. O., S. 49.

10 Erlaßentwurf des Reichsministeriums des Innern vom 23. 8. 1940.

11 Martin Broszat, a. a. O., S. 125.

12 Archiwum Akt Nowych, Warschau. Aus Akten des Ministeriums für Öffentliche Verwaltung, Sign. 766.

13 Thesenpapier von Prokurator Henryk Rajzman, *Aktualne zagadnienia ustawodawcze zdrady Narodu*. 31. 10. 1945.
Dazu die Bemerkungen von Józef Kokot vom 8. 11. 1945. Beide Manuskripte liegen im Schlesischen Institut Oppeln.

14 Maria Turlejska, a. a. O., S. 33.

15 Archiwum Państwowe Bydgoszcz, UWP Sign. 722.

16 Zygmunt Woźniczka, *Z Górnego Śląska do sowieckich łagrów* (Manuskript). Kattowitz.
Włodzimierz Jastrzębski, *Obozy NKWD w Polsce północnej*. In: Pomerania vom 3. 2. 1991.

16a Siehe Dokument im russischen Archiv GARF: FR-9401s/Op 12/D. 191/L. 22 sowie GARF: F: 9401/Op. 2/D. 172/L. 93–94.

17 Brief des Starosten R. Zarzycki an den Wojewoden in Bromberg. Graudenz, 19. 4. 1945. Archiwum Państwowe Bydgoszcz, UWP Sign. 722.

18 Brief von Wilhelm Polok an den Wojewoden. Auschwitz, 12. 8. 1945. In: Wojewódzkie Archiwum Państwowe Katowice, Wydział Społeczne-Polityczny. Sign. 209.

19 Rundschreiben Nr. 42 vom 6. 4. 1945 und Nr. 63 vom 19. 6. 1945 des Sicherheitsministeriums, Abteilung Gefängnisse und Lager. MSW 41/596.

20 Archiwum Akt Nowych, Akten des Sicherheitsministeriums. Sign. 5/59. Als «Leistungspolen» waren Angehörige polnischer Nationalität definiert, die als Spezialarbeiter unentbehrlich waren und in der Lebensmittelversorgung und Freizügigkeit ähnliche Vorteile erhielten wie Angehörige der Volksliste. «Privilegiert» behandelt wurden Angehörige der ukrainischen, litauischen etc. Minderheit, wenn sie sich ihre Nichtzugehörigkeit zum polnischen Volk bescheinigen ließen.

21 Nach einer Statistik des Sicherheitsministeriums vom 1. 11. 1948 befanden sich auch 280 Gefängniswärter in Haft. Bestände des Sicherheitsministeriums, Sign. 13/11, im Archiwum Akt Nowych, Warschau.

22 Aus dem Abschlußbericht der Vertreter des Internationalen Roten Kreuzes. Warschau, 16. 12. 1947.

23 Darauf wies Walter Dirks 1947 hin: «Es sind wahrscheinlich nicht nur rachsüchtige Antifaschisten, die da schinden, es sind auch geborene ‹Faschisten› darunter.» In: Walter Dirks/Eugen Kogon, Verhängnis und Hoffnung im Osten. Das deutsch-polnische Problem. Frankfurter Hefte 1947, S. 470 ff.

24 Edmund Nowak, Cień Łambinowic. Oppeln 1991.

25 Marek Romaniuk, Podzwonne okupacji, Deutsche Volksliste w Bydgoszczy 1945–1950. Bromberg 1993, S. 106 ff.

26 Situationsberichte von Stadt und Kreis Bromberg, 1945. Archiwum Państwowe Bydgoszcz. Sign. UWP 570.

27 Der Westmarkenverband, 1922 gegründet, festigte den polnischen Besitzstand in Posen und Westpreußen und forderte eine noch weiter nach Westen verschobene Grenze.

28 Marek Romaniuk, a. a. O., S. 132 und 140.

29 Tätigkeitsbericht der Interministeriellen Kommission für Volksdeutsche (21. 6.–9. 7. 1948). In: Archiwum Akt Nowych Warszawa, aus den Akten des Ministeriums für Öffentliche Ordnung. Sign. M. A. P. 766.

30 Archiwum Akt Nowych, Akten des Sicherheitsministeriums. Sign. 15/1 Warschau.

31 1948 gingen insgesamt erheblich weniger Transporte als ein Jahr zuvor; bekannt sind 3500 Ausgesiedelte aus Potulitz.

32 Archiwum Akt Nowych, Akten des Sicherheitsministeriums. Sign. 5/59.

33   Dto. Sign 13/11.

34   Das zentrale Todesregister vom polnischen Sicherheitsdienst/Abteilung Ge-
     fängnisse und Lager (Sign. 5/5) ist unbrauchbar: Es beginnt mit der Erfassung
     erst im September 1945, als eben die kleinen Lager wieder aufgelöst wurden, in
     denen besondere Brutalität wie in Langenau und Schwientochlowitz waltete.
     Außerdem fehlen viele Angaben. In etwa gesichert sind
     – Potulitz   3500
     – Schwientochlowitz   ca. 2500
     – Jaworzno   ca. 2000
     – Langenau   1500
     dazu Kaltwasser, Gronowo, Auschwitz, Krzesimow, Thorn, Thorn-Rudak,
     Starogard, Wronke, Sosnowitz, Rybnik, Myslowitz, Kielce und andere Orte.
     Das Deutsche Rote Kreuz (Suchdienst München, Zentrale Auskunfts- und Do-
     kumentationsstelle) nennt für Sikawa 1500 Tote (Volksdeutsche), für Thorn
     7500 Tote (wobei es sich hier primär um ein Sammellager zur Deportation in
     die SU handelte), für Jaworzno 3000 Tote (einschließlich der dort internierten
     Kriegsgefangenen) und für Auschwitz allein 1000 Tote im Lazarett von Mai bis
     Mitte August 1945 (betrifft ebenfalls zur Deportation vorgesehene Inter-
     nierte).

35   Gotthold Rhode, *Geschichte Polens*. Darmstadt 1980.

36   Jerzy Tomaszewski, *Ojczyzna nie tylko Polaków*. Warschau 1985.
     Dabei zählten die Deutschen noch zu den kleineren Minderheiten. 1921 wur-
     den 4 Millionen Ukrainer, 2,1 Millionen Juden und 1,1 Millionen Weißrussen
     registriert.

37   Norbert Krekeler, *Die deutsche Minderheit in Polen und die Revisionspolitik
     des Deutschen Reiches 1919–1933*. In: Wolfgang Benz (Hrsg.), *Die Vertrei-
     bung der Deutschen aus dem Osten*. Frankfurt 1988.

38   Richard Breyer, Joachim Rogall, *Die Deutschen im polnischen Staat*. In: Joa-
     chim Rogall (Hrsg.), *Land der großen Ströme. Von Polen nach Litauen*. Berlin
     1996.

39   Detlef Brandes, *Vorgeschichte von Flucht und Vertreibung*. In: Gesellschaft für
     interregionalen Kulturaustausch (Hrsg.), *Wach auf, mein Herz und denke*.
     Berlin/Oppeln 1995.

Karten:
Das polnische Staatsgebiet
von 1772 bis 1945

Ostsee

RUSSLAND

Riga

Dünaburg

Polock

Kowno

Königsberg OST-
Danzig PREUSSEN

Wilna

Smolensk

PREUSSEN

ERM-
LAND

Minsk

Stettin

Grodno

Thorn

Lomza

Gnesen

Plock

Posen

Warschau

Bug

Kalisch

Breslau Oder

Kielce

Lublin

Luzk

Kiew

Krakau

Przemysl

Lemberg

Bar

Targowica

Wien

ÖSTERREICH

OSMANISCHES
REICH

Rußland		Preußen		Österreich			
	1772		1772		1772	·—·—·—	Polens Grenzen bis 1772
	1793		1793			·—··—··—	andere Grenzen
	1795		1795		1795		Zips (österreichisch besetzt 1769)

Die Teilungen Polens

Ostsee

POMMERN

WEST-
PREUSSEN

OSTPREUSSEN

○ Königsberg

○ Danzig

○ Stettin

Kowno

○ Wilna

○ Suwalki

○ Grodno

○ Minsk

BRANDEN-
BURG

Großherzogtum/Provinz
POSEN

○ Posen

Lomza ○

○ Bialystok

RUSSISCHES
REICH

○ Plock

■ Warschau

○ Siedlce

○ Oder

Kalisch ○

○ Lodz

SCHLESIEN

○ Breslau

○ Oppeln

○ Petrikau

○ Radom

○ Lublin

○ Cholm

○ Kielce

○ Luzk

○ Rowno

BÖHMEN

SCHLESIEN

MÄHREN

Krakau

KRONLAND

GALIZIEN

○ Lemberg

ÖSTERREICH-UNGARN

BUKOWINA

○ Kamieniec
Podolsk

Preßburg ○

Czernowitz ○

| | Russisches Reich | | Königreich Polen (Kongreßpolen) in Personalunion mit Rußland verbunden | | Republik Krakau 1815–1846 |

| | Preußen, ab 1871 Deutsches Reich | - - - - | Grenzen der preußischen Provinzen | .—.—.— | Staatsgrenzen |

Polen 1815 bis 1918

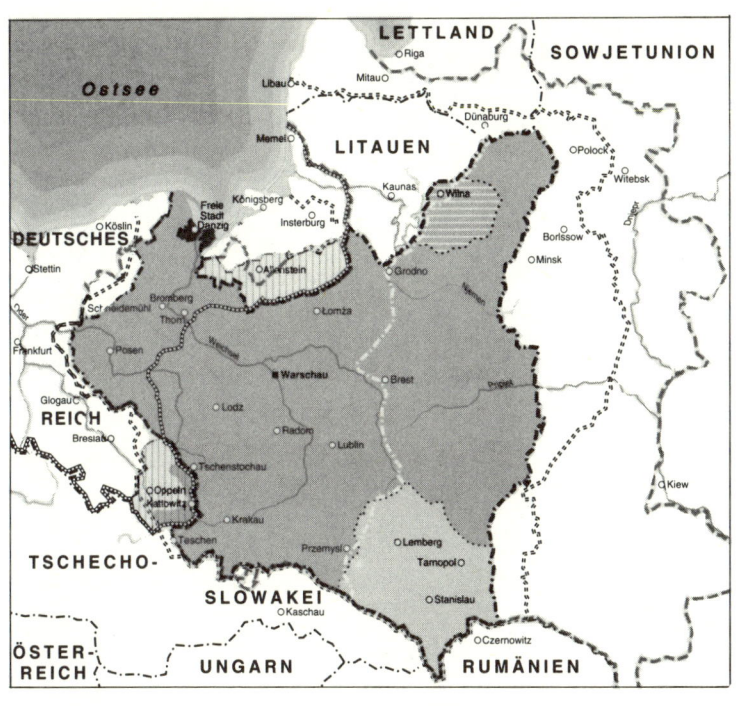

▥ Abstimmungsgebiete	▬▬▬▬ Grenze des Deutschen Reiches bis 1918
▨ Ostgalizien	▬ ▬ ▬ Grenze Polens 1772
▨ Wilna-Gebiet (»Mittellitauen«)	▪▪▪▪▪▪ Grenzforderungen Polens auf der Konferenz von Versailles
▨ Polen nach dem Frieden von Riga 1921	▨ »Curzon-Linie«
	–·–·–·– andere Staatsgrenzen
	▪–·▪–·▪ polnische Staatsgrenze

Die Republik Polen 1919/21 bis 1939

Ostsee

GENERALBEZIRK LETTLAND

GENERALBEZIRK LITAUEN

REICHS-

KOMMISSARIAT

○ Königsberg   ○ Kauen

○ Danzig

OSTPREUSSEN   ○ Suwalki   OSTLAND   ○ Minsk

POMMERN   REICHSGAU DANZIG

○ Stettin

WEST-PREUSSEN

GENERALBEZIRK WEISSRUTHENIEN

BRANDEN-   ○ Posen

○ Frankfurt   BURG

○ Zichenau (Ciechanów)   ○ Bialystok   BEZIRK BIALYSTOK

REICHSGAU WARTHELAND

○ Warschau

Litzmannstadt ○ (Lodz)

NIEDER-SCHLESIEN   ○ Radom   ○ Lublin   REICHSKOMMISSARIAT

○ Breslau

○ Oppeln   GENERAL-GOUVERNEMENT   ○ Zamość   Luzk ○   Rowno ○   UKRAINE

OBER-SCHLESIEN

PROTEK-TORAT   SUDETEN-   ■ Krakau
BÖHMEN   LAND

○ Lemberg   GENERALBEZIRK WOLHYNIEN

DISTRIKT GALIZIEN

MÄHREN

SLOWAKEI

○ Preßburg

UNGARN   RUMÄNIEN

■ Budapest

▨ 1939/1940 der Sowjetunion angegliederte Gebiete	▨ 1941 dem Generalgouvernement angegliedert	·—·—· Staatsgrenzen
▨ »Eingegliederte Ostgebiete«	▬ Polen in den Grenzen von 1938	

Polen im Zweiten Weltkrieg 1939 bis 1944

Legende:

.—.—.— Staatsgrenzen   — — — Grenzen der Sowjetrepubliken   ▬▬▬ Polen in den Grenzen von 1938

Ehemalige deutsche Ostgebiete

Polen nach den Beschlüssen von Jalta und Potsdam 1945

Index deutsch-polnischer Ortsnamen

Beuthen – Bytom
Blechhammer – Blachownia
Bromberg – Bydgoszcz
Cholm – Chełm
Falkenberg – Niemodlin
Flatow – Złotów
Heydebreck – Kędzierzyn
Hoheneiche – Osowa góra
Kaltwasser – Zimne Wody
Kattowitz – Katowice
Königshütte – Chorzów
Konitz – Chojnice
Kreuzburg – Kluczbork
Krone – Koronowo
Laband – Łabędy
Langenau – Legnowo
Leslau – Włocławek
Lissa – Leszno
Loslau – Włodzisław Śląski
Myslowitz – Mysłowice
Neubeuthen – Nowy Bytom
Schwetz – Świecie
Stuhm – Sztum

Deutsch-polnische Straßennamen in Bromberg:
Brahegasse – Pod Blankami
Schwedenstraße – ul. Podgórna
Posener Straße – ul. Poznańska
Hann-v.-Weyhern-Platz – Plac Kościelski

Kujawier Straße – ul. Kujawska
Danziger Straße – ul. Gdańska
Weltzienplatz – Plac Wolności
Schickstraße – ul. Wrocławska
Nakler Straße – ul. Nakielska
Thorner Straße – ul. Toruńska
Adamsberger Straße – ul. Konopnicka
Große Bergstraße – ul. Wały Jagiellonskie

Ausgewählte Literatur

Peter Aurich, *Der deutsch-polnische September 1939*, Berlin/Bonn 1985.

Leszek Bronka, *Centralny Obóz Pracy w Potulicach w latach 1945–1950* (unveröffentl. Magisterarbeit), Bromberg 1993.

Martin Broszat, *Nationalsozialistische Polenpolitik 1939–1945*, Stuttgart 1961.

Bundesarchiv der Bundesregierung, *Vertreibung und Vertreibungsverbrechen 1945–1948*, Bonn 1989.

Bundesministerium für Vertriebene, Flüchtlinge und Kriegsgeschädigte (Hrsg.), *Die Vertreibung der deutschen Bevölkerung aus den Gebieten östlich der Oder-Neiße*, Augsburg 1993, Bd. 1–3.

Włodzimierz Jastrzębski, *Dywersja czy masakra*, Danzig 1988.

Ders. (Hrsg.), *Ludność niemiecka na ziemiach polskich w latach 1939–1945 i jej powojenne losy*, Bromberg 1995.

Edmund Nowak, *Cien Łambinowic*, Oppeln 1991.

Ders., *Obozy na Śląsku Opolskim po zakończeniu II wojny światowej*, in: Śląsk Opolski Nr. 4/1995, Oppeln.

Ośrodek Studiów Międzynarodowych (przy fundacji im. Roberta Schumana), *Polska-Niemcy – Kompleks Wypędzenia*, Warschau 1995.

Ders., *Wypędzenia Polakow i Niemcow*, Warschau 1996.

Hugo Rasmus, *Pommerellen/Westpreußen 1919–1939*, München 1989.

Ders., *Schattenjahre in Potulitz 1945*, Münster 1995.

Zbigniew Raszewski, *Pamiętnik gapia. Bydgoszcz, jaką pamiętam z lat 1930–1945*, Bromberg 1994.

Joachim Rogall (Hrsg.), *Land der großen Ströme. Von Polen nach Litauen.* Berlin 1996.

Marek Romaniuk, *Podzwonne okupacji. Deutsche Volksliste w Bydgoszczy (1945–1950)*, Bromberg 1993.

Irmgard Schöbel, *Vergeben, doch nicht vergessen*, Wilhelmshaven 1975.

Witold Stańkowski (unveröff. Dissertation), *Wysiedlanie ludności niemieckiej z Pomorza Gdańskiego w latach 1945–1950*, Bromberg 1995.

Jerzy Sulima-Kamiński, *Most Królowej Jadwigi*, Bromberg 1986.

Silvia Waade, *Baracke 7*, Berlin/Bonn 1985.